5 文 型 か ら 関 係 副 詞 ま で

30日間
最強ドリルで
総復習！

Mr. Evineの

中学英文法修了
解きまくり問題集

JN087541

まず、はじめに

皆さん、初めまして、Evine（エヴィン）です。日本人です。
数多くある語学書の中で、拙著『中学英文法修了　解きまくり問題集』を手にしていただき、ありがとうございます。本書は著者が長年に渡り実現したいと考えていた社会人のための問題集であり、刊行以来ロングセラーとなっている『中学英文法を修了するドリル』『中学英文法を修了するドリル2』の姉妹書です。

本書は、中学英文法の基礎〜標準レベルの英文法問題に、関係副詞や仮定法過去などコミュニケーションに欠かせない演習項目を加え、合計1000題を30日間で修了できる問題集です。
ゼロから始める読者の方でも取り組めるよう各Dayの最初に例文と一緒に整理できる要点項目を挙げました。会話でどのように用いるのかを事前に押さえた上で演習に取り組み、別冊の懇切丁寧なポイント解説を活用すれば忙しい社会人や主婦の皆さんも効率よく自学できます。

英文法の問題をただ解くだけでは、話せるようにはなりません。学習する英文法を、「いつ」「誰に」「どこで」「どんな状況で」用いるのかを理解した上で解き進めなければなりません。またアウトプットに紐づけた演習素材であるかも問題集には欠かせない要素です。

本書で使用している全ての例文は、そのまま会話に用いても違和感のない自然なものです。扱う学習ポイントも、「読む」「書く」「聞く」「話す（発表・やり取り）」のスキルに直接効果のある英文法を厳選し、実際の会話の場面を意識したバリエーション豊かな演習形式で、明日にでも皆さんに使っていただけるような状態に仕上げていきます。

最初から最後まで取り組んでいただけるような演習の流れと、やればやるほど手応えを感じていただける豊富な問題量をじっくりと丁寧に作りました。各Dayの演習は「前回の復習問題」とセットになっているため、進めながら自然と復習もできるようになっています。

さあ、この問題集を最初から最後まで、解きまくってください。そして英語力の向上を実感してください。著者自身が自分の教室でフルに活用したい問題集が完成しました。皆さんが捧げる努力と貴重な時間、本書は裏切りません！

Let's get started！

Evine（恵比須　大輔）

Contents

Stage 1 　動詞を完全マスター

Part 1：文型編
動詞の「カタチ」を学ぶ（基本）

Part 2：時制編
動詞の「キモチ」を学ぶ（応用）

Stage 2 　その他の品詞を完全マスター

Part 1：品詞編①
その他の品詞の
「カタチ」を学ぶ（基本）

Part 2：品詞編②
その他の品詞の
「キモチ」を学ぶ（応用）

Final Stage

読解力を高める

別冊

Answer Key

Stage 1、Stage 2、Final Stage、Proficiency Testの解答・解説

DL音声のご案内

DL-02   マーク箇所の日英音声(mp3)を無料でダウンロードいただけます。
※数字はファイル番号を表します。

ダウンロードはこちらから！

※パソコンでダウンロードする場合
・ダウンロードセンター
https://portal-dlc.alc.co.jp/
（PC専用サイト）

※スマートフォンでダウンロードする場合
・学習用アプリ「booco」
https://booco.page.link/4zHd
（無料アプリ）

ダウンロードの際は、本書の商品コード「7021008」をご利用ください。
※ダウンロードセンターおよびboocoの内容は、予告なく変更する場合がございます。あらかじめご了承ください。

本書全体の構成と使い方

30日で学ぶ本書は、それぞれの得意不得意、優先順位などに応じて、下の図のように、
2通りの順番で学習することができます。Day 01〜03で「文型」を学習した後、
Day 04の学習進路分けQuizで、「時制編」から学ぶか、「品詞編①」から学ぶか決めましょう。

 Day順に進む本書のモデルプラン。「時制編」から学びたい人向けの進路

Stage 1 動詞を完全マスター（Day 01〜11）	Stage 2 その他の品詞を完全マスター（Day 12〜25）

Part 1 文型編：動詞の「カタチ」を学ぶ（基本）（Day 01〜03）

↓

学習進路分け Quiz（Day 04）

↓

Part 2 時制編：動詞の「キモチ」を学ぶ（応用）（Day 05〜11）

Part 1 品詞編①：その他の品詞の「カタチ」を学ぶ（基本）（Day 12〜17）

↓

Part 2 品詞編②：その他の品詞の「キモチ」を学ぶ（応用）（Day 18〜25）

↓

Final Stage　読解力を高める（Day 26〜29）

↓

Proficiency Test（Day 30）

B 「学習進路分けQuiz」の後、「品詞編①」から学びたい人向けの進路

Stage 1 動詞を完全マスター（Day 01〜11）	Stage 2 その他の品詞を完全マスター（Day 12〜25）

Part 1 文型編：動詞の「カタチ」を学ぶ（基本）（Day 01〜03）

↓

学習進路分け Quiz（Day 04）

Part 1 品詞編①：その他の品詞の「カタチ」を学ぶ（基本）（Day 12〜17）

↓

Part 2 時制編：動詞の「キモチ」を学ぶ（応用）（Day 05〜11）

Part 2 品詞編②：その他の品詞の「キモチ」を学ぶ（応用）（Day 18〜25）

↓

Final Stage　読解力を高める（Day 26〜29）

↓

Proficiency Test（Day 30）

Dayの構成

中学英文法修了のため不可欠な文法項目を、Dayごとに学びます。
注意事項を簡潔に項目立てした解説を通読し、「ポイント整理」で要点を覚えられたか確認後、
「復習問題」「演習問題」を解きまくりましょう。

学習日を記入しましょう

Dayで学ぶ文法項目の
「演習ポイント」

文法項目の要点を
項目立てしています

解説を通読したら
「ポイント整理」で
覚えたか確認しましょう

学習日、
解答に要した時間、
得点を記入しましょう

[本書の記号・略号]

記号	意味	記号	意味
S	主語（＝名詞）	( )	省略可能
V	動詞（＝自動詞・他動詞）	[ ]	言い換え可能
O	目的語（＝名詞）	S' C' O' M'	要素記号の（'）は節の中にある 要素を意味する
C	補語（＝名詞・形容詞）		
M	修飾語（句・節）（＝形容詞・副詞など）		

これだけは覚えておきたい 基本文法リスト

1 英文の種類

複雑な英文はまず肯定文に置き換えて考えると文型構造をとらえやすくなります。

肯定文 （平叙文）	be 動詞：He's[He is] Korean.（彼は韓国人です） 一般動詞：He speaks Japanese.（彼は日本語を話します）
否定文 （平叙文）	be 動詞：She's[She is] not French.（彼女はフランス人ではありません） 一般動詞：She doesn't speak English.（彼女は英語を話しません）
疑問文	be 動詞の疑問文：Are you Ayako ？（あなたはアヤコですか？） 一般動詞の疑問文：Do they speak Chinese ？（彼らは中国語を話しますか？） 否定疑問文：Don't you like it ？（好きではないのですか？） 付加疑問文：You're bored, aren't you ？（退屈してるんだよね？） 疑問詞を用いた疑問文：What's that ？（あれは何ですか？）
命令文	Wait here.（ここで待ちなさい）／ Please go ahead.（どうぞお先に）／ Don't be afraid.（怖がらないで）
感嘆文	How kind she is ！（なんて彼女は親切なんでしょう！） What a beautiful day it is ！（なんて良い天気なんでしょう！）

2 一般動詞の現在形／過去形／Ving形（現在分詞）／比較級と最上級の基本形

●現在形（主語がhe、she、itの場合）

原形	動詞の語尾変化	変化ポイント
eat	eats	普通は語尾に s を付ける
wash	washes	語尾が ss ／ sh ／ ch ／ x ／ o の動詞は語尾に es を付ける
study	studies	語尾が「子音＋ y」の動詞は y を i に変えて es を付ける

●過去形

原形	動詞の語尾変化	変化ポイント
play	played	普通は語尾に ed を付ける
use	used	語尾が e の動詞は語尾に d だけを付ける
carry	carried	語尾が「子音＋ y」の動詞は y を i に変えて ed を付ける
stop	stopped	語尾が「短母音 *＋子音」の動詞は最後の子音を 1 つ増やして ed を付ける（例外もあります）

※短母音…短く「ア・イ・ウ・エ・オ」と読む母音[a、i、u、e、o]

●Ving形（現在分詞）

原形	動詞の語尾変化	変化ポイント
enjoy	enjoying	普通は語尾に ing を付ける
use	using	語尾が e の動詞は e を消して ing を付ける
sit	sitting	語尾が「短母音＋子音」の動詞は最後の子音を 1 つ増やして ing を付ける

●比較級と最上級の基本形

原形	比較級／最上級	変化ポイント
small	smaller ／ the smallest	普通は語尾に er ／ est を付ける
happy	happier ／ the happiest	語尾が「子音 +y」の動詞は y を i に変えて er ／ est を付ける
big	bigger ／ the biggest	語尾が「短母音＋子音」であれば子音を 1 つ増やして er ／ est を付ける
large	larger ／ the largest	語尾が e であれば r ／ st のみを付ける

3 代名詞の活用表

単数形	主格（…は）	所有格（…の）	目的格（…に、…を）	所有代名詞(…のもの)
私	I	my	me	mine
あなた	you	your	you	yours
彼	he	his	him	his
彼女	she	her	her	hers
それ	it	its	it	-
複数形	主格（…は）	所有格（…の）	目的格（…に、…を）	所有代名詞(…のもの)
私たち	we	our	us	ours
あなたたち	you	your	you	yours
彼ら／彼女たち／それら	they	their	them	theirs

4 まとまりの意識　句と節／主節と従属節

品詞が他の品詞とセットになったように、英文解釈ではまとまりの意識が大切です。

●句…2語以上のカタマリで1つの「名詞」「形容詞」「副詞」いずれかの働きをするもの

名詞句	主語 (S) Swimming in the sea is fun.（海で泳ぐことは楽しい） I love 目的語 (O) reading novels.（私は小説を読むのが大好きです） His hobby is 補語 (C) doing push-ups.（彼の趣味は腕立て伏せです）
形容詞句	I'm 補語 (C) from Kyoto.（私は京都出身です） 名詞 Dogs 修飾語 (M) in the park were very friendly. （その公園の犬たちはとてもフレンドリーでした）※形容詞句が名詞 Dogs を修飾
副詞句	I 動詞 bought the book 修飾語 (M) this morning.（僕は今朝、その本を買いました） ※副詞句は名詞以外のもの（この英文では動詞 bought）を修飾

※本書では厳密には名詞句であっても便宜上「名詞」と表現することがあります。

●節…「主語（S）＋動詞（V）」が含まれる2語以上のカタマリで1つの「名詞」「形容詞」「副詞」いずれかの働きをするもの。基本的には接続詞や関係代名詞などが「節」のカタマリを作ります。

名詞節	I don't think 目的語 (O) (that) he will like it.（私は彼がそれを気に入るとは思いません） She doesn't know 名詞 the fact 同格 (that) I'm younger than her. ※名詞の補足説明文を同格表現と呼ぶ
形容詞節	名詞（⇒先行詞) The man 関係代名詞節 (M) who is dancing is my brother.（踊っている男の人は僕の兄です）　※名詞の修飾は形容詞の役割
副詞節	I didn't sleep though I was tired.（疲れていましたが、私は寝ませんでした）

●主節と従属節

主節She was still studying 従属節when I got home. (帰宅した時、彼女はまだ勉強中でした)

主節	それだけが完全に独立しても意味が自然で成り立つ「主語(S)＋動詞(V)」を含んだカタマリ
従属節	それだけが独立すると意味が不完全な「主語(S)＋動詞(V)」を含んだカタマリ。主人(主節)に従う(従属)関係になっています。いわゆる従属接続詞はこの従属節を作ります。

5 不規則変化動詞の活用表　※左から原形・過去形・過去分詞形

●●●パターン／原形・過去形・過去分詞形の３つが全て同じ						
…を切る	cut	cut	cut	…を読む	read	read*1	read
…を打つ	hit	hit	hit	…を設置する	set	set	set
…を置く	put	put	put	…を閉める	shut	shut	shut

●▲●パターン／原形・過去分詞形が同じで過去形のみ異なる						
…になる	become	became	become	走る	run	ran	run
来る	come	came	come				

●▲▲パターン／過去形・過去分詞形が同じ						
…を持ってくる	bring	brought	brought	…と会う	meet	met	met
…を建てる	build	built	built	…を支払う	pay	paid	paid
…を買う	buy	bought	bought	…と言う	say	said	said
…を捕まえる	catch	caught	caught	…を売る	sell	sold	sold
…を感じる	feel	felt	felt	…を送る	send	sent	sent
…を見つける	find	found	found	座る	sit	sat	sat
…を持つ	have	had	had	眠る	sleep	slept	slept
…が聞こえる	hear	heard	heard	…を費やす	spend	spent	spent
…を保持する	hold	held	held	立つ	stand	stood	stood
…を保つ	keep	kept	kept	…を教える	teach	taught	taught
…を出発する	leave	left	left	…を話す	tell	told	told
…を失う	lose	lost	lost	…と思う	think	thought	thought
…を作る	make	made	made	…を理解する	understand	understood	understood

●▲■パターン／原形・過去形・過去分詞形が全てバラバラの形						
…です	am/is	was	been	行く	go	went	gone
…です	are	were	been	成長する	grow	grew	grown
…を始める	begin	began	begun	…を知っている	know	knew	known
…を壊す	break	broke	broken	…に乗る	ride	rode	ridden
…を選ぶ	choose	chose	chosen	…を見る	see	saw	seen
…をする	do	did	done	…を歌う	sing	sang	sung
…を描く	draw	drew	drawn	…を話す	speak	spoke	spoken
…を運転する	drive	drove	driven	…を盗む	steal	stole	stolen
…を食べる	eat	ate	eaten	泳ぐ	swim	swam	swum
落ちる	fall	fell	fallen	…を取る	take	took	taken
…を忘れる	forget	forgot	forgotten*2	…を投げる	throw	threw	thrown
…を手に入れる	get	got	gotten*3	…を着ている	wear	wore	worn
…を与える	give	gave	given	…を書く	write	wrote	written

※*1 read の過去形・過去分詞形の発音[red]に注意しましょう。(「赤色」のredと同じ発音)
※*2 forget の過去分詞は (米) forgotten (英) forgot
※*3 get の過去分詞は (米) gotten (英) got

Stage 1　動詞を完全マスター

Part 1: 文型編
動詞の「カタチ」を学ぶ（基本）

Day 01 英語の語順 SV/SVO 文型

> **演習ポイント**
> 文型は、英語らしい情報（英単語）の発信方法（置き方）を示す「単語の並べ方パターン」。「主語（S）＋動詞（V）」を基本とする文型パターンを決めるのは「動詞」であり、その動詞は大きく自動詞と他動詞に分かれる。それぞれの動詞の特徴を語順で整理する。

1 S（主語）＋V（自動詞）（＋M（修飾語））：「（主語）は（自動詞）する」

まず英文の主語（…は、…が）はSで表し、Sになるのは名詞のみ。SV文型を作る「自動詞（V）」は、様子・場所・時など「＋αの情報」を示す修飾語（M）を後ろに置く。修飾語は文型の骨組み（主要素）にはならない。修飾語の代表は「副詞」で、副詞の前に前置詞は置けない。

主語(S) We ＋自動詞(V) stay ＋副詞(修飾語[M]) here . （私たちはここに滞在します）
（×）at here

単語を適当に並べて（×）Stay we here.とは言えない。またMには「前置詞句（前置詞＋名詞）」のカタチも多い。＊「句」…2語以上で1つの意味を成すカタマリ

主語(S) We ＋自動詞(V) stay ＋前置詞句(修飾語句[M]＝副詞の働き) at a hotel. （私たちはホテルに泊まります）

「前置詞句」は「副詞」または「形容詞」の働きをする。SVMのように、文末にあるMは基本的に「副詞」の働き。（＊品詞について、詳しくはStage 2で学習する）

2 S（主語）＋V（他動詞）＋O（目的語）：「（主語）は（目的語）を（他動詞）する」

SVO文型を作る「他動詞（V）」は、後ろに「目的語（O）」（…を、…に）が必要。例えば、enjoyは他動詞で必ず目的語（O）が必要。この目的語（O）は動作の内容や対象を示す「名詞」で、形容詞、副詞、前置詞句（前置詞＋名詞）は目的語にはできない。

主語(S) I ＋他動詞(V) enjoy ＋名詞(目的語[O]) my job very much. （私は自分の仕事をとても楽しんでいます）

この英文をI enjoy.（私は楽しみます）とSとVのみにするのは誤り。

①代表的な動詞
「自動詞＋修飾語M（副詞または「前置詞＋名詞」）」、「他動詞＋目的語O（名詞）」としてよく用いられる主な動詞。getのように、文型ごとに意味が異なる場合もあるので注意。

SV文型で用いる 自動詞	agree（同意する）、arrive（到着する）、be（いる、ある）、come（来る）、fall（落ちる）、fly（飛ぶ）、get（着く）、go（行く）、happen（起こる）、live（住んでいる）、rain（雨が降る）、rise（上がる）、run（走る）、stay（滞在する）、talk（話す）、work（働く）など
SVO文型で用いる 他動詞	attend（…に出席する）、bring（…を持ってくる）、buy（…を買う）、call（…に電話をかける）、contact（…と連絡を取る）、enjoy（…を楽しむ）、find（…を見つける）、get（…を手に入れる）、have（…を持っている、…がある）、keep（…を取っておく）、like（…を好む）、make（…を作る）、need（…を必要とする）、raise（…を上げる）、run（…を経営する）、say（…と言う）、sell（…を売る）、speak（[言葉] を話す）、spend（…を過ごす）、use（…を使う）、take（…を持っていく、…を連れていく、…に乗る）、visit（…を訪問する）、want（…を欲しいと思う）など

②文型記号と品詞の関係

同じ品詞の「名詞」であるEmma（エマ）とJack（ジャック）の位置によって変化している文型記号（文の要素）に注目。

エマはジャックが好きです。	Emma	likes	Jack.
文型記号（文の要素）	S（主語）	V（他動詞）	O（目的語）
品詞	名詞	動詞	名詞

ジャックはエマが好きです。	Jack	likes	Emma.
文型記号（文の要素）	S（主語）	V（他動詞）	O（目的語）
品詞	名詞	動詞	名詞

どちらが好意を抱いているのかが、位置によって変化しているのが面白い。同じ名詞でも位置によってS→O、O→Sへと、文型記号（文の要素）が変化しており、文の意味も異なっていることがポイント。文の要素と品詞の密接な関係を意識しながら文型学習を進めることが大切。

③文型で意味が異なる動詞に注意！

1つの動詞に、文型に応じたいくつもの用法・意味がある。例えば、同じ動詞runでもSV文型とSVO文型で意味が異なる場合がある。

Andy _{自動詞 (V)} runs _{副詞 (M)} every morning.（アンディーは毎朝、走っています）
＊後ろに副詞が続く場合、runは自動詞。自動詞run＝「走る」

Andy _{他動詞 (V)} runs _{目的語 (O)} a hotel.（アンディーはホテルを経営しています）
＊後ろに目的語が続く場合、runは他動詞。他動詞run＝「…を経営する」

④位置で品詞が見分けられる

次の例文のように、同じwaterでも、位置によって品詞が変化し、V、Oなどの文型記号も変わる。

私は水が必要です。	I	need	water.
文型記号（文の要素）	S（主語）	V（他動詞）	O（目的語）
品詞	名詞	動詞	名詞

私は庭に水をやります。	I	water	the garden.
文型記号（文の要素）	S（主語）	V（他動詞）	O（目的語）
品詞	名詞	動詞	名詞

waterは「名詞」の場合は「水」、「動詞」の場合は「…に水やりをする」という意味になる。water＝「名詞」のイメージは強いが、文型を学習することで、この位置でのwaterは名詞ではない、といったように品詞の区別もできる。品詞と文型は表裏一体で、文型の学習をすることで、品詞に対する理解が深まり、覚えた単語や表現を正しい位置で発信できるようになる。

ポイント整理

1 （　　）に品詞や動詞の種類（自動詞／他動詞）を書きましょう。

(1) SV（M）文型　＝　S（　　　）＋V（　　　）（＋M（　　　　））

(2) SVO文型　＝　S（　　　）＋V（　　　）＋O（　　　）

2 正しいものを1つずつ選び、英文の文型説明を完成させてください。

(1) Andy, (a) Sakiko (b) needs your (c) help.

(a) は①[名詞／動詞]で②[目的語／主語／修飾語]の働き。(c) のような③[修飾語／目的語]を続けることができる (b) を④[自動詞／他動詞]と呼び、この英文は⑤[SV／SVO]文型になる。

(2) I (a) look (b) for my name (c) on the internet.

後ろに (b) のような①[動詞／前置詞／副詞]＋名詞が続く場合、(a) は②[自動詞／他動詞]と判断し、この英文は③[SV／SVO]文型と判断できる。なお、(c) は (a) に追加説明を加える④[目的語／修飾語]と考える。

Answer Key:
1 (1) S（名詞）＋V（自動詞）＋M（副詞または「前置詞＋名詞」）(2) S（名詞）＋V（他動詞）＋O（名詞）
2 (1) ①名詞　②主語　③目的語　④他動詞　⑤SVO（アンディー、サキコが君の手伝いを必要としてるよ）
　 (2) ①前置詞　②自動詞　③SV　④修飾語（私はインターネットで自分の名前を探します）

1回目	＿＿月＿＿日＿＿分 /100	2回目	＿＿月＿＿日＿＿分 /100	3回目	＿＿月＿＿日＿＿分 /100

Day 01 の演習問題

1 下線部の働きを考え、（　　）にS／V／O／Mいずれかの文型記号（文の要素）を記しましょう。同じ記号を何度使っても構いません。　　（完答：3点×6【18点】）

001.（　　）I（　　）take（　　）a bus（　　）to the station.

002.（　　）You（　　）get（　　）here（　　）early.

003.（　　）I（　　）fly（　　）to Hawaii（　　）every other week*.

004.（　　）I（　　）get（　　）$2,500（　　）a month*.

005. (　　) I (　　) water (　　) my flowers (　　) every morning.

006. (　　) It (　　) rains (　　) here (　　) every day.

＊副詞every other week（1週間おきに）、副詞a month（1カ月につき）

2 後ろの英単語を意識して、正しい動詞に○をし、自然な表現を完成させましょう。

(2点×10【20点】)

007. [agree / contact] with him

008. [speak / talk] English fluently＊

009. (a) [move / spend] to New York to＊ (b) [work / visit]

010. [talk / find] about my job

011. [walk / enjoy] to the park every morning

012. [see / go] a doctor

013. [enter / get] into the university

014. [look / watch] movies

015. [enjoy / run] in the morning

＊副詞fluently（流ちょうに）、to（[不定詞] …するために）

3 下線部の品詞に注目しながら、文法的に正しいものを1つずつ選び、自然な英文を
完成させてください。×は何も必要がないことを示します。(2点×11【22点】)

016. Sometimes I visit [to / ×] 名詞the U.K.

017. I usually [walk / walk to] 副詞home.

018. Tom, let's [go to / go] 副詞upstairs.

019. I arrive [at / ×] 名詞work＊ on time.

020. [Listen / Hear] 前置詞句to me, Emma.

021. They [work / work for] 名詞a food company.

022. I usually get [to / ×] 副詞there around 9 a.m.

023. I get [to / ×] 名詞my ideas from movies.

024. I never [talk / say] 前置詞句to Mr. Lee.

025. I run [in / ×] 名詞a small business＊ for a living.

026. I [tell / talk] 前置詞句to Bob about it.

＊名詞work（職場）、名詞small business（中小企業）

英語の語順　SV／SVO文型

4 「SV（主語＋動詞）＋その他の情報」を意識して、[　] 内の語句を並べ替え自然な英文を完成させてください。　　　　　　　　　　　　　　　　（4点×10【40点】）

027. [your scarf / like / I].

028. [for / some people / the perfect person / look].

029. [take / to / I / bars* / my passport].

030. (a) [raises / my son / his hand] when* (b) [a question / has / he].

031. Sometimes [borrow / I / from / some books] the library.

032. [your money / spend / on / you] shoes and clothes.

033. I [yoga / do / every morning].

034. I [work / a shower / before / take].

035. [all the letters / keep / from / I] my friends.

＊名詞bar（バー、酒場）、接続詞when（…のとき）

Evine's Words

本書の1000題、やる価値を信じ、
まずは最後までやり抜くことを最優先しましょう。

Day 02 英語の語順　SVC文型

演習ポイント　文型の中心はSVO文型とSVC文型。SVC文型では自動詞を用い、日常会話でも使用頻度が高い。SV、SVO、SVC文型それぞれどのような違いがあるのかにも注目したい。

1 │S（主語）│＋│V（自動詞）│＋│C（補語）│：「（主語）は、（補語）だ」

SVC文型を作る「自動詞」は、後ろに補語Cを置く。補語Cは主語の情報を補う働きで、C＝「形容詞」または「名詞」。例えば、「自動詞look＋形容詞（C）」で「…に見える」の意味になる。

主語 (S) I ＋自動詞 (V) look ＋形容詞（補語 [C]) tired.（僕は疲れているように見えます）

SVC文型であれば、S is C（SはCだ）のようにbe動詞で置き換えることができ、この例文ではI am tiredとしても自然で成り立つ。一方、SV文型で用いる「自動詞look＋修飾語M」は「見る」という意味になる。

主語 (S) I ＋自動詞 (V) look ＋修飾語 (M) at her.（僕は彼女を見ます）

同じ自動詞lookでもSV文型の場合は、SVC文型のように（×）I am at herとはならない。

2 便利なbe動詞を2パターンの文型で整理

be動詞（am/is/are）はSV文型とSVC文型の両方で用いることができる。その違いに注目。

（A）私たちは彼といます。	We	are「いる」	with him
文型記号（文の要素）	S（主語）	V（自動詞）	M（修飾語）
品詞	名詞	be動詞	前置詞句

（B）私たちは仲の良い友だちです。	We	are「…です」	good friends.
文型記号（文の要素）	S（主語）	V（自動詞）	C（補語）
品詞	名詞	be動詞	名詞

英文（A）のSV（＋M）文型で使われるbe動詞は「存在」（いる、ある）を表現し、英文（B）のSVC文型で使われるbe動詞は「Sは…だ」の意味で主語を説明する表現になっている。

**3 SVC文型を作る自動詞を
3パターンで整理する**

SVC文型の自動詞は、「状態・変化」「印象」「感覚」の3つの視点で主語の説明ができる。

状態・変化	「be動詞 [am/is/are] ＋名詞・形容詞」(…である)、「stay/remain＋形容詞」(…のままでいる)、「become*＋名詞・形容詞」(…になる)、「get＋形容詞」([ある状態に] …になる)、「grow＋形容詞」([成長して] …になる)、「turn＋形容詞」([ある状態・色に変化して] …になる) など
印象	「look＋形容詞」([見た目で] …に見える)、「sound＋形容詞」([聞いた印象で] …のようだ)、「seem＋形容詞」([主観的な判断で] …のようだ、…に思える) など
感覚	「feel＋形容詞」([人が] …と感じる、[物が] …の感じがする)、「smell＋形容詞」(…の香り [におい] がする)、「taste＋形容詞」(…な味がする) など

＊becomeよりもgetの方がカジュアルな響きになる。
＊seemもlook同様、見た目でそう思えるという場面で使えるが、lookのほうが見た目に基づく感じが強い。

上表で挙げた自動詞の中には、SVC文型だけでなくSV文型やSVO文型で用いられるものもある。SVC文型であると判断する基準は、S is C (SはCだ) のようにbe動詞で置き換えても成立すること。

(A) getの比較　SV文型 vs SVC文型

彼は会社に早く着きます。	He	gets「着く」	to his office	early.
文型記号 (文の要素)	S (主語)	V (自動詞)	M (修飾語)	M (修飾語)
品詞	名詞	動詞	前置詞句 (副詞)	副詞
彼は私に怒ります。	He	gets「…になる」	angry	at me.
文型記号 (文の要素)	S (主語)	V (自動詞)	C (補語)	M (修飾語)
品詞	名詞	動詞	形容詞	前置詞句 (副詞)

(×) He is to his office.　(○) He is angry.（彼は怒っている）= SVC文型

(B) tasteの比較　SVO文型 vs SVC文型

私は彼のパイを試食します。	I	taste「…を味わう」	his pie.
文型記号 (文の要素)	S (主語)	V (他動詞)	O (目的語)
品詞	名詞	動詞	名詞
彼のパイはおいしいです。	His pie	tastes「…な味がする」	good.
文型記号 (文の要素)	S (主語)	V (自動詞)	C (補語)
品詞	名詞	動詞	形容詞

(×) I am his pie.　(○) His pie is good.（彼のパイはおいしい）= SVC文型

4 前置詞likeとセットで用いる自動詞

lookやfeelなどの「印象」「感覚」を示す自動詞には「前置詞like＋名詞」(…のように) を続けることができる。このlikeは外見や音などの点で「似ている」という意味。

You _{自動詞} <u>look</u> _{前置詞} <u>like</u> _{名詞 (likeの目的語)} Andy. （君はアンディーに見た目が似ています）
Your hair _{自動詞} <u>smells</u> _{前置詞} <u>like</u> _{名詞 (likeの目的語)} vanilla. （あなたの髪はバニラのようなにおいがします）

前置詞句like Andyとlike vanillaはここでは形容詞句として、主語を説明する補語Cの働きをしていると考えてもよい。

* 「句」…2語以上で1つの意味を成すカタマリ

ポイント整理

1　（　）に品詞や動詞の種類を書きましょう。

(1) SVC文型　＝　S（　　　）＋V（　　　）＋C（　　　　　　）または（　　　　　）

2　正しいものを1つずつ選び、英文の文型説明を完成させてください。

(1) I _(a) <u>get</u> _(b) <u>hungry</u> after brushing my teeth.

(b) の_①［ 名詞 / 形容詞 ］は、英文の_②［ 補語 / 目的語 ］の働きで、②を後ろに置ける (a) は_③［ 自動詞 / 他動詞 ］。つまり、この英文は_④［ SVC / SVO ］文型と判断できる。

(2) I _(a) <u>get</u> _(b) <u>a cold</u> easily*.　*easily（たやすく、すぐに）

(b) の_①［ 名詞 / 形容詞 ］は、英文の_②［ 補語 / 目的語 ］の働きで、②を後ろに置ける (a) は_③［ 自動詞 / 他動詞 ］。つまり、この英文は_④［ SV / SVO / SVC ］文型と判断できる。

> **Answer Key:**
> 1 (1) S（名詞）＋V（自動詞）＋C（形容詞/名詞）または（名詞/形容詞）
> 2 (1) ①形容詞　②補語　③自動詞　④SVC（僕は歯磨きをした後におなかがすきます）
> 　(2) ①名詞　②目的語　③他動詞　④SVO（僕は風邪をひきやすいです）

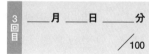

1回目	＿＿月＿＿日＿＿＿分 /100
2回目	＿＿月＿＿日＿＿＿分 /100
3回目	＿＿月＿＿日＿＿＿分 /100

Day 01 の復習問題

1　後に続く情報を意識して、正しい動詞に○をし、自然な表現を完成させましょう。

（2点×4【8点】）

036. ［ visit / get ］ to my office

037. ［ arrive / visit ］ Kyoto

038. ［ enter / go ］ into the room

039. ［ look / watch ］ at a picture

2 「SV（主語＋動詞）＋その他の情報」を意識して、[　]内の語句を並べ替え自然な英文を完成させてください。ただし、**不要なものが1つずつありますので注意して**ください。 　　　　　　　　　　　　　　　　　　　　　　　　　　　　　　（3点×2【6点】）

040.　No one [says / back to / talks / the manager].

041.　[discuss / for / we / the plan / talk] the trip.

Day 02の演習問題

1 動詞growの自動詞用法を示すフレーズの記号を答えましょう。 　　　　　　（1点）

042.　(a) grow fruit　　(b) grow old　　[　　]

2 自然な表現になるように、どちらか適切なものを○で囲みましょう。
　　　　　　　　　　　　　　　　　　　　　　　　　　　　　　　（2点×5【10点】）

043.　[look like / look] tired in the morning

044.　[seem like / seem] a nice girl

045.　[feel like / feel] cold

046.　[feel / feel like] a superstar

047.　[get / become] a YouTuber

3 下線部の働きを考え、（　　）にS / V / O / C / Mいずれかの文型記号を記しましょう。同じ記号を何度使っても構いません。 　　　　（完答：3点×7【21点】）

048.　（　　）The dried mangos*（　　）taste（　　）really sweet.

049.　（　　）We（　　）are（　　）in New York.

050.　（　　）We（　　）look（　　）at the same sky.

051.　Mom,（　　）you（　　）look（　　）great.

052.　（　　）I（　　）drink（　　）wine（　　）every night.

053.　（　　）I（　　）stay（　　）quiet（　　）in group chats*.

054.　（　　）I（　　）am（　　）a fan of yours.

＊名詞dried mangos（ドライマンゴ）、名詞group chats（グループチャット）

4 自然な英文になるように、どちらか適切なものを○で囲みましょう。日本語がある場合はその意味になるようにしてください。 　　　　　　（3点×10【30点】）

055.　It [gets / stays] too cold in here.（この中は寒くなりすぎます）

056.　Her hair [smells / looks] like shampoo.

057.　My nose is super stuffy* and my voice [sounds / gets] awful*.

058.　We often [turn / stay] in Guam for a few days.

059. It [feels like / seems] very hot today. (今日はとても暑そうです)

060. 【機内アナウンス】Please [remain / get] seated*. (着席していてください)

061. This grocery store [seems / stays] open till midnight. (この食料品店は夜12時まで営業しています)

062. My hair [looks / looks like] a wig*.

063. [I always get / I'm always] mad* at myself. (僕はいつも自分自身に腹を立ててしまいます)

064. I [feel like / become] sick so often in winter.

*形容詞stuffy ([鼻が] 詰まった)、形容詞awful (ひどい)、形容詞seated (座っている)、名詞wig (カツラ)、形容詞mad (頭にきている)

5　DL_01　日本語の意味になるように、「SV（主語＋動詞）＋その他の情報」を意識して、[　]内の語句を並べ替えてください。　　(4点×6【24点】)

065. 京都はほんとうに暑いです。

[really hot / in Kyoto / it's].

066. このクリームをつけると、肌がとてもいい感じになります。

[amazing / my skin / with / feels] this cream.

067. このバーガーはおいしそうです。

[looks / burger / tasty / this].

068. 私の上司は本当に感じがよさそうです。

[seems / my manager / really nice].

069. 僕の車はまだ新車の香りがします。

[still smells / car / brand-new* / my].

070. 緑の葉が秋になると紅葉します。

[red / in / green leaves / fall / turn].

*形容詞brand-new (真新しい)

Evine's Words

形になるまで努力は継続しましょう。

Day 03
英語の語順
SVOO/SVOC 文型

演習ポイント SVC文型とSVO文型の応用がSVOO文型とSVOC文型になる。特に、SVOO文型では、「新情報」と「旧情報」という点で、自然な英語の発信方法を学ぶ。

1 S（主語）＋V（他動詞）＋O₁（目的語［人］）＋O₂（目的語［モノ］）：「（主語）は、O₁にO₂を（他動詞）する」

他動詞の後ろに目的語O（名詞）を2つ置くパターンで、「人に何かを与える」「人に何かをしてあげる」というニュアンスで使われることが多い。

リサに昼食を作ります。	I	make（作る）	Lisa（…に）	lunch（…を）.
文型記号（文の要素）	S（主語）	V（他動詞）	O₁（目的語［人］）	O₂（目的語［モノ］）
品詞	名詞	動詞	名詞	名詞
リサに花を送ります。	I	send（送る）	Lisa（…に）	flowers（…を）.
文型記号（文の要素）	S（主語）	V（他動詞）	O₁（目的語［人］）	O₂（目的語［モノ］）
品詞	名詞	動詞	名詞	名詞

2 「SVO₁O₂」↔「SVO to/for＋人」：「（主語）は、O[モノ]をM[人]に（他動詞）する」

SVOO文型を作る他動詞の多くは「SVO［モノ］＋前置詞to/for＋人」の語順で言い換えることができる。他動詞によって、前置詞to と forの区別が必要になるので注意。

リサに助言をあげます。	I	give（与える）	Lisa（…に）	advice（…を）.
文型記号（文の要素）	S（主語）	V（他動詞）	O₁（目的語［人］）	O₂（目的語［モノ］）
助言をリサにあげます。	I	give（与える）	advice（…を）	to Lisa（…に）.
文型記号（文の要素）	S（主語）	V（他動詞）	O（目的語［モノ］）	M（修飾語［人］）
君に飲み物を買ってきます。	I	get（買ってくる）	you（…に）	a drink（…を）.
文型記号（文の要素）	S（主語）	V（他動詞）	O₁（目的語［人］）	O₂（目的語［モノ］）
飲み物を君に買ってきます	I	get（買ってくる）	a drink（…を）	for you（…に）.
文型記号（文の要素）	S（主語）	V（他動詞）	O（目的語［モノ］）	M（修飾語［人］）

前置詞toには「到達」のニュアンスがあるため、「相手を必要とする動作」に用いられる。例文の他動詞give（…を与える）のように、「モノ（＝目的語O）」が「相手（＝修飾語M）」の手元に「到達する」イメージがある動詞は、「到達」のニュアンスがある前置詞toを使う。

SVO + 前置詞to ...	give（…を与える）、lend（…を貸す）、pass（…を手渡す）、sell（…を売る）、send（…を送る）、show（…を見せる）、teach（…を教える）、tell（…を言う、…を教える）など ＊いずれも「相手」がいなければ成立しない動作
SVO + 前置詞for ...	buy（…を買う）、choose（…を選ぶ）、cook（…を料理する）、find（…を見つける）、get（…を手に入れる）、leave（…を残す、…を置いていく）、make（…を作る）、sing（…を歌う）など

「cost O_1O_2」（O_1［人］にO_2［費用］がかかる）や「take O_1O_2」（O_1［人］にO_2［時間］がかかる）など、一部のSVOO文型を作る他動詞は「O to/for 人」のような言い換えはできない。
It costs（O_1）me（O_2）a lot of money.（それには私にたくさんのお金がかかります）
→（×）It costs a lot of money to/for me.

3 旧情報→新情報になるように、語順を入れ替える！

SVOO文型からSVO to/for ... への言い換えは、適当に行うのではなく、文脈に合わせて「新情報」が文末になるように語順を変えて発信するのが英語。「文末焦点」のルールと覚える。

A: Where's the jacket?（そのジャケットはどこにあるの？）
B: I gave* 旧情報（= the jacket) it 新情報 to Satoshi.（それはサトシにあげました）＊gave<giveの過去形

この会話で（△）I gave Satoshi the jacket. とすでに話題にしているthe jacketを文末に置くのは英語として不自然になる。＊名詞の繰り返しを避けるためthe jacketは代名詞itにする方が自然。

4 S（主語）+ V（他動詞）+ O（目的語）+ C（補語）：「（主語）は、OをCに（他動詞）する」

他動詞の後ろに目的語O（＝名詞）と補語C（＝形容詞・名詞）を置くパターン。SVOC文型はO＝Cの意味上の関係が成り立つこともポイント。「＝」はbe動詞で置き換えられる。

それを開けっぱなしにします。	I	leave (ままにする)	it (…を)	open (…に) ・
文型記号（文の要素）	S（主語）	V（他動詞）	O（目的語）	C（補語）
品詞	名詞	動詞	名詞	形容詞

（○）it open = it is open（それは開いている）

彼女をベッキーと呼びます。	I	call (呼ぶ)	her (…を)	Becky (…と) ・
文型記号（文の要素）	S（主語）	V（他動詞）	O（目的語）	C（補語）
品詞	名詞	動詞	名詞	名詞

（○）her Becky = she is Becky（彼女はベッキーだ）

このSVOC文型を作る基本動詞は、「状況・状態」「呼び方」「意見・考え」の3つの観点で整理できる。

状況・状態	make（OをCの状態にする）、get（OをCの状態にする）、keep（OをCのままに保つ［しておく］）、leave（OをCのままに放っておく）
呼び方	name（OをCと名付ける）、call（OをCと呼ぶ）
意見・考え	find（［経験から］OがCだと思う）

状況・状態：　(S) I always (V) get (O) my shirt (C) dirty.（僕はいつも自分のシャツを汚します）

呼び方：　　(S) I (V) call (O) him (C) Harry.（僕は彼をハリーと呼んでいます）

意見・考え：　(S) I (V) find (O) him (C) nice.（僕は彼がいい人だと思っています）

ポイント整理

1 正しいものを1つずつ選び、英文の文型説明を完成させてください。

(1) You (a) make (b) me (c) a nice tea.

(b) と (c) は共に (a) ①[自動詞 / 他動詞] make の②[補語 / 目的語]。この英文は、③[SVOO/ SVOC] 文型で、前置詞④[to / for] を用いて SVO 文型で言い換えることができる。

(2) I (a) send (b) it (c) to Yuki.

(a) の①[自動詞 / 他動詞] を用いたこの英文は②[SVO / SVOO / SVOC] 文型で、新情報（＝情報価値）は③[(b) / (c)] にある。

(3) You (a) make (b) me (c) happy.

(b) の①[目的語 / 補語] を後ろに置く (a) は②[自動詞 / 他動詞]。「(b) is (c)」の関係が成り立つため、この英文は③[SVOO / SVOC] 文型で、(c) は④[目的語 / 補語] の働き。

> **Answer Key:**
> 1 (1) ①他動詞　②目的語　③SVOO　④for（あなたは私においしい紅茶を入れてくれます）
>
> (2) ①他動詞　②SVO　③ (c)　（私はそれをユキに送ります）
>
> (3) ①目的語　②他動詞　③SVOC　④補語（あなたが私を幸せにしてくれます）

| 1回目 | ___月___日___分 /100 | 2回目 | ___月___日___分 /100 | 3回目 | ___月___日___分 /100 |

Day 02 の復習問題

1 文法的に正しくなるように、どちらか適切なものを○で囲みましょう。

(2点×4【8点】)

071. [look / look like] a summer day

072. [get / become] a singer

073. feel [happy / happiness] with my performance

074. [seem / look] for a job

2 「SV（主語＋動詞）＋その他の情報」を意識して、[　]内の語句を並べ替え自然な英文を完成させてください。(2点×2【4点】)

075. [in / you / happy / look] this picture.

076. [gets / in / it / cold / the kitchen] during the winter.

Day 03 の演習問題

1 下線部の働きを考え、(　　)にS / V / O / C / Mいずれかの文型記号を記しましょう。同じ記号を何度使っても構いません。　(完答：2点×6【12点】)

077. (　　) <u>You</u> (　　) <u>get</u> (　　) <u>a coffee</u> (　　) <u>for me</u>.

078. (　　) <u>You</u> (　　) <u>make</u> (　　) <u>me</u> (　　) <u>a little nervous</u>.

079. (　　) <u>You</u> (　　) <u>make</u> (　　) <u>me</u> (　　) <u>a nice coffee</u>.

080. (　　) <u>It</u> (　　) <u>makes</u> (　　) <u>you</u> (　　) <u>a better person</u>.

081. (　　) <u>You</u> (　　) <u>get</u> (　　) <u>me</u> (　　) <u>a tea</u>.

082. (　　) <u>I</u> (　　) <u>find</u> (　　) <u>him</u> (　　) <u>nice</u>.

2 文法的に正しくなるように、どちらか適切なものを○で囲みましょう。×は何も必要がないことを示します。　(2点×5【10点】)

083. find it [to / for] Yuna

084. leave him [for / ×] some food

085. [tell / talk] me the number

086. [tell / buy] it to Ayako

087. [leave / give] it for you

3 日本語を参考に、対話が自然になるように、Bの英文を訂正し全文を言い換えましょう。 (3点)

088. 「その自転車はどこにあるの？―いとこにあげましたよ」

A: Where's the bike? ― B: I gave my cousin the bike.

4 自然な英文になるように、どちらか適切なものを○で囲みましょう。日本語がある場合はその意味になるようにしてください。 (3点×9【27点】)

089. Please show [the map for me / me the map].

090. Just leave [open the door / the door open].

091. Each* meal costs [about $5 for me / me about $5].
　　（1回の食事が私にはおよそ5ドルかかります）

092. I lend my car [for / to] my brother.

093. Can you choose a dictionary [for / to] me? (辞書を私に選んでくれませんか？)

094. Will you pass [me the salt / the salt me], please? (塩を取ってくれない？)

095. You look happy now, and that makes [happy for me / me happy], too.
　　（あなたは今うれしそう、それで私もうれしくなるよ）

096. She never [tells / talks] me her phone number.

097. I cook breakfast [to / for] my family.

＊形容詞each（それぞれの）

5 DL_02 日本語の意味になるように、「SV（主語＋動詞）＋その他の情報」を意識して、[　]内の語句を並べ替えてください。 (4点×9【36点】)

098. 写真を撮って、友だちに送っています。

I [pictures / to / them / take / friends / and send].

099. 自分の犬のために、テレビをつけっぱなしにしておきます。

[for / the TV / leave / on / I] my dog.

100. 毎年、誕生日に、両親が私に何か買ってきてくれます。

Every year, [me / for / get / my parents / something] my birthday.

101. 常に自分のデスクはキレイにしています。

[all / my desk / keep / I / clean] the time.

102. この宿題はたっぷり1時間かかります。

[takes / a good* hour / this homework / me].

103. 僕の部屋の中は本当に暑くなるのでエアコンをつけっ放しにしています。

(a) [my room / really hot / gets / in / it], so (b) [the air conditioner* / keep / on / I].

104. eスポーツで彼らはとても興奮します。

[make / very excited / them / e-sports*].

105. すみませんが、市役所への行き方を僕に教えていただけませんか。

Excuse me, can [the way to / me / you / the town hall* / tell]?

*形容詞good（[口語] たっぷりの）、名詞air conditioner（エアコン、冷房）、名詞e-sports（eスポーツ：electronic sportsの略）、名詞the town hall（市役所）

Evine's Words

まずは語順（文型）と品詞の学習を徹底しましょう。
学習効率が格段にアップします。

学習進路分け
Quiz

Day 01〜03で学んだ「文型」に加え、
英語力のベースである
「時制」「品詞」の理解度がどれだけあるか、
この**Quiz**で確認しましょう。
別冊の**Answer Key**で答え合わせをして、
自分の弱点がわかったら、「時制」から学ぶか、
「品詞」から学ぶか、進路を決めましょう。

Day 04 学習進路分け Quiz 【20分】

演習ポイント　文型や品詞は文の骨組みを作る上で欠かせない知識であり、時制は動詞の形の変化であるため文構造の理解には欠かせない。そこでまずはこのQuizに取り組み、英語力のベースである「文型」「品詞」「時制」の弱点確認を行い、この後の効果的な学習順序を判定したい。

[A] 文型の理解度チェック（50点満点）

1 次の下線部の働きとして、正しい品詞を◯で囲みましょう。　（2点×7【14点】）

106. I look for <u>a job</u>.　［ 動詞 / 名詞 / 形容詞 / 副詞 ］

107. I look <u>at a picture</u>.　［ 動詞 / 名詞 / 形容詞 / 副詞 ］

108. You look <u>busy</u> today.　［ 動詞 / 名詞 / 形容詞 / 副詞 ］

109. I work <u>here</u>.　［ 動詞 / 名詞 / 形容詞 / 副詞 ］

110. I <u>water</u> my garden every morning.　［ 動詞 / 名詞 / 形容詞 / 副詞 ］

111. I need <u>water</u> for my pool.　［ 動詞 / 名詞 / 形容詞 / 副詞 ］

112. I drive to <u>work</u>.　［ 動詞 / 名詞 / 形容詞 / 副詞 ］

2 下線部の働きとして、正しい品詞を◯で囲みましょう。　（1点×4【4点】）

113. I ①<u>get</u> about 500 ②<u>visits</u> ③<u>to my blog</u> ④<u>every day</u>.

① ［ 動詞 / 名詞 / 形容詞 / 副詞 ］

② ［ 動詞 / 名詞 / 形容詞 / 副詞 ］

③ ［ 動詞 / 名詞 / 形容詞 / 副詞 ］

④ ［ 動詞 / 名詞 / 形容詞 / 副詞 ］

3 下線部の働きを考え、（　　）にS / V / C / O / Mいずれかの文型記号（文の要素）を記しましょう。同じ記号を何度使っても構いません。　（完答：2点×4【8点】）

114. （　　）<u>I</u>（　　）<u>get</u>（　　）<u>a coffee</u>（　　）<u>here</u>.

115. （　　）<u>I</u>（　　）<u>get</u>（　　）my <u>dad</u>（　　）<u>upset</u>（　　）<u>sometimes</u>.

116. （　　）<u>My room</u>（　　）<u>gets</u>（　　）<u>hot</u>（　　）<u>at night</u>.

117. （　　）<u>You</u>（　　）<u>get</u>（　　）<u>home</u>（　　）<u>late</u>.

4 文法的に正しくなるように、どちらか適切なものを○で囲みましょう。

（2点×4【8点】）

118. You come [to / ×] early.

119. I seem [like / ×] a Chinese in this picture.

120. Oranges make me [health / healthy].

121. You bring me [happy / happiness].

5 「SV（主語＋動詞）＋その他の情報」を意識して、[　]内の語句を文法的に正しく並べ替えてください。

（4点×4【16点】）

122. [Kobe / a cafe / in / run / we].

123. [help / need / you / my].

124. [for / her / buy / I / something] Christmas.

125. [my cat / my door / I / open / for / leave].

[B] 品詞の理解度チェック（25点満点）

6 「　　」の働きをすることができる「品詞」の英単語を○で囲みましょう。

（2点×2【4点】）

126.「主語S」

[sad / sadly / sadness]

127.「目的語O」

[peaceful / peace / peacefully]

7 それぞれの品詞に当てはまる英単語を3つずつ選択肢から選びましょう。

（1点×9【9点】）

128. 名詞			
129. 形容詞			
130. 副詞			

(a) carefully　(b) different　(c) tooth　(d) always　(e) cousin

(f) cloud　(g) rainy　(h) there　(i) sick

8 組み合わせとして正しいものを○で囲みましょう。×は何も必要がないことを表します。

（2点×6【12点】）

131. read [quiet / quietly]

132. about [him / he]

133. a picture [in / on / ×] the wall

134. [a / some] children

135. (a) [How / What] was (b) [an / the] interview?

[C] 時制の理解度チェック（25点満点）

9 `DL_03` 次の日本語の意味になるように、文法的に正しい時制の形を○で囲みましょう。 （3点×5【15点】）

136.「ヒナは今週、大学まで電車で通っています」

Hina [is taking / takes / took] the train to university this week.

137.「今日はサンドイッチを作る予定ですか？」

[Will you / Do you / Are you going to] make sandwiches today?

138.「サキが昼寝をしてて、僕が起こしたんだ」

Saki [took / was taking / takes] a nap, and I woke her up.

139.「リンタロウはどこ？――買い物に行っちゃったよ」

Where's Rintaro? — [He's gone shopping / He went shopping / He will go shopping].

140.「私たちは15歳の時からずっと仲良くやっています」

[We're / We were / We've been] good friends since we were 15.

10 文法的に正しい形、あるいは場面的に自然な形を○で囲みましょう。（2点×5【10点】）

141. She often [watch / watched] the sunset.

142. Where [will you / are you going to] sell it?

143. What [do you do / are you doing]? — I'm a doctor.

144. We [go / went] shopping almost* every day last week.

145. [I've done / I did / I do] all the laundry* this morning.

＊副詞almost（ほとんど）、名詞laundry（洗濯 [すること]）

Evine's Words

演習の基本は弱点分析。
復習こそが英語力向上に欠かせません。
ここまでのところをまずは２周復習しましょう。

Stage 1 動詞を完全マスター

Part 2: 時制編
動詞の「キモチ」を学ぶ（応用）

Day 05

現在形と過去形

Day 05　現在形と過去形

> **演習ポイント**
> 英語の時制は動詞の形を変えて、リアルな「時」を軸に、場面ごとに話し手の「気持ち」や「状態」を表現する。今回は、基本時制である現在形と過去形の自然な使い方を押さえたい。

1　「動作動詞」と「状態動詞」

時制は動詞の形の変化により決まるため、文型と同様、動詞を中心に押さえる必要がある。文型の観点では、自動詞と他動詞とを区別して考えることが重要だが、時制の観点では「動作動詞」と「状態動詞」の区別が重要。

動詞の種類	意味	例
動作動詞	(動き・変化・出来事など) 動作を表す動詞	eat (…を食べる)、make (…を作る)、read (…を読む)、walk (歩く)、happen ([出来事が] 起こる)、rain (雨が降る) など
状態動詞	(感情、感覚、知覚、所有など) 状態を表す動詞	be (…だ、…にいる)、have (…を持っている)、know (…を知っている)、like (…が好きである)、live (住んでいる)、need (…が必要である)、stand (立っている)、want (…が欲しい) など

2　「普段の話」を伝える「動作動詞の現在形」

「今も昔も、そしてこれからも」、これが現在形の基本ニュアンス。下の例文のように、主語Sの「いつもの話」をするために使用するのが動作動詞の現在形。形は辞書に載っている原形を用い、主語が3人称単数「He/She/It」の場合は「動詞-(e) s」(3人称単数現在形) の形になる。＊3人称単数現在形の作り方は「これだけは覚えておきたい　基本文法リスト」参照

「動作動詞」の現在形	日常習慣を伝える ※頻度を示すusuallyのような時の副詞表現を伴うこともある
	一般的・永続的な事柄や事実を伝える

「毎日、私は徒歩で通勤しています [職場まで歩いて行く]」　I walk to work every day.
「地球は太陽の周りを回っています」 3人称単数のS (=It) The earth goes around the sun.
「水はセ氏100度で沸騰します」　Water boils at 100℃.　　　　＊℃＝degrees Celsius (セ氏)

3 「心境」や「状態」を伝える 「状態動詞の現在形」

主語Sの現在の心境や状態は、状態動詞の現在形で表現できる。

「状態動詞」の現在形	現在の心境・状態を伝える

「この匂いが好きです」　I like this smell.
「鼻が詰まっています」　I have a stuffy nose.
「最近、僕は本当に忙しいです」　I am really busy these days.
＊短縮形I'mで話すのが基本。

 ## 4 「終わった話」＝「過去形」

「すでに終わった話」は過去形で表現できる。基本は「動詞＋ed」で過去形になる。
＊過去形の作り方は「これだけは覚えておきたい　基本文法リスト」参照

「動作動詞」の過去形	過去の習慣を伝える
	過去の出来事を伝える
「状態動詞」の過去形	過去の心境・状態を伝える

「お父さんはよく私とサッカーをしました」　Dad often 過去の習慣 played football with me.
「私は昨日、アオイと会いました」　I 過去の出来事 met Aoi yesterday.
「そのとき、僕は疲れていました」　I 過去の状態 was tired then.

過去形は「現在はそうではないこと」を示唆する。
「私は学校の教師でした」　I 過去形 was a school teacher.

これを現在形で言い換えると
「私はもう学校の教師ではありません」　I'm not a school teacher any more.
のニュアンスになる。
＊not ... any more（もはや…でない）

 ## 5 過去を示す「時の副詞」

現在形や過去形は「時の副詞」によって決まることもある。特に、過去形であることをクリアにする「時の副詞」は押さえておくと便利。

過去形で用いる「時の副詞」	「数詞＋ago」（…前）、last week [month/year]（先週 [先月／去年]）、just now（たった今、ついさっき）、once（かつて）、recently*（最近）、then（その時）、yesterday（昨日）など ＊同じ「最近」でもthese daysは基本的に「現在形」で用いられる。

「1週間前にそれを買いました」　I bought it a week ago.
「たった今、女の子に会いました」　I met a girl just now.
「私は最近、それを観ました」　I watched it recently.

ポイント整理

1 （　　）に適切な日本語を書き、時制に関する説明を完成させましょう。ただし、(1)
③と④は正しい動詞を1つずつ○で囲みましょう。

(1) 動詞には、動き、変化、出来事などを表す①（　　　　　）動詞と、感情、感覚、知覚、所有など
を表す②（　　　　　）動詞がある。①動詞の例として③[live / make / have]、②動詞の例として
④[stand / eat / happen] などがある。

(2) 今も、昔も、そしてこれからも変わらないような話を伝える場合は、動詞の①（　　　　　）形を、
すでに終わった話を伝える場合は、動詞の②（　　　　　）形を使えばよい。

Answer Key:
1 (1) ①動作　②状態　③make　④stand
　(2) ①現在　②過去

1回目	＿＿月＿＿日＿＿分　　/100
2回目	＿＿月＿＿日＿＿分　　/100
3回目	＿＿月＿＿日＿＿分　　/100

Day 05 の演習問題

1 `DL_04` 次の日本語の意味になるように、適切なものを○で囲みましょう。

（3点×5【15点】）

146.「私はファッションというものをわかっています」 I [knew / know] about fashion.

147.「その川のそばに古い木が立っていました」 An old tree [stood / stands] by the river.

148.「その会社はかなり頻繁に会議があります」 The company [has / had] meetings too often.

149.「私は最近、オンラインでニュースをチェックしています」 I [checked / check] news
online these days.

150.「私は朝ごはんにナチョスを食べる習慣があります」 I [ate / eat] Nachos for breakfast.

2 文法的に正しくなるように、どちらか適切なものを○で囲みましょう。

（4点×10【40点】）

151. I [watch / watched] *The Avengers* yesterday.

152.【普段の話】I [play / played] futsal once a week for exercise.

153. She [saw / see] him at the station every day.

154. My dad [have / had] surgery* today.

155. I recently [move / moved] to Kobe.

156. We [had / have] lunch an hour ago.

157. [I'm / I was] still hungry then.

158. She [spends / spent] her childhood* abroad.

159. Water [freezes / froze*] at 0℃.

160. I once [had / have] a friend from the Philippines*.

＊名詞surgery（手術）、名詞childhood（子ども時代）、自動詞freeze（凍る）の過去形、the Philippines（フィリピン）

3 次の英文の意味として、適切な日本文の記号を○で囲みましょう。（3点）

161. I make reservations for restaurants.

(a) もうレストランの予約はしています。

(b) レストランはいつも予約をします。

(c) レストランの予約をしました。

4 DL_05 日本語の意味になるように、[ ]内の語句を並べ替えてください。ただし、不要なものが1語ありますので注意してください。 （6点×7【42点】）

162. 私たちはUSJ行きのバスに乗りました。

[USJ* / the bus / took / to / we / take].

163. 私は最近、歩いて公園に行きます。

[walk / these / walks / the park / I / to] days.

164. 日本には梅雨があります。

[had / a rainy / has / season / Japan].

165. 父は昨日、医者に診てもらいました。

[a doctor / sees / yesterday / saw / my father].

166. そのお金はどこにあるの？―妹にあげました。

Where's the money? — [my sister / gives / to / I / it / gave].

167. 昨日の夜、電話をもらった後に本当に幸せだと感じました。

[really happy / feel / after / felt / I] the phone call last night.

168. おじのジャックは毎朝、私にカフェラテを入れてくれます。

[a latte* / made / Uncle Jack / every / me / makes] morning.

*名詞USJ [=Universal Studio Japan]（ユニバーサル・スタジオ・ジャパン）、名詞latte（カフェラテ）

Evine's Words

英語はコミニケーションツールです。
場面と相手に与える印象を考えましょう。

Day 06 進行形

 進行形は、ある行動、ある状況が進行している途中という意味があり、現在形と過去形に、「一時的」ニュアンスを加える。ここでは自然な現在進行形と過去進行形の使い方を押さえたい。

 ## 1 「一時的」ニュアンスを伝える「現在進行形」

「いつもしていること」の意味がある現在形を、現在進行形「be動詞＋動詞のing形」にすると「今していること」や「ある期間に限定されること」など「一時的」ニュアンスになる。

「息子が今、２階でオンラインゲームをしています」 My son is playing an online video game upstairs now. …今していること
「今週はバスで通勤しています」 I'm taking a bus to work this week. …一時的なこと

同じstay at a hotel「ホテルに滞在する」でも伝えたい内容によって使い分けることで自然な会話になる。
現在形：I stay at a hotel. …「いつもホテルに滞在する」
現在進行形：I'm staying at a hotel. …「一時的にホテルに滞在している」

 ## 2 「ある時点で行われていたこと」 ＝「過去進行形」

過去のある時点を思い返し、「その時に何かをしている途中」だったことを表現するのが過去進行形「was/were＋動詞のing形」（[あの時] …していた）。

「その間は、家にいました」 I was staying home during that time.
「お昼ごはんを食べている時に、父から電話がありました」 When I was having lunch, my father called me.

3 「変化の途中」や「反復習慣」も「進行形」

進行形で「変化の途中」や「反復習慣」を表すことができる。

変化の途中：
「この木は枯れかけています」 This tree is dying.
「外がだんだん暗くなってきていました」 It was getting dark outside.

反復習慣：
「息子は『キングダム』を読んでばかりいます」 My son is always reading *Kingdom*.
＊この表現では副詞always（いつも）を伴うのが基本。

 4 「状態動詞」は基本的に「進行形」はNG！

like、have、knowなどの状態動詞（Day 5参照）には継続ニュアンスが含まれているため、基本的に進行形にはしない。次のような例はよくある間違い。

「私は風邪をひいています」
（×）I'm having a cold.　　（○）I have a cold.

「彼の家族のことは知っています」
（×）I'm knowing about his family.　　（○）I know about his family.

 ポイント整理

1　正しいものを○で囲み、時制の形に関する説明を完成させましょう。

(1)「be動詞＋動詞のing形」の進行形は、①［ いつものこと / 一時的なこと ］、現在形は、②［ いつものこと / 一時的なこと ］をそれぞれ表現する。

(2) 継続ニュアンスのある③［ 動作動詞 / 状態動詞 ］は基本的に進行形にはできない。

2　次のうち、動作動詞である動詞を1つだけ選びましょう。

want　love　use　need　believe

Answer Key:
1 (1) ①　一時的なこと　②　いつものこと　(2) 状態動詞
2 use（…を使う）
　＊その他の選択肢の意味はwant（…が欲しい）、love（…を愛する）、need（…を必要とする）、believe（…を信じる）。

| 1回目 | ___月 ___日 ___分 /100 | 2回目 | ___月 ___日 ___分 /100 | 3回目 | ___月 ___日 ___分 /100 |

Day 05 の復習問題

1 DL_06 次の日本語の意味になるように、適切なものを○で囲みましょう。（2点×3【6点】）

169.「私の部屋には窓がないんです」 My room [has / had] no windows.

170.「彼女は今朝、駅まで歩きました」 She [walks / walked] to the station this morning.

171.「私は最近、コーヒーをブラックで飲んでいます」
I [drank / drink] coffee black these days.

2 どちらか適切なものを○で囲み、自然な英文を完成させましょう。（3点×3【9点】）

172. He recently [came / come] back to Japan.

173. The moon [went / goes] around the earth.

174. I [saw/ see] my ex* just now.

＊ex（前の彼女［彼氏］、先妻［夫］）

Day 06 の演習問題

1 DL_07 「　　」内の日本語の意味になるように、適切な形を○で囲みましょう。
（3点×8【24点】）

175.「何をしてるの？　かなり忙しそうだけど」
What ① [do you do / are you doing]？　You ② [look / are looking] so busy.

176.「息子さんのお仕事は何ですか？──彼は高校で働いています」
What [is your son doing right now / does your son do]？ — He works at a high school.

177.「ブラッドはこの夏の間、ツアーガイドとしてここで働いています」
Brad [is working / works] here as a tour guide over the summer.

178.「インフルエンザにかかっているんです」 [I have / I'm having] the flu.

179.「今、友だちの家に泊まっています」 [I'm staying / I stay] with a friend.

180.「今朝、滑って転んじゃった。不注意だったね」
I ① [was slipping / slipped] this morning. I ② [wasn't paying / didn't pay] attention.

2 自然な英文になるように、適切な形を○で囲みましょう。 （4点×4【16点】）

181. [I'm usually wearing / I usually wear] glasses.

182. I [wore / was wearing] glasses that day.

183. Look! Haruki [takes / is taking] a picture of us.

184. When* I got home, my daughter [was crying / cried].

＊when SV（Sが…するとき）

3 DL_08 日本語の意味になるように [   ] の動詞を自然な形に変えましょう。答え
は1語とは限りません。 （5点×4【20点】）

185.「彼の髪が本当に伸びてきています」 His hair [get] really long.

186.「アユミはアパートで一人暮らしをしています」 Ayumi [live] alone in her apartment.

187.「ブラッドは夜遅くにおなかをすかせます」 Brad [get] hungry late at night.

188.「ユカは台湾を旅行中です」 Yuka [travel] in Taiwan.

4 DL_09 日本語の意味になるように、[ ] 内の語句を並べ替えてください。ただし、
不要なものが1語ありますので注意してください。 （5点×5【25点】）

189. アサトは父親によく似ています。

Asato closely [father / is resembling / his / resembles].

190. 上司と話をしていると、突然自分の携帯電話が鳴りました。

When [to / my cellphone / I / my boss / talked / suddenly rang / was talking / ,].

191. 雨が降り始めた時、私たちは歩いて家まで帰っているところでした。

We [home / the rain / walked / started / were walking / when].

192. マホはニューヨークで演劇の勉強をしていますが、この夏はカフェで働いています。

① [studying / in New York / Maho / drama / studies], but she's ② [a cafe / works / at / this / working] summer.

Evine's Words

これをやったらどうなるだとか、色々悩む場面は
ありますが、やってからわかることも多いですよね。

Day 07　未来の表現

同じ未来でも、現時点でそれに対してどのように考えているかによって未来の表現の形は異なる。実際の会話を意識しながら自然な未来の表現を押さえたい。

1　(a)「助動詞will＋動詞の原形」(…だろう)で、未来の事柄をシンプルに伝える

「助動詞will＋動詞の原形」(…だろう) は、未来について思うことや推量・推測する場合に用い、個人的 (＝主観的) に、そのようになると思っていることを表現する。

「彼女は来週、戻ってくるでしょう」　She <u>will</u> get back next week.
「明日は暑くなるだろう」　It <u>will</u> be hot tomorrow.
＊会話では短縮形She'll、It'llが用いられることが多い。

(b)「I'll ＋動詞の原形」(…します)は「その場で決めたこと」を伝える

主語Iを用いて、「じゃあ、…します」と、予定・計画には無かったことを、会話の流れの中でその場で決めることは「I'll＋動詞の原形」で表現できる。

I have a math test tomorrow. (明日、数学のテストがあるんだ)
— OK, <u>I'll</u> help you. (わかった、じゃあ手伝ってあげるよ)

相手から予定を尋ねられた際、このwillで返答すると、断るためにその場で無理やり予定を作ったような印象になるので注意。

What are you doing this weekend? — I'll study history. (今週末は何をするの？—歴史の勉強をするよ [することにした！])

誤解なく、個人的な予定を伝える場合はbe going toまたは現在進行形で表現すると良い。
<u>I'm going to</u> study history. (歴史の勉強をする予定なんだ)
<u>I'm studying</u> history this weekend. (今週末は歴史の勉強をする予定になってるんだ)

下表のように整理しておくと便利。

	主語がI	I以外の主語
will＋動詞の原形	(a) (今) …しようと決めた	(c) …するだろう
will be ...	(b) …だろう、…になるだろう	(d) …だろう、…になるだろう

(a)「もう寝ます」 I'll go to sleep now.
(b)「来週は忙しくなるだろう」 I'll be busy next week.
(c)「その後、息子は散髪するだろう」 My son will get a haircut after that.
(d)「明日の朝は寒くなるだろう」 It'll be cold tomorrow morning.

 2 (a)「be going to＋動詞の原形」(…するつもり)で、前から決めている予定・計画を伝える

個人的に前から決めている予定や計画は「be going to＋動詞の原形」で表現する。進行形(be動詞＋動詞のing形)を含むことから未来に向けて状況が進んでいるニュアンス。

「東京にいる友人を訪ねる予定です」 I'm going to visit some friends in Tokyo.
「彼は明日、休暇を取るつもりです」 He's going to take a day off tomorrow.

「be going to＋動詞の原形」にはカジュアルな響きがあり、フォーマルな場面ではwillで代用されることも多い。
「新商品を7月に発表します」 We will release our new product in July.

(b)「…しそうだ」と状況に基づいて予測する「be going to ＋動詞の原形」

willは基本的に根拠がなく「…だろう」という個人の主観的な気持ちを表す一方で、be going toは根拠のある予測が表現できる。

「もうすぐ雨が降るだろう」
(A) It's going to rain soon.　(B) It will rain soon.

英文(A)は実際の雲行きを見て雨が降りそうな状況であると予測していることを意味し、英文(B)は根拠はないものの主観的にそうなるんじゃないかと思っていることを意味する。

 3 「現在進行形」(…することになっている) で、準備が完了した予定・計画を伝える。

現在進行形(be動詞＋動詞のing形)で、be going toよりも確定的で手配済みの予定が表現できる。tomorrowやnext … などで未来であることを示し、進行形の基本用法と区別する。

「来月、パリに引っ越します」 I'm moving to Paris next month.
「今夜、友だちと会うことになっています」 I'm meeting a friend tonight.

次のように、冗長な響きを避けてbe going toの代用として用いることもある。
「明日、大阪に行く予定です」 I'm going to go to Osaka tomorrow.
→ I'm going to Osaka tomorrow. ＊go toを現在進行形にしたもの

4 「現在形」で固定のスケジュールが表現できる。

時刻表や時間割、映画、劇、ツアーなどのイベントの日時・日程など、個人で変更できない固定的・確定的な事柄は現在形で表現する。現在進行形と同様、未来であることを示す表現を伴うのが基本。

「今日は会議があります」 We <u>have</u> a meeting today.
「私たちのバスは明日の午前7時に出発します」 Our bus <u>leaves</u> at 7 a.m. tomorrow.

ポイント整理

1 それぞれの時制に関する説明として、正しいものを記号で選びましょう。

(1) 「I'll＋動詞の原形」は①（　　）を伝え、「I'm going to＋動詞の原形」は②（　　）を伝える。

　　（あ）前から決めていること　　（い）その場で決めたこと

(2) 同じ現在形haveでも、場面に合わせて伝える内容が変わる。例えば、I have breakfast. は①（　　）を伝え、I have breakfast at a hotel tomorrow. は②（　　）を伝える。

　　（あ）日常習慣　　（い）先の事柄

2 より確定的な予定を伝える形として自然な英文を選びましょう。

(1)（あ）I'm leaving at 10 tomorrow.　　（い）I'm going to leave at 10 tomorrow.

Answer Key:

1 (1) ① (い) ② (あ) (2) ① (あ)「私はいつも朝食を食べています」 ② (い)「私は明日、ホテルでの朝食です」

2 (1) (あ) 日本語訳：(あ) 私は明日の10時に出発します。 (い) 私は明日の10時に出発する予定です。

1回目	___月___日___分 /100	2回目	___月___日___分 /100	3回目	___月___日___分 /100

 **Day 06 の復習問題**

1 DL_10 日本語の意味になるように、適切なものを○で囲みましょう。(2点×4【8点】)

193. 「僕は花粉症です」

[I'm having / I have / I had] hay fever.

194. 「今週は、彼は電車で通勤しています」

This week, [he took / he's taking / he take] the train to work.

195. 「昨夜ジョギングをしていた時に、お巡りさんに止められました」

A police officer ① [stops / stopped] me when I ② [was jogging / jogged] last night.

2 DL_11 日本語の意味になるように [　] の動詞を自然な形に変えましょう。答えは1語とは限りません。 (3点×2【6点】)

196. 「今日は忙しく働いています」

I [work] hard today.

197. 「私の英語は本当に良くなってきています」

My English [get] really good.

 Day 07 の演習問題

1 (A)(B) が同じ内容を示すように　　　　に正しい単語を入れましょう。
(4点×2【8点】)

198. (A) I'm going to work at home this weekend.

(B) I'm　　　　　 at home this weekend.

199. (A) Do you have any plans for Thursday?

(B) What are　　　　　　　　　　　 on Thursday?

2 DL_12 日本語の意味になるように、適切な形を○で囲みましょう。(4点×5【20点】)

200. 「このダウンロードは時間がかからないでしょう」

This download [won't / doesn't] take long.

201. 「私たちは来年の10月に結婚します」

[We're going to get / We get] married in October next year.

202.「次の金曜日の朝、その上司に会う予定です」

[I'm going to meet / I will meet] the manager next Friday morning.

203.「明日は来る予定ですか？」

[Will you come / Are you coming] tomorrow?

204.「来月、ベンツを買う予定です」

[I'm going to buy / I buy] a Mercedes next month.

3 自然な英文になるように、適切な形を○で囲みましょう。 （3点×6【18点】）

205. [It will be / It's] my birthday tomorrow.

206. Can you drive me to the station? — OK, [I'll / I'm going to] take you there.

207. Are you going to IKEA anytime soon? — Yeah, [I'm going / I'll go] next week.

208.【買い物中に】Is it OK? — Yes, [I'm going to / I'll] take it.

209. It [rains / will rain] today.

210. The phone's ringing! — [I'm going to / I'll] get it.

4 DL_13 日本語の意味になるように正しい単語を　　　　　に書きましょう。

＊短縮形が入る場合があります。（4点×6【24点】）

211.「明日、私たちはオンライン会議があります」

We ＿＿＿＿＿ an online meeting tomorrow.

212.「会議は10時に開始します」

The meeting ＿＿＿＿＿ start at 10:00.

213.【その場で決めて】「チケット代はクレジットカードで支払います」

＿＿＿＿＿ ＿＿＿＿＿ for the tickets by credit card.

214.「明日は仕事に行きません」

＿＿＿＿＿ ＿＿＿＿＿ ＿＿＿＿＿ to work tomorrow.

215.「上空にととても大きな灰色の雲があるよ！―うん、もうすぐ雨が降りそうだね」

There are big gray clouds overhead! — Yeah, ＿＿＿＿＿ ＿＿＿＿＿ ＿＿＿＿＿ rain soon.

216.「明日は駅でメアリーと会う予定です」

I'm ＿＿＿＿＿ ＿＿＿＿＿ ＿＿＿＿＿ Mary at the station tomorrow.

5 DL_14 日本語の意味になるように、[ ] 内の語句を並べ替えてください。ただし、不要なものが1語ありますので注意してください。 （4点×4【16点】）

217. 今週から、新しくパートを始めることになっています。

[this / new part-time job / starting / going to / a / I'm] week.

218. わかったよ、ダイエットします。

OK, [on a diet / I / go / am going to / will].

219. 兄は今晩、ここにはいないでしょう。

[isn't / my brother / here / won't / be] this evening.

220. 私たちの飛行機は9時10分発です。

[leaves / at / our flight / will] 9:10.

Evine's Words

理解は後からついてくる。
最後までやり切ることが大切です。

Day 08 過去形と現在完了形

演習ポイント 現在完了形は、現在から過去のある時点を振り返りながら、完了・経験・継続した(してきた)事柄を表現する。現在形や過去形と混同する学習者も多く、現在完了形ならではのニュアンスを押さえたい。

 ## 1 現在完了形「have/has＋過去分詞」(…した)で、過去から現在までの出来事を伝える

現在完了形は「have/has＋過去分詞」で示し、ある過去から現在までを振り返り、経験したこと、継続してきたこと、そして完了したことを伝える。

「息子は自転車の鍵をなくした」
過去形： My son <u>lost</u> his bike key.　　現在完了形：　My son <u>has lost</u> his bike key.

過去形lostは過去の事実・出来事のみを示し、過去に焦点があることから現在の状況(鍵が見つかったのか？)は不明。一方、現在完了形has lostは、なくした(= lost)という過去の状況を今も持っている(= have)というニュアンスになるため、現在もなくした状態であることが明確になる。ただし、実際は、文脈の中で状況は誤解なく伝わるため過去形を現在完了形の代用として用いることも多い。

 ## 2 現在完了形の疑問文と否定文

要領はbe動詞を用いた英文の疑問文と否定文と同じ。現在完了形で用いるhave/hasを中心に、疑問文と否定文は作られる。過去分詞を原形に戻さないように注意。

疑問文	Have you＋過去分詞 ...?　— Yes, I have. / No, I haven't. Has she＋過去分詞 ...?　— Yes, she has. / No, she hasn't.
否定文	You have not＋過去分詞 ...　＊口語では、短縮形haven'tが一般的。 She has not＋過去分詞 ...　＊口語では、短縮形hasn'tが一般的。

＊主語が3人称単数の場合はhave→hasになる。

 ## 3 現在完了形のニュアンスと基本(「完了」)用法

現在完了形は、過去に起こった事柄(「完了」「経験」)や現在まで継続している状況(継続)について振り返り、「現在の心境」を伝えるもの。この感覚を軸に、文脈で「完了」「経験」「継続」用法を区別するのが自然で、場合によっては複数の用法になることもあり柔軟に解釈すること。または用法ごとに一緒に用いられる副詞があればそれに注目すると良い。

現在完了形の基本用法は、過去から現在までに終わったことや起こった出来事に対する心境を述べる「完了」用法である。

完了	…したばかりだ、もう…した	よく一緒に用いる副詞: just(たった今)、already(すでに)、yet(【疑問文で】もう…[しましたか]、【否定文で】まだ…[していない])

「ちょうどその鍵を見つけたところだ」 I've just found the key.
「彼女はもうその映画を観ました」 She's already watched the movie.
「私はまだ部長と話していません」 I haven't talked to my manager yet.
「もうメールはチェックしましたか?」 Have you checked your email yet?

4 現在完了形の「経験」用法

現在完了形で、過去から現在までの経験やその頻度を表現できる。

経験	…したことがある	よく一緒に用いる副詞: before(以前に)、ever(【疑問文で】今までに)、never(【否定文で】今までに一度も…ない)、「数詞＋times」(…回)

「以前にそれを読んだことがあります」 I've read it before.
「今日は父から3回電話がかかってきています」 My father has called me three times today.
「今までに、それについて考えたことはありますか?」 Have you ever thought about it?
「僕は今までに一度もドリアンを食べたことがない」 I've never tried durian.

5 have been toとhave gone toの違いに注意!

「…に行ったことがある」という経験は「have/has been to＋場所」で表現する。「have/has gone to＋場所」は「…に行ってしまった(今はここにいない)」(完了)という意味になる。
「彼は神戸空港に行ったことがあります」He 経験 has been to Kobe airport.
「彼は神戸空港に行ってしまった」 He 完了 has gone to Kobe airport.

6 現在完了形の「継続」用法と現在完了進行形「have/has been＋動詞のing形」

現在完了形で、過去から現在までの状態の継続を述べることができる。ただし、動作の継続は現在完了進行形「have/has been＋動詞のing形」を用いるのが自然。

状態の継続(状態動詞)	現在完了形	よく一緒に用いる副詞・前置詞など: since(…以来)、for(…間)、lately(最近)
動作の継続(動作動詞)	現在完了進行形	

状態動詞の継続:
「去年からここにいます」 I've been here since last year.

「エマとは20年間の付き合いです」 I've known Emma for 20 years.
＊そもそも状態動詞は進行形で普通は用いない。

動作動詞の継続：
「銀行で勤務して5年間になります」 I've been working for a bank for five years.
「昨夜からずっと雨が降っています」 It's been raining since last night.
「最近、あまりちゃんと寝れていません」 I haven't been sleeping well lately*.
＊lately（最近）は現在完了形・現在完了進行形でよく用いられる。

文法的には、forやsinceがあれば現在完了形I've worked for a bank for five years.でも継続用法と解釈できる。ただし、現在完了形は現時点では継続が完了しているニュアンスがあり、現在完了進行形は、完了せずにこれからも継続していく響きがある。

 7 現在完了形と過去形の違い

過去形は「過去のこと」、現在完了形は「現在のこと」を表現する。つまり、次のような過去であることを示す副詞と一緒に用いることはできない。

過去形と用いる表現	yesterday（昨日）、in 2006（2006年に）、a week ago（1週間前に）、then（その時）、when（いつ…［したの？]） ＊whenと「完了」用法の現在完了形は一緒に用いない。

「私たちは2006年に結婚しました」
（○）We 過去形got married in 2006. （×）We've gotten married in 2006.

「いつここに着いたの？」
（○）When 過去形did you get here? （×）When have you gotten here?

また、話し手の中で1日をどう思っているのかで両者を使い分けることもできる。
(a)「僕は今日サキと会いませんでした」 I didn't meet Saki today.
(b)「僕は今日まだサキと会っていません」 I haven't met Saki today.

同じtodayでも会話の時点で、1日がもう終わるという意識であれば英文（a）の過去形、まだ1日が終わりではなく、これから会う可能性を示唆する場合は英文（b）の現在完了形で表現するのが自然。

ポイント整理

1 (　　) に日本語を書き、現在完了形の説明を完成させましょう。

(1) 現在完了形「have/has ＋ ①(　　　　　　)」は ②(　　　　　　) から現在までに完了したこと、③(　　　　　　) したこと、そして継続してきたことを表現する。ただし、動作動詞の継続は現在完了 ④(　　　　　) が自然。

2 これからまだ行う可能性が含まれる英文を選びましょう。

(1) (あ) I didn't call him. (い) I haven't called him.

Answer Key:
1 (1) ① 過去分詞　② 過去　③ 経験　④ 進行形
2 (1) (い) 日本語訳：(あ) 私は彼に電話しませんでした。(い) 私は彼にまだ電話をしていません。

1回目	＿＿月＿＿日＿＿分	／100
2回目	＿＿月＿＿日＿＿分	／100
3回目	＿＿月＿＿日＿＿分	／100

Day 07 の復習問題

1 DL_15 日本語の意味になるように、適切なものを○で囲みましょう。（2点×5【10点】）

221.「今日は大阪に買い物に行く予定です」 [I'll go / I'm going] shopping in Osaka today.

222.【個人の予定】「水着を買うつもりはありません」
[I won't / I'm not going to] buy a swimsuit.

223.「今日の3時に会議があるんです」 I [have / will have] a meeting at 3:00 today.

224.【今、決めた】「わかりました、それをします」 OK, [I'm going to do / I'll do] it.

225.【状況に基づく予測】「8時だよ！ 電車に乗り遅れますよ！」
It's 8:00! [You'll / You're going to] miss your train!

2 DL_16 日本語の意味になるように [　] の動詞を自然な形に変えましょう。答えは1語とは限りません。
（2点×2【4点】）

226.「今夜は雨が降るでしょう」 It [rain] tonight.

227.【個人の予定】「今日は、後でデービッドを迎えに行く予定です」
I [pick] up David later today.

Day 08 の演習問題

1 （A）（B）が同じ内容を示すように正しい単語を　　　　　に書きましょう。

（4点×2【8点】）

228.（A）I just took a shower.　（B）I 　　　　　 just 　　　　　 a shower.

229.（A）Dad went to the station and hasn't come back yet.

　　（B）Dad's 　　　　　 to the station.

2 DL_17 日本語の意味になるように、適切な形を○で囲みましょう。（4点×5【20点】）

230.「まだ決めていません」

I [didn't decide / haven't decided / don't decide].

231.「いつそれを終わらせたの？」

When [did you finish / have you finished] it?

232.「祖母が亡くなって12年になります」

My grandmother ① [has been / was] dead ② [since / for] 12 years.

233.「ここ数年、僕の英語が鈍ってきています」

My English [is getting / has been getting] rusty* for the past few years.

＊形容詞 rusty（［能力が］鈍って）

3 自然な英文になるように、適切な形を○で囲みましょう。　　　　　（5点×4【20点】）

234. [I've met / I met] her five years ago.

235. [I've waited / I'm waiting] for it for so long.

236. Last July I [have gone / went] to a conference in Osaka.

237. [She's been / She was] studying French since last year.

4 DL_18 日本語の意味になるように正しい単語を　　　　　に書きましょう。

＊短縮形が入る場合があります。（5点×4【20点】）

238.「今までに一度も納豆を食べてみたことがありません」　　　　　　　　　　 tried natto.

239.「私はまだ何も荷造りしていません」I 　　　　　 packed anything 　　　　　 .

240.「姉は10試合勝っています」My sister 　　　　　　　　　　 10 matches.

241.「日本に来てどれくらいですか？」How long 　　　　　 you 　　　　　 in Japan?

5 「これから予約をする」ことを示唆する表現を1つ選びましょう。　　（3点）

242.（A）I don't make reservations.

　　（B）I haven't made a reservation.

　　（C）I didn't make a reservation.

6 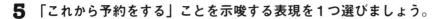 DL_19 日本語の意味になるように、[　]内の語句を並べ替えてください。ただし、不要なものが1語ありますので注意してください。　　（5点×3【15点】）

243. 今までにシンガポールに行ったことはありますか？

　　[to / ever / gone / been / you / have] Singapore?

244. 9時10分のバスがまだ来ていません。

　　The 9:10 [yet / already / come / hasn't / bus].

245. 彼女は最近、夫と話をしていません。

　　She [talking to / isn't / been / her husband / hasn't] lately.

Evine's Words

丁寧に理解していくのは2周、3周目で構いません。
どんどん解き進めてください。

Day 09 可能性を表す助動詞

 演習ポイント 助動詞は動詞の本来の意味に「主観的な感覚」を加える働きがある。本書では助動詞を「可能性」と「必要性」で整理する。今回は実現の可能性を表現する助動詞を押さえる。

1 可能性を表す助動詞

「助動詞＋動詞の原形」で、場面に応じた話者の「気持ち」を動詞にプラスできる。こんなことが起こり得るという「可能性」を表現する助動詞を、確信の度合いで整理する。
＊本書解説の「可能性」には「推量」「推測」の意味も含める。

確信度	助動詞	ポイント
強 ↓ ↓ 弱	must	根拠に基づいて「(現在) きっと…に違いない」
	will	個人の感覚で「(未来) …だろう」
	might [may] /could	might [may]「(現在・未来) …かもしれない」、could「(現在・未来) …であり得る」＊この表現ではmight/couldに過去の意味はない。

＊might/couldはDay 21の「過去形と仮定法過去」でも学習する。

「マナはもう寝ちゃった。きっと疲れてるんだよ」 Mana has gone to bed. She <u>must</u> be tired.
「ハナコはその試験に合格するだろう」 Hanako <u>will</u> pass the exam.
「今夜雨が降るかもしれません」 It <u>might</u> [may] rain tonight.
「息子は将来、有名になるかもしれません」 My son <u>could</u> be famous in the future.

must/willは確信度が高く、might/may/couldはいずれも「…かも」と低い可能性（50パーセント程度）を示唆する。might/mayは漠然とした個人の感覚で述べる一方、couldは（時間的・身体的な）能力をベースに「起こり得る」という潜在的な可能性を述べる。

2 助動詞canの用法

能力can	「…することができる」(= be able to＋動詞の原形)
可能性can	理論上は、その可能性がある：「(一般的に) …することがある」
可能性の否定can't	must (きっと…に違いない) の反意表現：「…のはずがない」

「明日会議に出席できます」 I 能力 can [am able to] attend the meeting tomorrow.
＊be able toの方がフォーマルな響き。
「南オーストラリアは本当に暑くなることがあります」 It 可能性 can be really hot in South Australia.
「あれはサトシのはずがないよ。彼は東京にいるよ」 That 可能性の否定 can't be Satoshi. He's in Tokyo.

might/may/couldは話者にとって身近な「実際に…かも」と主観的・個人的な判断・推量が表現できる。canは一般的（理論的）可能性にしか使えない。

3 過去の能力couldと was/were able toの違い

過去形couldは「(当時)…することができた」という意味で過去の能力の所有を意味するだけで、「実際に行動して、それができた」という意味では「was/were able to＋動詞の原形」を用いる。次の例文のように肯定文の場合にのみ注意が必要。

「私は歩いて帰宅できた」 I <u>could</u> walk home.　→歩いて帰ろうと思えばできた
「私は昨夜、歩いて帰宅できた」 I <u>was able to</u> walk home last night. →実際に歩いて帰った

 4 助動詞を用いた「依頼」表現

同じ依頼表現でも微妙にニュアンスが異なるため注意が必要。「お願い」の意味では、「できる」前提で相手の意志「する気持ちがあるのか」を尋ねるwill/wouldよりも、相手の能力を尋ねることで「断れる雰囲気」を与えているcan/couldの方が丁寧な響きがある。＊この表現では、would/couldに過去の意味はない。

「する気持ちがあるかどうか」の意志を尋ねる表現	Will you ...?「…してくれますか」
	Would you ...?「…してくださいませんか」

「私の話を聞いてくれますか」 <u>Will you</u> listen to me?

指示的な依頼表現。命令文Listen to me. (私の話を聞いてください) よりも直接的な響きは弱まる。

「開けていただけませんか」 <u>Would you</u> open it?

「できるかどうか」を尋ねる表現	Can you ...?「…してくれませんか」
	Could you ...?「…していただけませんか」

「駅で拾ってくれませんか」 <u>Can you</u> pick me up at the station?
「一緒に来ていただけませんか」 <u>Could you</u> come with me?

 5 助動詞を用いた「許可」表現

may	「(目上から目下へ)…してもよろしい」 ＊かなりフォーマル
can	「…してもいい」

「入りなさい (入ってもよろしい)」 You <u>may</u> come in.
「これを使ってもいいですよ」 You <u>can</u> use this.

丁寧度	助動詞	日本語
高	May I ...?	「…させていただいてよろしいでしょうか」
↓	Could I ...?	「…してもよろしいでしょうか」 *この表現ではcouldに過去の意味はない。
低	Can I ...?	「…してもいいですか」

親しい間柄やインフォーマルな場面ではCan I ...? が自然で使用頻度も高い。

「パスポートを確認させていただいてもよろしいでしょうか」 <u>May I</u> see your passport?
「あなたのタブレットをお借りしてもよろしいでしょうか」 <u>Could I</u> use your tablet?
「ここに座ってもいいですか」 <u>Can I</u> sit here?

 ## 6 助動詞の疑問文と否定文、過去形の形

助動詞を用いた英文の疑問文と否定文はbe動詞を用いた英文と同じ。助動詞を中心に考える。

肯定文	Joe speak<u>s</u> Spanish. （ジョーはスペイン語を話します） Joe <u>can speak</u> Spanish. （ジョーはスペイン語が話せます）
疑問文	<u>Can</u> Joe speak Spanish? （ジョーはスペイン語が話せますか？） — Yes, he can. （はい、話せます）/ No, he can't. （いいえ、話せません）
否定文	Joe <u>can't</u> [cannot] speak Spanish. （ジョーはスペイン語が話せません）

現在や未来の可能性を表現するshouldも元々shallの過去形であったように、助動詞の過去形は必ずしも過去の意味を表すわけではないことに注意。

現在形	can	may	will	shall
否定形	can't/cannot	may not	won't/will not	shall not
過去形	could	might	would	should
否定形	couldn't /could not	might not	wouldn't/would not	shouldn't/should not

＊否定文は、口語では短縮形（左）が基本。may not/might not/shall notの短縮形は一般的ではないため記載しない。

 ## ポイント整理

1 （　　　）に日本語を書き、助動詞の説明を完成させましょう。

(1) 助動詞は、「助動詞＋動詞の①（　　　　　　）」の形で、場面に応じた話者の②（　　　　　　）を動詞にプラスできる。

2 助動詞の解説として正しいものに○をしましょう。

(1) 可能性を表現する助動詞として、確信度がより高いのは [could / must] である。

(2) 相手に許可を求める助動詞の表現として、丁寧度がより高いのは [Could I ...? / May I ...?] である。

Answer Key:
1 (1) ① 原形　② 気持ち　2 (1) must　(2) May I ...?

Day 08 の復習問題

1　次の状況を表す英文として、より自然な英文の記号を囲みましょう。（2点×4【8点】）

246.【退職するわけではない】

(A) I've worked for IKEA for 20 years.　(B) I've been working for IKEA for 20 years.

247.【これからいよいよ入場するところ】

(A) We've waited for two hours.　(B) We've been waiting for two hours.

248.【まだ見つかっていない】

(A) He lost his wallet.　(B) He's lost his wallet.

249.【経験を述べる】

(A) She's gone to Vegas.　(B) She's been to Vegas.

2　DL_20 日本語の意味になるように [　　] の動詞を自然な形に変えましょう。答えは1語とは限りません。　（3点×2【6点】）

250.「先週、彼と会いました」 I [meet] him last week.

251.「先週から本当に暑いです」 It [is] really hot since last week.

Day 09 の演習問題

1　DL_21 日本語の意味になるように、適切な形を○で囲みましょう。（3点×8【24点】）

252.「ウィル・スミスは良い父親だ」 Will Smith [will be / is] a good father.

253.「ウィル・スミスは良い父親になるだろう」 Will Smith [might / will] be a good father.

254.「トム・ハンクスは良い人に違いない」 Tom Hanks [must / will] be a nice guy.

255.「トム・ハンクスは良い人かもしれない」 Tom Hanks [will / might] be a nice guy.

256.「アンが日本にいるはずはない。ロサンゼルスに行っちゃったからね」
Ann [may not / can't] be in Japan. She's gone to L.A.

257.「外は雨が降ってるよ。窓を閉めてくれない?」
It's raining outside. [Could you / Will you] close the window, please?

258.「注文をキャンセルしていただけませんか」 [Will / Could] you cancel my order?

259.「もう退出してよろしい」 You [might / may] leave now.

2 自然な英文になるように、適切な形を○で囲みましょう。 （4点×7【28点】）

260. The phone's ringing! — It [could / can] be Emma.

261. 【電話で】[Shall I / Can I] speak to Mao, please? — Hold on a minute. I'll get her for you.

262. You [can't / must] be tired after your long day.

263. Our next meeting [can / could] be via Skype*.

264. I [might not / couldn't] leave early yesterday.

265. Emma, [will / could] you marry me? — Sure, yes!

266. It [might / can] rain tonight.

＊via Skype（スカイプを通して）

3 `DL_22` 日本語の意味になるように正しい単語を ░░░░░ に書きましょう。

（4点×7【28点】）

267. 「高校時代は泳げましたよ」 I ░░░░░ ░░░░░ in high school.

268. 「お父さん、車で空港まで送ってくれる？」
Dad, ░░░░░ ░░░░░ drive me to the airport?

269. 「自転車は外に停めたらいいよ」 You ░░░░░ park your bike outside.

270. 「時間通りに自分の電車に乗れました」
I ░░░░░ ░░░░░ ░░░░░ catch my train on time.

271. 「日本は明日その試合に勝ちます」 Japan ░░░░░ ░░░░░ the match tomorrow.

272. 「お名前を伺ってもよろしいでしょうか？」 ░░░░░ ░░░░░ have your name, sir?

273. 「トイレを借りてもいい？」 ░░░░░ ░░░░░ ░░░░░ your bathroom?

4 [ ] 内の語句を並べ替えて、自然な英文を完成させてください。ただし、不要なものが1語ありますので注意してください。 （3点×2【6点】）

274. [the salad / you / do / pass / will / me], please? — Sure. Here you are.

░░░░░░░░░░░░░░░░░░░░░░░░░░░░░░░░░░░░░░░

275. [jeans* / wear / at / wears / can't / he] work.

░░░░░░░░░░░░░░░░░░░░░░░░░░░░░░░░░░░░░░░

＊名詞jeans（ジーパン）

Evine's Words

**助動詞は自分と相手の気持ちを大切に
イメージして整理しましょう。**

Day 10　必要性を表す助動詞

演習ポイント　本来の動詞の意味に主観的な感覚を加える助動詞の働きとして、今回は「必要性」の表現について整理する。前回と同様、相手に与える響きの強弱もポイントとして押さえておきたい。

1　必要性を表す助動詞

「助動詞＋動詞の原形」で、場面に応じた話者の「気持ち」を動詞にプラスできる。今回は、「必要性」を表現する助動詞を、相手に与える響き（プレッシャー）の度合いで整理する。

必要性の響き（プレッシャー）を強弱で整理

響き	助動詞	ポイント
強	must（…しなければならない）	（主観的な）命令、義務といった強い必要性を表す。強制的な響き。
↓	have to（…しなければならない）	社会や世間のルールなど外的な理由に基づく（客観的な）義務を表す。仕方がないという響き。
弱	should（…するべきだ）	個人的に「正しいと思う判断」を表す。また、Youを主語にした場合は「そうした方がいい」という個人的なアドバイスを伝える。

「自分は痩せないといけません」　I <u>must</u> lose weight.　＊I mustは決意表明のような場面でも使える。
「ごめん、もう行かなきゃ」　Sorry, I <u>have to</u> go now.
「午後8時以降は食べない方がいいよ」　You <u>shouldn't</u> eat after 8:00 p.m.

mustとhave toは口語ではhave toの方が使用頻度は高い。また「…しなければならなかった」と過去の話をする場合は、「had to＋動詞の原形」のみを用いる。

「今朝、早く出発しなければなりませんでした」　I <u>had to</u> leave early this morning.

Should I ...?（…した方がいいですか）は相手に助言を求める表現として使える。
「チケットを予約した方がいいですか」　<u>Should I</u> book a ticket?

2　must notとdon't have toの意味の違いに注意

must not＋動詞の原形	「…してはいけない」…禁止
don't have to＋動詞の原形	「…する必要がない」…不必要。＊don't need toで言い換え可能

「遅刻してはいけません」　You 禁止<u>must not</u> be late.
「それの支払いをする必要はありません」　You 不必要<u>don't have to</u> pay for that.

notの位置に注目する。notの後ろが否定の範囲になるため、don't _{義務}have to は have to部分が否定され「義務がない」＝「する必要がない」という意味になる。must notの場合は、「not＋動詞の原形（…しない）」を義務化（…しないという義務）するため「禁止」の意味になる。

また、have to は一般動詞の扱いになるため、否定文は don't/doesn't have to、疑問文は Do/Does S have to ...? になる。

「予約をしなければなりませんか」 <u>Do I have to</u> make a reservation?

 ## 3 Shall I ...? / Shall we ...?表現と言い換え表現

shouldは元々はshallの過去形が現在で使われるようになったもの。shallは会話表現として以下の2つを覚えておくとよい。

	助動詞表現	言い換え表現
申し出	Shall I ...?（[私が] …しましょうか）	「Do you want me to＋動詞の原形 ...?」/「Would you like me to＋動詞の原形 ...?」（[私が] …しましょうか）＊直訳「あなたは私に…してもらいたいですか」
提案	Shall we ...?（[一緒に] …しませんか）	「Let's＋動詞の原形 ....」（…しましょう）

Shall I / Shall we ...?共に、相手の意向を尋ねる場合にも用いられる。また、特にアメリカ英語では言い換え表現を用いる傾向がある。

「エアコンを消しましょうか」
_{申し出} <u>Shall I</u> turn off the air conditioner? = <u>Do you want me to</u> [（より丁寧に）<u>Would you like me to</u>] turn off the air conditioner?
「（一緒に）ランチを食べませんか」
_{提案} <u>Shall we</u> have some lunch? = Let's have some lunch.（ランチを食べましょう）
＊Let'sはよりカジュアルで少々命令・指示的な響きがある。

疑問詞と一緒に用いると、相手から提案・助言をもらう表現になる。
「あなたに何を取ってきましょうか」 What <u>shall</u> [should] I get you?
「どこで待ち合わせましょうか」 Where <u>shall</u> [should] we meet?
＊特にアメリカ英語では、よりカジュアルにshouldを用いることも多い。

 ## 4 Would you like ...?表現

Shall I/we ...?に関連して、丁寧に相手に物を勧める Would you like ...?（…はいかがですか）がある。

「お飲み物はいかがですか」 <u>Would you like</u> a drink?

肯定文I'd [I would] like ... (, please).（…をお願いします）にすると、自分の欲しいものを控えめに相手に頼む表現になる。

「グラスワインをください」 <u>I'd like</u> a glass of wine, please.

ポイント整理

1 正しいものを○で囲み、助動詞の説明を完成させましょう。

(1) 助動詞mustとshouldでは、必要性の強さは、[must / should] の方が上である。

(2) 助動詞mustとhave toでは、「決まりだからやる」といったニュアンスになるのは①[must / have to] で、日常会話では②[must / have to] の方が使用頻度は上である。

(3) 申し出の表現では①[Should I ...? / Shall I ...?] を用い、提案の表現では②[Shall we ...? / Shall I ...?] を用いる。

Answer Key:

1 (1) must　(2) ① have to ② have to　(3) ① Shall I ...? ② Shall we ...?

1回目	___月 ___日 ___分 /100	2回目	___月 ___日 ___分 /100	3回目	___月 ___日 ___分 /100

Day 09 の復習問題

1 DL_23 日本語の意味になるように、適切なものを○で囲みましょう。(2点×6【12点】)

276.「彼はまだ次の選挙に勝つかもしれません」 He [could / can] still win the next election.

277.「お父さんが職場にいるはずないよ。私とここにいるもん」
My dad [must not / can't] be at work. He's here with me.

278.「すみません、エビンさんですよね」 Excuse me, you [can / must] be Mr. Evine.

279.「この雨はすぐに止みますよ」 This rain [will / must] stop soon.

280.「お会計お願いします」 [Can I / Can you] get the check?

281.「明日リマインドしてもらえませんか」 [Can I / Can you] remind me tomorrow, please?

2 DL_24 日本語の意味になるように [　] の動詞を自然な形に変えましょう。答えは1語とは限りません。 (2点×2【4点】)

282.「明日は寒いかもしれません」 It [is] cold tomorrow.

283.「お母さんがやっと帰りのチケットを手に入れることができました」
Finally, my mom [get] a return ticket.

Day 10 の演習問題

1 DL_25 日本語の意味になるように、適切な形を○で囲みましょう。（3点×6【18点】）

284.「パソコンを消しましょうか——はい、お願いします」

[Shall we / Shall I] shut down the computer? — Yes,please.

285.「毎日７時50分の電車に乗らないといけません」

I [should / must] get the 7:50 train every day.

286.「(一緒に) 今日の午後はどこに買い物に行きましょうか」

Where [shall we / shall I] go shopping this afternoon?

287.「ここに車を停めたままにしてはいけません」

You [don't have to / must not] leave your car here.

288.「通路側の席をお願いします」

I [would like / like] an aisle seat.

289.「彼女は15歳であのような格好をするべきじゃないと思う」

She [must not / shouldn't] dress like that at 15.

2 自然な英文になるように、適切な形を○で囲みましょう。　　　　（5点×6【30点】）

290. You'll [must / have to] wear a tie tonight.

291. [Shall we / Shall I] get one for you?

292. I [shouldn't / didn't have to] say anything yesterday.

293. Can I ride a bike, or [must / should] I take the subway?

294. [Let's / Shall we] go to Costco.

295. Did you [had to / have to] tell him?

3 DL_26 日本語の意味になるように正しい単語を　　　　　に書きましょう。

（6点×5【30点】）

296.「紅茶はいかがですか」　　　　　　　　　　　　　　　　　a cup of tea?

297.「頻繁に外食するのはダメですよ」　　　　　　　　　　　　　eat out too often.

298.「彼に後で電話した方がいいかな？」　　　　　　　　　　　him later?

299.「今日は報告書を仕上げないといけませんでした」

I　　　　　　　　　　　　　　　　　　　my report today.

300.「医者に診てもらった方がいいよ」　　　　　　　　　　　go see your doctor.

Day 10

必要性を表す助動詞

4 ［　］内の語句を並べ替えて、自然な英文を完成させてください。ただし、不要なものが1語ありますので注意してください。 （3点×2【6点】）

301. ［ didn't / to work / must / go / I / have to ］ yesterday.

302. ［ shall / you / would / to / like me ］ pick him up?

Evine's Words

解説でつまずき悩むのであれば、
何度も同じ問題を繰り返し解くだけでも構いません。

| 1回目 | ___月___日___分 /100 | 2回目 | ___月___日___分 /100 | 3回目 | ___月___日___分 /100 |

Day 11 Shuffle Quiz ①

【20分】

演習ポイント

Day 05〜10までの復習演習。主語と時制「基本時制（現在・過去・未来）・進行形・完了形」の関係と場面に応じた主語の気持ち・意識を表現する助動詞の自然な区別を再確認したい。

【各2点×50 [100点]】

1 DL_27 日本語の意味になるよう、自然な英単語を ▢▢▢▢ に入れましょう。スペルがわからない場合でも、「時制」（動詞の形）の判断はしてください。

＊短縮形が入る場合があります。

303.「彼は明日、映画を観るつもりです」
▢▢▢▢ ▢▢▢▢ ▢▢▢▢ see a movie tomorrow.

304.「ここカナダはよく雪が降ります」 ▢▢▢▢ ▢▢▢▢ a lot here in Canada.

305.「ヒロキはロンドンに行ったことがありません」
Hiroki ▢▢▢▢ ▢▢▢▢ ▢▢▢▢ London.

306.「私は花粉症です」 ▢▢▢▢ ▢▢▢▢ hay fever.

307.「たった今、部下が私に電話をかけてきました」 My coworker ▢▢▢▢ ▢▢▢▢ just now.

308.「あなたに頼んでいるんじゃありません」 I'm ▢▢▢▢ ▢▢▢▢ you.

309.「毎週金曜日に、僕は息子を塾で降ろしていました」 I ▢▢▢▢ my son off at *juku* every Friday.

310.「息子は『ワンピース』を読んでばかりいます」
My son ▢▢▢▢ ▢▢▢▢ ▢▢▢▢ *One Piece*.

311.「私のシャトルバスは午後2時に出発します」 My shuttle bus ▢▢▢▢ at 2 p.m.

312.「外は寒くなってきていました」 ▢▢▢▢ ▢▢▢▢ ▢▢▢▢ cold outside.

313.「最近、息子はちゃんと食事をしていません」
My son ▢▢▢▢ ▢▢▢▢ ▢▢▢▢ well lately.

314.「明日、妻と遅めのランチを食べることになっています」
▢▢▢▢ ▢▢▢▢ a late lunch with my wife tomorrow.

315.「お母さんが私抜きで買い物に出掛けてしまいました」
Mom ▢▢▢▢ ▢▢▢▢ to the shops without me.

316.「今日は早く寝るつもりです。明日早く出発しないといけないので」
▢▢▢▢ ▢▢▢▢ ▢▢▢▢ ▢▢▢▢ early today. I have to leave early tomorrow.

317.「リノンはこの春からここにいます」
Rinon ▢▢▢▢ ▢▢▢▢ ▢▢▢▢ ▢▢▢▢ this spring.

318.「明日エレンはヨガのクラスに参加するでしょう」
Ellen ▢▢▢▢ take part in a yoga class tomorrow.

319.「まだ決めていません」 I ▢▢▢▢ ▢▢▢▢ yet.

2 各場面に合う自然な英文を記号で選びましょう。

320.【これからする可能性がまだある】

(A) I didn't do it today.　(B) I haven't done it yet today.

321.【相手の個人的な予定を尋ねる】

(A) Are you going to buy a new one?　(B) Will you buy a new one?

322.【その場で決めたこと】

(A) I'm going to get ready for work.　(B) I'll get ready for work.

323.【短期間労働】

(A) I work at Nintendo.　(B) I'm working at Nintendo.

324.【フォーマルな公式発表】

(A) Tomorrow we're launching our new product.

(B) Tomorrow we're going to launch our new product.

(C) Tomorrow we will launch our new product.

325.【目の前の状況からの予測】

(A) It will rain soon.　(B) It's going to rain soon.　(C) It's raining soon.

326.【まだ雨が止みそうにない】

(A) It's been raining for three days straight.　(B) It's rained for three days straight.

3 次の質問に対する自然な応答文の記号を○で囲みましょう。

327. What are you doing tonight? Are you coming?

(A) I can't. I'll go to dinner with my husband.

(B) I can't. I'm going to dinner with my husband.

4 次の日本語を参考に、文法的、または状況として自然な表現を○で囲みましょう。

328.「姉のはずがありません。彼氏とハワイにいますから」
It [must not / can't] be my sister. She's in Hawaii with her boyfriend.

329.「オンラインでクーポンが使えるようになるでしょう」
You'll [can / be able to] use your vouchers online.

330.「いとこからそれを手に入れることができたんです」
I [was able to / could] get it from my cousin.

331.「私の兄が私と来るかもしれません」　My brother [could / can] come with me.

332.「カバンを持ちましょうか」　[Shall we / Do you want me to] carry your bag?

333.「明日の午後は曇りでしょう」 It [might / will] be cloudy tomorrow afternoon.

334.「そのショーの後で、あなたはおなかがすいているに違いありません」
You [may / must] be hungry after the show.

335.「今夜はジムに行くかもしれません」 I [will / might] go to the gym tonight.

336.「ゲートでパスポートを見せないといけませんか？」
[Should I / Do I have to] show my passport at the gate?

337.「(玄関に) 僕が出るよ。ウシオかも」 I'll get the door. It [can / could] be Ushio.

5　次のポイントに合う自然な表現を○で囲みましょう。

338.【依頼】 [Can I / Can you] help him?

339.【義務】 You [must / should] give up your business.

340.【弱い可能性】 My dad [might / will] get angry with you.

341.【個人的なアドバイス】 You [must / should] go shopping on Black Friday*.

＊Black Friday「ブラックフライデー」…アメリカの感謝祭 (11月の第4木曜日) の翌日の金曜日から行われる年に一度の大セール

6　DL_28 次の日本語の意味になるよう、自然な英単語を　　　に入れましょう。

＊短縮形が入る場合があります。

342.「僕は本当に家を掃除しないと」 I really 　　　　　　　　　 the house.

343.「彼は新しいバッテリーが必要かもしれません」 He 　　　　　　 a new battery.

344.「ビザを取得する必要はありませんでした」
I 　　　　　　　　　　 a visa.

345.「このファイルを開けてはいけません」 You 　　　　　　　　 this file.

346.「シリアルはいかがですか」 　　　　　　 like some cereal?

347.「もっとナッツを食べた方がいいよ」 　　　　　　　 more nuts.

348.「それはキャンセルした方がいい？」 　　　　　 cancel it?

349.「今朝、車のエンジンをかけることができませんでした」
　　　　　 start my car this morning.

350.「私たちは近所の人たちに失礼にならないようにすべきです」
We 　　　　　 rude to neighbors.

351.「今夜は眠れないかもしれません」
I 　　　　　　　　　　　 sleep tonight.

352.「明日は何時に会いましょうか？」 What time 　　　　　 meet tomorrow?

Evine's Words

どんな文法も、「何を伝えるのか」を意識して
使い分けることが大切です。

Stage 2　その他の品詞を完全マスター

Part 1: 品詞編①
その他の品詞の「カタチ」を学ぶ（基本）

Day 12

名詞と代名詞

Day 12　名詞と代名詞

！演習ポイント 身の回りに存在する「人」「モノ」「コト」を表す名詞がなければ意思疎通が難しくなる。日本語は何匹いても「犬」は「犬」だが、英語ではa dogとdogsのように名詞の数によって表現方法が異なる。今回は場面や数に合わせた名詞の使い分けとその名詞を言い換えた代名詞の活用を押さえる。

1　名詞の働き

名詞は「人や物事の名前を表す」言葉で、英文の中で主語 (S)、補語 (C)、目的語 (O) いずれかの働きをする。文のどの位置で名詞を用いるのかを意識することが大切。

主語 (S)	英文の主役を示す。「誰 (何) が何する」の「誰 (何)」に当たる部分。 「たこ焼きはおいしいです」 (S) Takoyaki is good.
補語 (C)	主語の様子や状況を示す。 「それはたこ焼きです」 It is (C) takoyaki.
目的語 (O)	動作の内容や心情を示す動詞の (心の) 対象を示す。 「私たちは家でたこ焼きを作ります」 We make (O) takoyaki at home.

2　可算名詞と単数形・複数形

「1人」「1つ」と数えられる形状 (数えようと思えば数えられるイメージ) がある名詞を可算名詞と呼び、単数形と複数形で区別する必要がある。

原形	book (本)	orange (オレンジ)	dog (犬)
単数形	a book (1冊の本)	an orange (1個のオレンジ)	a dog (1匹の犬)
複数形	books (複数の本)	oranges (複数のオレンジ)	dogs (複数の犬)

a/anは数がone「1」、「名詞-s」は数が2以上であることを示す。日本語では同じ「イチゴ」でも、英語では1粒であれば単数形、2粒以上であれば複数形になる。

「上に乗っているイチゴが大好きなんだよね」 I love 単数形 a strawberry on top.
「朝ごはんに (何個か) イチゴを食べました」 I ate 複数形 strawberries for breakfast.

名詞の複数形のパターン

dog（犬）	dog**s**	基本は語尾に「-s」
watch（腕時計）	watch**es**	ch/sh/s/ss/x/zの語尾には「-es」
city（街）	cit**ies**	子音字＋yの語尾には「-y」→「-ies」
leaf（葉）/knife（ナイフ）	lea**ves**/kni**ves**	f/feの語尾には「-f/fe」→「-ves」
child（子ども）/man（男性）	children/men	不規則変化

 3　不可算名詞、可算/不可算を状況で使い分ける名詞

不可算名詞は、ハッキリとした1つ1つの区切りがないもの、抽象的なもの、総称的なものの名詞を指す。代表的なものは下表のとおり。単数形（a/anが付く形）も複数形（-sが付く形）もない。

advice（助言）、air（空気）、bread（パン）、cash（現金）、fire（火）、furniture（家具）、health（健康）、information（情報）、love（愛）、luggage/baggage（手荷物）、money（お金）、music（音楽）、nature（自然）、news（知らせ）、paper（紙）、peace（平和）、salt（塩）、sugar（砂糖）、traffic（交通［量］）、weather（天気）、wine（ワイン）、work（仕事、職場）

不可算名詞が可算名詞として使われることもあり、意味や状況によって判断する必要がある。下表のように、可算か不可算、どちらの扱いかで意味が異なる場合もある。

名詞	不可算名詞扱い	可算名詞扱い
coffee	（液体の）コーヒー	（カップ一杯の）コーヒー
fire	火	火事
paper	紙	新聞、論文
work	仕事	作品
chicken	チキン（鶏肉）	鶏

不可算名詞の数量を示す場合は、a piece of ...（1つの…）/ a glass of ...（グラス1杯の…）/a cup of ...（カップ1杯の…）などの表現を用いる。piece/glass/cupは可算名詞のため単数・複数形を使い分ける。
「毎朝、コーヒーを1杯飲みます」 I have 単数形 a cup of coffee every morning.
「ランチにチキンを2本食べました」 I had two 複数形 pieces of chicken for lunch.

 4　代名詞の働き

代名詞は、同じ名詞の繰り返しを避けるために用いる。会話の中でも代名詞はとても重要。元の名詞の種類や、主語（S）や目的語（O）といった英文中の働きによって形が決まる。

「アヤは彼に英語を教えています」主語 (S) Aya teaches 目的格の代名詞 (O) him English.
「彼はアヤのレッスンを楽しんでいます」主格の代名詞 (S) He enjoys 所有格 Aya's 名詞 lesson.

人称*	単数	主格「…は、が」	所有格「…の」	目的格「…を、に」
1人称	私	I	my	me
2人称	あなた	you	your	you
3人称	彼	he	his	him
	彼女	she	her	her
	それ	it	its	it
	アヤ	Aya	Aya's*	Aya
人称	複数	主格「…は、が」	所有格「…の」	目的格「…を、に」
1人称	私たち	we	our	us
2人称	あなたたち	you	your	you
3人称	彼ら、彼女たち、それら	they	their	them

＊「話し手（1人称）」「聞き手（2人称）」「それ以外（3人称）」の区別を「人称」と呼ぶ。
＊「人名＋アポストロフィー（ ' ）s」（…さんの）
＊元の名詞の数、種類（人称）、働きによって代名詞は異なる。特に3人称単数の主格の代名詞に続く動詞の現在形はsが付くため注意が必要。

所有格の代名詞は必ず名詞とセットで用いる。またherは所有格と目的格の両方の働きがあるため、後ろの名詞の有無や意味で働きを区別する。

「彼は彼女の姉を知っています」 He knows 所有格の代名詞 (…の) her 名詞 sister.
「彼は彼女を知っています」 He knows 目的格の代名詞 (O) (…を) her.

5 「前置詞＋目的格の代名詞」

目的格の代名詞は他動詞の後ろだけでなく、前置詞の後ろにも用いる。

「猫を見る」look 前置詞 at 前置詞の目的語 a cat → 「それを見る」look at 目的格の代名詞 it
「アンディーを探す」look 前置詞 for 前置詞の目的語 Andy → 「彼を探す」look for 目的格の代名詞 him

6 「所有格の代名詞＋名詞」＝「所有代名詞」

所有代名詞「…のもの」は「所有格の代名詞＋名詞」を１語で表現できる。

「あなたのスマホは新しい。私のは古い」Your smartphone is new. 所有代名詞 Mine [=所有格の代名詞My 名詞 smartphone] is old.
「彼女の友人がここで働いています」 A friend of 所有代名詞 hers works here.

単数形		複数形	
所有格	所有代名詞「…のもの」	所有格	所有代名詞「…のもの」
my	mine（私のもの）	our	ours（私たちのもの）
your	yours（あなたのもの）	your	yours（あなたたちのもの）
his	his（彼のもの）	their	theirs（彼らのもの、彼女たちのもの）
her	hers（彼女のもの）		
Aya's	Aya's（アヤのもの）		

 ポイント整理

1 （　　　）に日本語を書き、名詞と代名詞の説明を完成させましょう。

（1）名詞は、用いる状況や意味によって①（　　　　　）名詞と②（　　　　　）名詞で区別される。①はさらに「数」によって③（　　　　）形と④（　　　　）形にする必要がある。

（2）代名詞は「…は、が」を意味する①（　　）格、「…の」を意味する②（　　　　）格、「…を、に」を意味する③（　　　）格がある。②は必ず後ろに④（　　　　　）を置く。

Answer Key:
1 （1）①可算　②不可算　③単数　④複数　＊③④は順不同　（2）①主　②所有　③目的　④名詞

1回目	＿＿月＿＿日＿＿分 /100	2回目	＿＿月＿＿日＿＿分 /100	3回目	＿＿月＿＿日＿＿分 /100

Day 12 の演習問題

1 日本語の意味を参考に、次の名詞が可算名詞であればC、不可算名詞であればUと記号で書きましょう。 ＊Cはcountable（加算）、Uはuncountable（不可算）の略。 （1点×16【16点】）

353.「火」fire

354.「テーブル」table

355.「仕事」work

356.「お金」money

357.「花火」fireworks

358.「パン」bread

359.「りんご」apple

360.「硬貨」coin

361.「塩」salt

362.「自然」nature

363.「肉」meat

364.「職業」job

365.「水」water

366.「木」tree

367.「（パンの種類）ベーグル」bagel

368.「宿題」homework

2 日本語を参考に、適切なものを○で囲みましょう。 （2点×13【26点】）

369.「彼は犬を飼っています」 He has [a dog / dog].

370.「あなたの腕時計いいですね」 I like [your / you] watch.

371.「私の両親は一緒に買い物に行きます」 My parents [go / goes] shopping together.

372.「エマの服はすてきです」 [Emma / Emma's] dress is nice.

373.「私の話を聞いてください」 Listen to [I / me].

374.「私の姉には夫がいます」 ①[Me / My] sister has ②[a husband / husbands].

375.「毎日、ワインをグラス2杯飲んでいます」
I drink two ①[glass / glasses] of ②[wines / wine].

376.「平和は彼らに幸せをもたらします」 Peace brings ①[their / them] ②[happy / happiness].

377.「その上に砂糖を乗せます」 I put ①[a sugar / sugar] on ②[it / its].

3 日本語を参考に、下線部の名詞を代名詞で書き換えましょう。 （2点×10【20点】）

378.「私たちはその計画を話し合います」We discuss the plan.

379.「その店は午前1時まで営業しています」 The store stays open till 1 a.m.

380.「僕はレオがいい人だと思います」 I find Leo nice.

381.「あなたはオリビアをちょっと緊張させています」You make Olivia a little nervous.

382.「あなたの弟はパソコンおたくです」Your brother is a computer geek*.

383.「その本の表紙は本と合っています」 ①The book's cover matches ②the book.

①　　　　　　　　②

384.「私は映画を観ます」 I watch <u>movies</u>.

385.「彼の姉妹は私と同じ大学に通っています」 <u>His sisters</u> go to the same college as me.

386.「アヤメの父親は学校の先生です」 Ayame's father is a schoolteacher.

＊名詞geek（おたく）

4 DL_29 日本語の意味になるように正しい単語を　　　　　　に書きましょう。

（2点×13【26点】）

387.「コーヒーを彼女に買ってきます」 I'll get ①　　　　　　　　　　　　for ②　　　　　　.

388.「私の部屋には家具が2つあります」

I have two ①　　　　　　　　　　　　②　　　　　　in my room.

389.「新しい靴が欲しいです」 I want new　　　　　　.

390.「それは私のです」 ①　　　　　is ②　　　　　.

391.「彼らは 裏庭で鶏を飼っています」 ①　　　　　keep ②　　　　　in the backyard.

392.「彼女たちの家はでっかいです」 ①　　　　　②　　　　　is huge.

393.「彼は子ども向けの本を書いています」 He writes ①　　　　　for ②　　　　　.

5 場面をイメージし、文法的に正しい、またはより自然なものを選び○で囲みましょう。

（3点×4【12点】）

394. I have two [sister / sisters].

395. My son likes [apples / apple] in his salad.

396. I read [paper / papers] on it.

397. A friend of [me / mine] teaches me Japanese.

Evine's Words

人に説明できないことは
本当の意味での定着とは言えません。
説明できるレベルになれば復習完了です。

Day 13　冠詞と名詞

 演習ポイント a managerとthe managerのように、名詞の前に置く冠詞が違えば日本語では同じ「店長」でも、英語では相手に伝わる状況は全く異なる（違いは本文参照）。今回は冠詞と名詞の文法的な組み合わせ方と、名詞の状況に合わせた冠詞の自然な使い方を押さえる。

1　冠詞の種類とニュアンスの違い

冠詞は「冠詞＋名詞」の形で、どんな冠詞を用いるかで、名詞を他の名詞と区別することができるようにする。冠詞がない状態も文法上は無冠詞（ゼロ冠詞）とする。＊実際には「冠詞＋形容詞＋名詞」「冠詞＋副詞＋形容詞＋名詞」のような語順も多い。

不定冠詞a/an＊	定冠詞the	(a/an/theがつかない) 無冠詞

＊後ろの単語が母音始まりの場合は音のつながりでa→anになる。

不定冠詞と定冠詞のニュアンス

不定冠詞a/an	相手にとって「初耳」の情報に用いる。→漠然と何か1つ・1人を表す。
定冠詞the	状況からお互いにどれかが特定できる人・モノに用いる。→「あれ」「それ」「これ」と特定できることを表す。 ＊この用法ではtheの代わりに、this（これ）/that（あの）などの代名詞やmy（私の）/your（あなたの）などの所有格の代名詞を用いることも多い。

「彼は犬を1匹飼っている。彼はその犬をマックスと呼んでいます」
He has a dog. He calls the dog Max.

1文目の不定冠詞aは「犬」の情報が相手にとって初耳であることを示し、2文目のdogには、定冠詞theを用いて1文目の彼が飼っている特定の犬であることを明確にする。

「私たちは図書館で勉強します」　We study in the library.
「ドアを閉めてください」　Please close the door.

「あの」「あれ」と言わなくても、話者同士「あの図書館のこと」「あのドアのこと」と共通認識できている場合にも定冠詞theを用いる。

2　冠詞と名詞の文法的な組み合わせ方

「無冠詞＋可算名詞の複数形または不可算名詞」
可算名詞の複数形 dogs（犬）
不可算名詞 advice（アドバイス）

「a/an＋可算名詞の単数形」（ある１つの、１人の…）
a 可算名詞の単数形 park（ある公園）
an 可算名詞の単数形 egg（ある１個の卵）

「the＋可算名詞の単数形・複数形または不可算名詞」（その…）
the 可算名詞の単数形 park（その公園）
the 可算名詞の複数形 eggs（その卵）
the 不可算名詞 water（その水）

「その…」があるからthe、と即断するのは避けるべきである。あくまでも場面の状況に焦点を合わせた冠詞の選択を心がけたい。

「私たちは駅まで歩いて行きます」We walk to the station.
１でも確認したように、わざわざ説明しなくても、話し手と聞き手の中でどの駅なのかが明らかな場合は定冠詞theを用いるのが自然。

「私は喫茶店の店長です」I'm the manager at a coffee shop.
喫茶店がどの喫茶店なのか相手がわからない場合はa、そして名詞managerのtheによってその喫茶店には店長が１人しかいないことが明確になる。

3　無冠詞（ゼロ冠詞）の表現

無冠詞（ゼロ冠詞）	（1）一般的な話に用いる。 （2）固有名詞に用いる。 （3）「手段」「目的」「動作」などに焦点を当てた名詞の表現に用いる。

（1）無冠詞の名詞は何も特定しないため、対象を限定しない響きでその名詞全般の話になる。
「犬というのはぐるぐる回って走ります」　Dogs run in circles.
「オリーブオイルは健康に良いようです」　Olive oil seems good for our health.
「（作家として）私は本を書いています」　I write books.

（2）固有名詞（人名、都市名、国名など）は、唯一の存在であるため他の名詞と区別する必要がないため冠詞a/an/theは不要。
「タカシから電話がかかってきます」　I get a phone call from Takashi.
「彼はロンドンで働いています」　He works in London.
「彼らはカナダに住んでいます」　They live in Canada.

ただし、「太陽」「月」などは他の恒星系にもあるので、区別するためにtheを用いるのが基本。
「私は月と太陽が大好きだ」　I love the moon and the sun.

(3)「手段」「目的」「動作」に焦点が当たる名詞は抽象的なニュアンスで不可算名詞となり無冠詞で用いる。

「彼女はここにバスで来ています」　She comes here by <u>bus</u>.　＊「移動」に焦点。「by＋乗り物」（[交通手段] …で）

「私は午前2時に寝ます」　I go to <u>bed</u> at 2 a.m.　＊「寝る」ことに焦点。go to bed（寝る）

「私たちは朝6時に朝ごはんを食べます」　We have <u>breakfast</u> at 6 a.m.　＊「食べる」ことに焦点。

「彼女は仕事終わりにテニスをします」　She plays <u>tennis</u> after work.　＊「運動」に焦点。

ポイント整理

1　正しいものを○で囲み、冠詞の説明を完成させましょう。

(1) 冠詞a/anは①[不特定 / 特定]ニュアンスを名詞に与え、冠詞theは②[不特定 / 特定]ニュアンスを名詞に与える。

2　冠詞と名詞の文法的な組み合わせとして<u>間違っているもの</u>をすべて記号で選びましょう。

（あ）無冠詞＋可算名詞の複数形　（い）無冠詞＋不可算名詞　（う）a/an＋可算名詞の単数形
（え）the＋可算名詞の単数形　（お）a/an＋不可算名詞　（か）無冠詞＋可算名詞の単数形
（き）the＋可算名詞の複数形　（く）the＋不可算名詞

Answer Key:
1　(1) ① 不特定　② 特定　2（お）（か）

1回目	＿＿月＿＿日＿＿分	／100
2回目	＿＿月＿＿日＿＿分	／100
3回目	＿＿月＿＿日＿＿分	／100

Day 12 の復習問題

1　次の名詞の働きを区別した日本語の意味を書きましょう。　（1点×6【6点】）

名詞	不可算名詞扱い	可算名詞扱い
398. fire	①	②
399. paper	③	④
400. chicken	⑤	⑥

2 場面をイメージし、文法的に正しい、またはより自然なものを選び〇で囲みましょう。

(1点×6【6点】)

401. He has two [a brother / brother / brothers].

402. I like ① [a dog / dogs]. ② [It / They / Their] make me happy.

403. My mom tells ① [my / me / I] about a friend of ② [her / hers].

404. My daughter likes [pineapples / pineapple] in her fried rice.

 # **Day 13 の演習問題**

1 DL_30 日本語の意味になるように、適切な形を〇で囲みましょう。×は無冠詞を意味します。

(2点×7【14点】)

405. 「私は学校で英語を教えています。生徒たちは本当に良い子たちです」 I teach English at school. [A / The / ×] students are really nice.

406. 「私は毎日、チキンを食べます」 I have [a chicken / chicken] every day.

407. 「大統領はホワイトハウスに住んでいます」 The president lives in [a / the / ×] White House.

408. 「彼女はタクシーで仕事に行っています」 She goes to work by [a / the / ×] taxi.

409. 「このアプリはあなたの情報を収集しています」 This app gets [the informations / information] about you.

410. 「ウイルスは私たちの細胞を攻撃します」 [A virus / Viruses] attack our cells.

411. 「駅まで自転車で行きます」 I ride a bike to [a / the] station.

2 自然な英文になるように、適切な形を〇で囲みましょう。×は無冠詞を意味します。

(3点×11【33点】)

412. We live in ① [a / ×] Kobe. ② [A / The / ×] people are friendly.

413. There is a dog in the building. [A / The / ×] dog loves me.

414. I go to [a / the / ×] bed at 10 p.m.

415. He has [a / ×] lunch at 11 a.m.

416. Her haircut takes [a / an / ×] hour.

417. Emma studies [a / an / ×] science in the library.

418. We stay at a hotel for a [week / weeks].

419. ① [A friend / Friends] of mine works for ② [a / the / ×] Sony.

420. Jack goes to [a / the / ×] library once a week.

3 DL_31 日本語の意味になるように正しい単語を ▨▨▨▨ に書きましょう。

（5点×7【35点】）

421.「猫はネズミを捕まえます」 ▨▨▨▨ catch mice.

422.「彼女はここに電車で来ています」 She comes here by ▨▨▨▨ .

423.「私は毎日、新鮮なフルーツと野菜を食べています」

I eat fresh ① ▨▨▨▨ and ② ▨▨▨▨ daily.

424.「これは初めての動画です」 This is ▨▨▨▨ first video.

425.「子どもは本で学びます」 ① ▨▨▨▨ learn from ② ▨▨▨▨ .

4 次の英文の文法的な誤りを訂正しましょう。428番は日本語も参考にしてください。

（2点×3【6点】）

426. Mike, close a window, please.

（誤）▨▨▨▨ → （正）▨▨▨▨

427. We need an advice about it.

（誤）▨▨▨▨ → （正）▨▨▨▨

428. My dad has a car key but he's at work now.（お父さんが車の鍵を持っていて、でも職場に今いるんだよ）

（誤）▨▨▨▨ → （正）▨▨▨▨

Evine's Words

**やめてしまったらゼロになる。それまでの
努力と時間を無駄にするのはもったいないですよ。**

Day 14 形容詞と副詞

演習ポイント 文型や他の文法単元の理解に大きく影響する品詞、その中でも苦手な学習者が多い形容詞と副詞の働きについて今回は押さえる。両者の実践的な活用の仕方を覚える。

1 形容詞は名詞の描写をする

形容詞は「名詞の描写」をする言葉で、名詞についての次のような情報を相手に伝えることができる。

> サイズ：big（大きい）／形状：round（丸い）／年齢：young（若い）／色：blue（青の）／起源：Indian（インドの）／素材：leather（革の）／感情：happy（幸せな）／感触：soft（柔らかい）／状況：famous（有名な）／性格：gentle（優しい）など

2 形容詞の文法的な働き

●補語（C）の働き＝主語（S）や目的語（O）の説明をする

(S) It (V) is (C) big.（それは大きい）
(S) The man (V) looks (C) gentle.（その男性は優しそうだ）
(S) The smile (V) makes (O) us (C) happy.（その笑顔は私たちを幸せにしてくれる）

●修飾語（M）の働き＝後ろの名詞の説明をする

(S) It (V) is a (M) big 名詞 problem.（それは大きな問題だ）

冠詞と形容詞の位置関係は「冠詞＋形容詞＋名詞」になる。
「一軒の古い家」 冠詞 an 形容詞 old 名詞 house.　（×）old a house

3 thisとthatの表現

「この…は」「あの…は」と、人に何かを紹介したり、自分の気持ちを伝えたりする場面では、指示形容詞this/thatを用いる。this/thatは代名詞の働きもあるためまとめて整理しておく。

●物理的・心理的に「近い」ものを指す：

	指示形容詞　＊名詞を修飾	指示代名詞
単数形	(S) [(形容詞M) This＋名詞] is ～.（この…は～だ）	(S) This is ～.（これは～だ）
複数形	(S) [(形容詞M) These＋名詞] are ～.（これらの…は～だ）	(S) These are ～.（これらは～だ）

●物理的・心理的に「遠い（話者から離れた）」ものを指す：

	指示形容詞　＊名詞を修飾	指示代名詞
単数形	(S) [形容詞M] That＋名詞] is 〜.「あの（その）…は〜だ」	(S) That is 〜.「あれ（それ）は〜だ」
複数形	(S) [形容詞M] Those＋名詞] are 〜.「あれら（それら）の…は〜だ」	(S) Those are 〜.「あれら（それら）は〜だ」

＊this/thatはit（それ）、these/thoseはthey（それら）を強調する響きがある。

（A）　This is a <u>cool</u> guy.
「形容詞＋名詞」で名詞を直接修飾する場合は、その名詞の通常の性質や他との比較で「こちらはこんな人だよ」と紹介する場面で用いる。→「こいつはかっこいい男です」

（B）　This guy is <u>cool</u>.
補語に形容詞だけを置くと、一時的な気持ち（その場で感じていること）が表現できる。→「この男、かっこいいね」

 4 「数量」を示す形容詞

日本語	形容詞＋可算名詞の複数形	形容詞＋不可算名詞
たくさんの…	【数】many	【量】much
	【数量】a lot of / lots of　＊lots ofはより口語的	
何人かの…/いくつかの…	【数量】some/（疑問文・否定文で）any	
2、3の…/少しの…	【数】a few	【量】a little

「2、3人が彼に怒っています」　形容詞 A few 複数名詞 people are angry with him.
「少しお砂糖が欲しいです」　I want 形容詞 a little 不可算名詞 sugar.

 5 a lot of [lots of] は基本的に肯定文、
　　muchは主に否定文で用いる。

much を肯定文に使用するのは不自然。so much（とても多くの）と2語以上であればOK。

「今日は多くの仕事があります」　I have <u>much</u> work today. は不自然。
（○）I have <u>a lot of</u> work today.（今日はとても多くの仕事があります）
（○）I have <u>so much</u> work today.

6 many/much/anyの否定文の意味に注意

not ... many「あまり…ない」	not ... much「あまり…ない」
not ... any = no「まったく…ない」※noは「ない」ことを強調する響きがある。	

「ここにはあまり生徒がいません」 I don't have <u>many</u> students here.
「今日はあまりお金がありません」 I don't have <u>much</u> money today.
「それについての情報はまったくありません」 I <u>don't</u> have <u>any</u> [(×) some] information about it.
= I have <u>no</u> information about it.

7 「漠然とした数量」を示す形容詞some

someは数量を曖昧に表現し、訳さない場合も多い。否定文と疑問文ではanyを用いるのが基本。

「私はカナダ出身の友人がいます」I have <u>some</u> 可算名詞の複数形 <u>friends</u> from Canada.
「何か質問はありますか」 Do you have <u>any</u> 可算名詞の複数形 <u>questions</u>?

ただし、相手に提案・要求するような場面で、相手から肯定的な返答（YES）を期待する疑問文では
someを用いるのが自然。
提案：「紅茶はいかがですか」 Would you like <u>some</u> 不可算名詞 <u>tea</u>?
＊相手は紅茶など飲み物を欲しがっているだろうという肯定的なニュアンス
要求：「お水をもらえませんか」Can I have <u>some</u> 不可算名詞 <u>water</u>?

8 副詞が示す情報

副詞は名詞以外の「動詞」「形容詞」「副詞」に説明を加える働きをする。何をどう修飾するかで位置は
柔軟に変化する。多くの英文に触れて慣れていくことが大切。

情報内容	副詞	主な位置
程度	almost（ほとんど）、just（…だけ、ちょうど）、really（本当に）、so（とても）、much（大いに）、well（うまく、十分に）、very（とても）	修飾する形容詞・副詞の前
様子・状態	hard（一生懸命に）、carefully（注意深く）、quickly（素早く）、fast（速く）、early（早く）、late（遅く）	文末 ＊「様子・状態」＋「場所」＋「時」の語順
場所	here（ここで）、there（そこで）、outside（外で）、inside（中で）	
時	now / right now（今）、today（今日）、tomorrow（明日）、yesterday（昨日）、tonight（今夜）、lately / recently / these days（最近）	
頻度	never（決して…ない）、usually（たいてい）、rarely（めったに…ない）、sometimes（時々）	文中

9 修飾語（M）としての形容詞と副詞の違い

品詞	修飾の違い	主な語尾の特徴
形容詞	名詞を修飾する	-al, -able, -ed, -ful, -ive, -ic, -less, -ous （例）careful（注意深い）、serious（真剣な）
副詞	名詞以外を修飾する	形容詞-ly（例）carefully（注意深く）、seriously（真剣に）

副詞は形容詞、形容詞は名詞を修飾するため次の語順になる。冠詞は一番前が原則。
「本当にかっこいい男」 ＜冠詞＞a ＜副詞＞really ＜形容詞＞nice ＜名詞＞guy （×）a nice really guy

同じ単語でも形容詞と副詞の両方の働きをするものも多い。
「これは大変な仕事です」 This is ＜形容詞＞hard ＜名詞＞work. ＊形容詞として名詞workを修飾
「私は必死に勉強しています」 I ＜動詞＞study ＜副詞＞hard. ＊副詞として動詞studyを修飾

日常会話で頻出のenough（十分）も語順に注意。副詞の働きではenoughは修飾する単語（形容詞や副詞）の後ろに置く。

「あなたは十分なお金を持っています」You have ＜形容詞＞enough ＜名詞＞money.
「私の得点は十分に良い」 My score is ＜形容詞＞good ＜副詞＞enough.
「私は十分注意して運転をしている」I drive ＜副詞＞carefully ＜副詞＞enough.

 ポイント整理

1 （　　）に日本語を書き、修飾語の説明を完成させましょう。

①（　　　　　　）は補語と修飾語の働きをし、②（　　　　　　）には修飾語の働きしかない。修飾語としては、①は③（　　　　）のみを修飾し、②は③以外のすべてを修飾する。

2 文法的に正しいものを1つずつ選びましょう。

（1）（A）sing well （B）sing good

（2）（A）a good very job （B）a very good job

Answer Key:
1 ①形容詞 ②副詞 ③名詞 2 (1) (A)「上手に歌う」：副詞wellが自動詞singを修飾 (2) (B)「とても良い仕事」：副詞veryが形容詞goodを、形容詞goodが名詞jobを修飾。

| 1回目 | ___月 ___日 ___分 /100 | 2回目 | ___月 ___日 ___分 /100 | 3回目 | ___月 ___日 ___分 /100 |

Day 13 の復習問題

1 DL_32 日本語の意味になるように、適切なものを○で囲みましょう。×は何も必要がないことを表します。 （1点×10【10点】）

429.「僕には友人がいます。彼の兄はパリで働いています」
I have ①[a / the / ×] friend. His brother works in ②[a / the / ×] Paris.

430.「ジム、私に塩を取ってください」 Jim, pass me [a / the / ×] salt, please.

431.「息子は歩いて学校に行っています」 My son walks to [a / the / ×] school.

432.「私はアボカドを半分に切ります」 I cut [an / the / ×] avocado in half.

433.「その店にはレストランがあるよ。そこの食べ物はおいしいの」
The store has ①[a / the / ×] restaurant. ②[A / The / ×] food is nice.

434.「新しい家具はいい匂いだ」[A / The / ×] new furniture smells good.

435.「オーストラリアって本が高いんだよ」 [A / The / ×] books are expensive in Australia.

436.「ランチにチキンを食べます」 I have [a chicken / chicken / chickens] for lunch.

2 DL_33 日本語の意味になるように 　　　　 に正しい単語を入れましょう。（2点×3【6点】）

437.「ドアを見て」 Look at 　　　　 door.

438.「日本の漫画はとても人気があります」 Japanese comic 　　　　 very popular.

439.「朝ごはんにフルーツを食べます」 I eat 　　　　 for breakfast.

Day 14 の演習問題

1 下線部が形容詞であればA、副詞であればBと記号で書きましょう。（2点×8【16点】）

440. work hard

441. hard work

442. have an early night

443. get up early

444. drive carefully

445. a successful dancer

446. I'm late.

447. I have a quick meal.

2 自然な英文になるように、適切な形を○で囲みましょう。 （2点×7【14点】）

448. You look [happily / happy] today.

449. I drink [much / many / lots of] water every day.

450. I have [a little / a few] questions.

451. My sister plays golf very [good / well].

452. He wakes up [lately / late].

453. This towel feels so [softly / soft].

454. We have [so many / a lot of] snow every winter.

3 DL_34 日本語の意味になるように正しい単語を　　　　　　に書きましょう。

（3点×13【39点】）

455.「京都出身の友人が2、3人います」
   I have 　　　　　　　　　　　　　　　　　　 from Kyoto.

456.「今日はそこでランチを食べましょう」 Let's have lunch 　　　　　　　　　　.

457.「店長はめったに私を手伝ってくれません」 The store manager 　　　　　　　　　 me.

458.「神戸にいる弁護士を知りませんか？」 Do you know 　　　　　 lawyers in Kobe?

459.「あなたへのアドバイスが少しあります」 Here's a 　　　　　　　　 for you.

460.「このケーキは4人分としては大きさが物足りないね」
   This cake is not 　　　　　　　　　 for four.

461.「ここはあまり雨が降りません」 It doesn't rain 　　　　　　　　　.

462.「あれは大変な仕事ですよ」 　　　　　　 is 　　　　　　　　 job.

463.「ミルクはいかがですか」 Would you like 　　　　　 milk?

464.「わぁ、この音楽いいね！」 Wow, 　　　　　　　　　　　　 great!

465.「彼は決して早く寝ません」 He 　　　　　　　　 to bed 　　　.

466.「あの生徒たちは失礼だ」 　　　　　　 students 　　　　　 rude.

467.「紅茶に砂糖はまったく入れません」 I don't take 　　　　　　　　 in my tea.

4 [ ] 内の語句を並べ替えて、自然な英文を完成させてください。（5点×3【15点】）

468. He [here / week / comes / every / almost].

469. You [umbrella / have / big / a / enough].

470. My [likes / much / father / sports / very].

Evine's Words

適当に例文が並んでいるわけではありません。
無駄な学習ポイントはありませんので、
すべて覚えきってください。

Day 15 前置詞と名詞

演習ポイント 前置詞は名詞の前に置く言葉で、後ろの名詞や場面に合わせた使い分けが必要。前置詞単体で日本語訳だけを覚えるのではなく、用いる状況を意識して整理する。

 1 「前置詞＋名詞」＝形容詞または副詞

前置詞は「前置詞＋名詞」のカタマリで形容詞または副詞としての働きで捉えることが大切。

前置詞＋名詞（前置詞句）	形容詞の働き	補語（C）または名詞を修飾する修飾語（M）
	副詞の働き	名詞以外を修飾する修飾語（M）

「彼はロンドン出身です」　He's 補語(C)になる形容詞 from London.
「イギリスにいる人たちはシャイな人もいます」　Some 名詞 people 名詞の修飾語(M)になる形容詞 in the U.K. are shy.
「彼はイギリスに住んでいます」　He 自動詞 lives 動詞の修飾語(M)になる副詞 in the U.K.

 2 場所の前置詞

空間の「内部」を示すin	in the library（図書館の中で）、in a pool（プールの中で）、in your hand（手の中で）、in Japan（日本で）
表面への「接触」を示すon	on the island（島の上）、a pillow on the bed（ベッドの上の枕）、a picture on the wall（壁に掛かっている絵）、on the ceiling（天井に）、on the list（リスト上で）
場所を「点」で示すat	at a restaurant（レストランで）、at the front（最前列で、正面で）、at the door（ドアのところで）、at the bottom（一番下で）

「ホテルの待ち合わせ」であれば前置詞によってニュアンスは変化する。
meet in the hotel　…ロビーなど、ホテルの中で待ち合わせる
meet at the hotel …ホテル内には限定されない。ホテルの敷地内であればOK。
（×）meet on the hotel …ホテルの上という意味で不自然。

またatは「何かをする場所」という意識が含まれる場面で用いることが多い。
「彼女はそれを学校で勉強しています」　She studies it at school.
「私たちはレストランで朝食を食べます」We have breakfast at a restaurant.

3 時の前置詞

時の「空間」を示すin	in 2006（2006年に）、in June（6月に）、in summer（夏に）、in the morning（午前中に）
「接する」時間を示すon	on Thursday（木曜日に）、on Christmas Day（クリスマスの日に）、on June 28（6月28日に）、on Sunday morning（日曜日の朝に）
時の「1点」を示すat	at 8 a.m.（午前8時に）、at noon（正午に）、at night（夜に）

inは「年」「月」などonやatよりも長い期間を示す。時間の広い幅を時の空間と見立ててinを用いる。onは「曜日」や「特定日」（日付やイベントなど）など、カレンダー上にべったりくっついているイメージ。

4 前置詞to/from/for

「到達」を示すto	go to the stadium（競技場に行く）、get to the station（駅に着く）
「起点」を示すfrom	from Toronto（トロント出身／トロントから）、from Saki（サキから）、from 10 to 3（10時から3時まで）
「前方（方向）」を示すfor	for Osaka（大阪方面）、a gift for my father（父親への贈り物）、for a week（一週間）、for lunch（ランチのために）

toは「方向」と「到達」のニュアンスを併せ持つ、一方、forは「前の方向」を向いている意識で、「人の利益」→for me（私のために）や「行事」→for New Year's Day（正月を祝って）などにも使われる。

5 副詞の前に前置詞は置けない

副詞の前に前置詞は置けないことに注意。
「ここに来る」 come 副詞 here （×）come to here
「2階に上がる」 go 副詞 upstairs （×）go to upstairs

時を表す名詞の前にlastやthisを置くと副詞になる。前置詞は使えない。
「先週の日曜日」 last Sunday → 副詞 → （×）on last Sunday
「この夏」 this summer → 副詞 → （×）in this summer

6 「自動詞＋前置詞」＝他動詞の働き

前置詞の後ろの名詞は、前置詞の目的語になる。そこで「自動詞＋前置詞」を1つの他動詞のようにカタマリとして解釈すると良い。

「その犬を探す」 自動詞 look 前置詞 for 前置詞の目的語 the dog ＝ look for 目的語 the dog

また「自動詞＋前置詞」を同様の意味を持つ他動詞1語で言い換えることができる場合もある。基本的

に「自動詞＋前置詞」の方が口語的な響きがある。

「その問題について話す」 _{自動詞} talk _{前置詞} about _{前置詞の目的語} the issue = _{他動詞} discuss _{目的語 (O)} the issue
「そのカーテンはこのソファーに合います」 The curtain _{自動詞} goes _{前置詞} with _{前置詞の目的語} this sofa =
The curtain _{他動詞} matches _{目的語 (O)} this sofa.

ポイント整理

1 （　　）に日本語を書き、前置詞の説明を完成させましょう。

前置詞は①（　　　　　　）の前に置き、「前置詞＋①」（前置詞句）で②（　　　　　　）または③（　　　　　　）
の働きをする。

2 次の前置詞をイメージが小さいものから大きいものに並べ替えましょう。

on at in 　　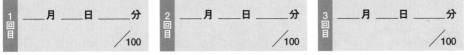

Answer Key:
1 ① 名詞 ②形容詞 ③副詞 ＊②③は順不同 2 at < on < in

1回目	＿＿月 ＿＿日 ＿＿＿分 ／100	2回目	＿＿月 ＿＿日 ＿＿＿分 ／100	3回目	＿＿月 ＿＿日 ＿＿＿分 ／100

 # Day 14 の復習問題

1 文法的に正しく、または場面的に自然な英文になるように、適切な形を○で囲みましょう。

(1点×6【6点】)

471. I have a [little / few] friends in Tokyo.

472. My brother rarely [plays / play] any sports.

473. Do you have [some / any] information about him?

474. [This / These] shoes are yours.

475. Would you like [any / some] cookies?

476. I don't have [some / any / many] money.

2 DL_35 日本語の意味になるように正しい単語を　　　　　に書きましょう。

(2点×4【8点】)

477.「このピザは３人分としては大きさが物足りないね」
　　This pizza is not 　　　　　　　　　　 for three.

478.「神戸はあまり雪が降りません」 It doesn't ▦▦▦ in Kobe.

479.「この本、とても面白いね！」 ▦▦▦ is exciting!

480.「姉は本当に料理上手な人です」 My sister is ▦▦▦ cook.

Day 15 の演習問題

1 下線部が形容詞の働きであればA、副詞の働きであればBと記号で書きましょう。

（1点×4【4点】）

481. friends <u>from Osaka</u> ▦▦▦

482. stay <u>at a hotel</u> ▦▦▦

483. work <u>for Panasonic</u> ▦▦▦

484. dishes <u>on the table</u> ▦▦▦

2 ▦▦▦ に適切な前置詞を選択肢から選んで書きましょう。同じ前置詞を2度以上用いても構いません。

（2点×12【24点】）

選択肢： in　at　on

485. ▦▦▦ August 26

486. ▦▦▦ the end of July

487. ▦▦▦ the third floor

488. ▦▦▦ fall

489. get ▦▦▦ the bus

490. get ▦▦▦ a car

491. ▦▦▦ the morning

492. ▦▦▦ your shoulder

493. ▦▦▦ 10 a.m.

494. a picture ▦▦▦ the wall

495. sit ▦▦▦ his desk

496. ▦▦▦ 2006

3 文法的に正しく、または場面的に自然な英文になるように、適切な形を○で囲みましょう。×は何も必要がないことを示します。

（2点×8【16点】）

497. My mother works ① [on / to / ×] there from 11 ② [at / to / ×] 5.

498. She always waits [at / in / on] the gate.

499. His sister lives [on / in / ×] abroad.

500. They grow grapes [on / in / ×] the farm.

501. Kana looks like a girl [on / in / at] the magazine.

502. I have a close friend [to / from / for] university.

503. We [talk / discuss] about it every day.

4 DL_36 日本語の意味になるように正しい単語を　　　　　に書きましょう。

（3点×11【33点】）

504.「母は私宛てのメモを机の上に残します」
My mother leaves a note ① 　　　　　 me ② 　　　　 the desk.

505.「息子は毎朝、7時10分に電車に乗ります」
My son gets ① 　　　　 the train ② 　　　　 7:10 every morning.

506.「私たちはビーチ沿いのカフェでランチを食べます」
We have lunch ① 　　　　 a cafe ② 　　　　 the beach.

507.「顔に何かついてるよ」 There's something 　　　　 your face.

508.「それは10時から始まります」 It starts 　　　　 10:00.

509.「私は2、3日、那覇のホテルに滞在します」 I stay at a hotel ① 　　　　 Naha
② 　　　　 a few days.

510.「今回がヨーロッパへの初のフライトです」 This is the first flight 　　　　 Europe.

5 [ ] 内の語句を並べ替えて、自然な英文を完成させてください。（3点×3【9点】）

511.「壁のあのカーテン棒は強度が十分ではありません」
[on the wall / strong / isn't / curtain rod* / enough / that].

512.「彼はいつも家でそれについて話しています」He [at home / talks / it / about / always].

513.「上に乗ってるイチゴがおいしそう」 [on top / good / strawberry / looks / the].

＊名詞curtain rod（カーテン棒）

Evine's Words

とにかく最後まで。もうちょっとのところで
諦めてしまう学習者が残念ながら多いのです。

Day 16 疑問詞を使った疑問文

演習ポイント 疑問詞は会話のスターターとなる便利な表現。何を尋ねたいかで使い分けることはもちろんだが、本書では疑問詞に備わっている品詞の働きに基づいた文法的な区別にも注目したい。

 ## 1 Yes/No-Questions

疑問詞を用いた疑問文を作るためには、「はい」「いいえ」で返答できる疑問文（Yes/No-Questions）の基本語順を確実に理解しておく必要がある。

be動詞の疑問文	Be動詞＋主語 (S) ...?「～は…ですか？」
一般動詞の疑問文	Do/Does＋主語 (S) ＋一般動詞の原形 (V) ...?「～は…しますか？」

「あの人は私の同僚です」 主語 (S) That guy be動詞 is my coworker.
→「あの人はあなたの同僚ですか？―はい、そうです/いいえ、違います」 be動詞 Is 主語 (S) that guy your coworker? — Yes, he is. / No, he isn't.

「アンはスペイン語を話します」 主語 (S) Ann 一般動詞 speaks Spanish.
→「アンはスペイン語を話しますか？―はい、話します/いいえ、話しません」 Does 主語 (S) Ann 一般動詞 (V原形) speak Spanish?—Yes, she does. / No, she doesn't.
＊Do/Doesを用いた疑問文は後ろがSVになる。

疑問詞はこの2パターンの疑問文の文頭に置くイメージ。

 ## 2 疑問代名詞what/which/who

疑問詞にも品詞の働きがある。まずは主語 (S)、目的語 (O)、補語 (C) の部分を尋ねる代名詞の働きをする疑問詞what/which/whoに注目。 ＊whichはSまたはOの内容を尋ねる。

一般的な情報を尋ねる	what（何）
選択肢がある中で尋ねる	which（どちら、どれ）
人物を尋ねる	who（誰）

目的語 (O) の部分を尋ねた疑問文:
「あなたは何を必要としてるの？」 疑問代名詞 (O) What do (S) you (V) need?
「どっちが欲しい？」 疑問代名詞 (O) Which do (S) you (V) want?
「誰のことがあなたは好きなの？」 疑問代名詞 (O) Who do (S) you (V) like?

補語（C）の部分を尋ねた疑問文：

「あなたの夢は何ですか？」 疑問代名詞(C) <u>What</u> (V) <u>is</u> (S) <u>your dream</u>?

「彼の奥さんは誰ですか？」 疑問代名詞(C) <u>Who</u> (V) <u>is</u> (S) <u>his wife</u>?

疑問詞が主語の働きを兼ねる場合は「疑問詞＋動詞」の語順になる。

主語（S）の部分を尋ねた疑問文：

「何が君を幸せにしますか？」 疑問代名詞(S) <u>What</u> (V) <u>makes</u> (O) <u>you</u> (C) <u>happy</u>?

＊動詞は原形ではなく、現在形であれば3人称単数形のsがつく。

「どちらがあなたのですか？」 疑問代名詞(S) <u>Which</u> (V) <u>is</u> (C) <u>yours</u>?

「誰が責任者ですか？」 疑問代名詞(S) <u>Who</u> (V) <u>is</u> (M) <u>in charge</u>?

 ## 3 疑問形容詞what/which/whose

形容詞として働く疑問形容詞は「疑問詞＋名詞」のセットで文頭に置く。

一般的な情報を尋ねる	what＋名詞（何の…）
選択肢がある中で尋ねる	which＋名詞（どちらの…）
所有者を尋ねる	whose＋名詞（誰の…）

「疑問詞＋名詞」の1カタマリで考えることが大切。

「何のスポーツを観ますか？」 他動詞watchの目的語(O) [疑問形容詞 <u>What</u> 名詞 <u>sports</u>] do you watch?

「どの季節が好きですか？」 他動詞likeの目的語(O) [疑問形容詞 <u>Which</u> 名詞 <u>season</u>] do you like best?

「これは誰の鞄ですか？」 be動詞isの後に続く補語(C) [疑問形容詞 <u>Whose</u> 名詞 <u>bag</u>] is this?

＊whoseは代名詞の働きもあるが、口語では形容詞の働きで用いるのが一般的。

 ## 4 疑問副詞where/when/why

場所を尋ねる	where（どこ）
時を尋ねる	when（いつ）
理由を尋ねる	why（どうして）

「あなたはどこにいるの？」 疑問副詞(M) <u>Where</u> are you?

「あなたの誕生日はいつですか？」 疑問副詞(M) <u>When</u> is your birthday?

「どうしてそんなに疲れてるの？」 疑問副詞(M) <u>Why</u> are you so tired?

5 疑問副詞howの3用法

how	手段「どうやって」
	様子「どう」「どんな調子で」
	程度「どのくらい」（数量・程度・年齢・金額など） ＊「How＋形容詞・副詞」の形で用いる。

「どうやって服を売るの？」 疑問副詞(M) How do you sell your clothes?…手段
「天気はどうですか？」 疑問副詞(M) How is the weather?…様子
「1カ月に、何冊本を読みますか？」疑問副詞(M)How 形容詞 many 名詞 books do you read in a month?…程度
「その家は築何年ですか？」疑問副詞(M) How 形容詞 old is the house?…程度

ポイント整理

1 次の疑問詞の品詞を選択肢から選びましょう。答えは1つとは限りません。同じ記号を2度用いても構いません。

（あ）代名詞　（い）副詞　（う）形容詞

①what		③when	
②who		④which	

2 尋ねたい内容に合わせて適切な疑問詞を選択肢から選びましょう。

選択肢：why　where　whose　how

①所有者		③理由	
②場所		④手段	

Answer Key:
1 ①（あ）（う）＊順不同　②（あ）　③（い）　④（あ）（う）＊順不同
2 ① whose　② where　③ why　④ how

| 1回目 | ＿＿月＿＿日＿＿分 /100 | 2回目 | ＿＿月＿＿日＿＿分 /100 | 3回目 | ＿＿月＿＿日＿＿分 /100 |

 Day 15 の復習問題

1 DL_37 日本語の意味になるように正しい単語を＿＿＿＿に書きましょう。

（2点×4【8点】）

514.「彼は空港で僕を拾ってくれます」 He picks me up ＿＿＿＿ the airport.

515.「NBAのドラフトが午後8時から始まります」 The NBA draft starts ＿＿＿＿ 8 p.m.

516.「彼の誕生日は7月23日です」 His birthday is ＿＿＿＿ July 23.

517.「子どもたちは妻と車の中にいます」 My kids are ＿＿＿＿ the car with my wife.

2 [ ] 内の語句を並べ替えて、自然な英文を完成させてください。 （3点×2【6点】）

518.「日本から来た生徒たちは礼儀正しいです」 The [are / from Japan / polite / students].

519.「私は仕事にバスで行きます」 [the bus / take / work / I / to].

 Day 16 の演習問題

1 文法的に正しい英文の記号を○で囲みましょう。 （1点×4【4点】）

520.（A）Why are you busy? （B）Why do you busy?

521.（A）What does she want? （B）What is she want?

522.（A）What do you like Japanese food? （B）What Japanese food do you like?

523.（A）How many movies do you watch a month?
（B）How many do you watch movies a month?

2 文法的に正しく、また場面的に自然な英文になるように、適切な形を○で囲みましょう。 （3点×7【21点】）

524. [How's / What's] the weather like in Okinawa? — It's like a summer day.

525. [Where / Who] are you? — I'm upstairs, Dave.

526. [How / Which] long is this movie? — One hour and 20 minutes.

527. [How / Where] far is it to Osaka? — It's a 20-minute drive.

528. [Whose / Who] wallet is this? — I don't know. It's not mine.

529. [How / When] late is the library open? — Until 8 p.m., I think.

530. [What's / How's] the depth of the pool? — It's about two to four feet deep.

3 DL_38 日本語の意味になるように正しい単語を　　　　　に書きましょう。

*短縮形が入る場合があります。（3点×12【36点】）

531.「どうして電車が遅れてるの？」　　　　　is the train late?

532.「あの人は誰の兄弟ですか？」　　　　　　　　　　is that?

533.「東京スカイツリーの高さはどれくらいですか？」　　　　　　　　　　is Tokyo Skytree?

534.「空港へはどうやって行きますか？」　　　　　　　　　you 　　　　　to the airport?

535.「仕事の調子はどうですか？」　　　　　your job?

536.「それはどういう意味ですか？」　　　　　　　　that mean?

537.「お仕事は何をされていますか？―銀行員です」
　　　　　　　　　　you do? — I'm a banker.

538.「バラはいくらですか？―12本で25ドルです」
　　　　　　　　　　　　the roses? — $25 a dozen*.　　*a dozen（12本で）

539.「このアプリって誰のためのもの？」　　　　　is this app for?

540.「何階ですか？―3階をお願いします」　　　　　floor? — Third floor, please.

541. A:「サイズはいくつですか？」　A: ① 　　　　　　　　　are you?

　　 B:「Mサイズだと思います」　B: Medium, I think.

　　 A:「どうぞ。こちらはいかがでしょうか？」　A: Here. ② 　　　　　　　　　you like this one?

4 [　] 内の語（句）を並べ替えて、文法的に正しい英文を完成させてください。ただし、**不要なものが1語ずつありますので注意してください。**　　（5点×5【25点】）

542. [do / workers / how / work / many / drive to] in Japan?

543. [does / uniform / is / color / your / what]?

544. [email / check / are / you / when / your / do]?

545. [know about / many / how / you / do / much] bananas?

546. [it / is / does / kind of / what / device]?

Evine's Words

覚えたら使う、知識が使える状態になるまで、
その繰り返ししかありません。
それを実践できる人が意外と少ないです。

1回目	＿＿月＿＿日＿＿分 /100	2回目	＿＿月＿＿日＿＿分 /100	3回目	＿＿月＿＿日＿＿分 /100

Day 17 Shuffle Quiz ②

【20分】

 演習ポイント　Day 12〜16までの復習演習。主に文型と品詞の関係や、会話表現に欠かせない疑問詞を用いた基本的な疑問文の作り方を再確認したい。

【［1］各1点、［2］〜［6］各2点 ［合計100点］ ＊［5］の①②は各2点】

1 次の英文の文型や修飾関係を考え、（　　）の場所に入れるべき適切な品詞名を選択肢から選びましょう。

選択肢：　名詞　　動詞　　形容詞　　副詞　　前置詞　　冠詞

547. She looks (　　) in this coat.

548. He studies (　　) so hard.

549. I live in (　　).

550. This is a nice (　　).

551. I don't like it (　　).

552. He's (　　) the desk.

553. He's (　　) very good teacher.

554. Do you (　　) sushi?

555. What does (　　) eat?

556. It's a (　　) story.

2 文法的または状況として自然な英文の記号を○で囲みましょう。

557. (A) I stay on a hotel.　　　(B) I stay at a hotel.

558. (A) What do you like color?　　　(B) What color do you like?

559. (A) How long are you sleep?　　　(B) How long do you sleep?

560. (A) I'm a safe driver.　　　(B) I'm a safety driver.

561. (A) Are you busy?　　　(B) Do you busy?

562. (A) This is a seriously issue.　　　(B) This is a serious issue.

563. (A) They drink much water.　　　(B) They drink lots of water.

3 自然な表現または文法的に正しい組み合わせになるように正しいものを○で囲みましょう。

564. leave [for / to] Kyoto

565. a [carelessly / careless] driver

566. look for [him / he / boy]

567. get [on / in] a car

568. a [few / little] children

569. [Who's / Who / Whose] towel is this?

570. visit [to / at / ×] Kyoto

571. look at [a his / their / them] hats

4 次の日本語を参考に、文法的または状況として自然な表現を○で囲みましょう。× は何もいらないことを示します。

572. 「玄関口で待つ」 wait [for / in / at] the front door

573. 「アイスクリームはいかがですか」 Would you like [some / any] ice cream?

574. 「ふたを閉めといて」 Put [a / the / ×] cap back on.

575. 「肩の調子はどうですか？」 [What's / How's] your shoulder?

576. 「どの指が折れてるの？」 [Which / Whose / What] finger is broken*?

577. 「私たちの集会は午後1時から始まります」 Our session starts [at / for / in] 1 p.m.

578. 「シャツに何かついてますよ」 There's something [in / on / ×] your shirt.

579. 「赤ちゃんは元気？」 How's [a / the / ×] baby?

580. 「私は英語の先生です」 I'm [a / an / the / ×] English teacher.

581. 「サラダをもらってもいいですか」 Can I have [any / some] salad?

582. 「彼はホテルで朝食を食べます」 He has ① [a / the / ×] breakfast ② [at / on] a hotel.

＊形容詞broken（折れた）

5 DL_39 次の日本語の意味になるように、自然な英単語を ＿＿＿＿ に入れましょう。

583. 「肉はまったく食べません」 I don't eat ＿＿＿＿ ＿＿＿＿ .

584. 「彼の奥さんはめったに料理をしません」 ① ＿＿＿＿ wife ② ＿＿＿＿ ＿＿＿＿ .

585. 「地面にはまったく雪が積もっていません」
There isn't ① ＿＿＿＿ snow ② ＿＿＿＿ the ground.

586. 「質問があります」 I have ＿＿＿＿ question.

587. 「お金が必要です」 I need ＿＿＿＿ ＿＿＿＿ .

588. 「そのテストはどれくらい難しいの？」 ① ＿＿＿＿ ② ＿＿＿＿ the test?

589. 「僕は時々、妻と映画を観ます」
I ① ＿＿＿＿ watch ② ＿＿＿＿ ＿＿＿＿ with my wife.

590. 「このソファー、とっても快適です」 ░░░░░░ sofa ░░░░░░ so comfortable.

591. 「あなたの名前がそのリストに載ってるよ」 Your name is ░░░░░░ ░░░░░░ list.

6 [ ] 内の語（句）を並べ替えて、文法的に正しい英文を完成させてください。ただし、**不要なものが1語ずつ**ありますので注意してください。

592. 「あなたの近所の積雪量はどれくらいですか？」

[neighborhood / does / snow / in / much / your / is / how]?

593. 「スタジアムのあのファンたちはとってもうれしそうですね」

[the stadium / that / happy / those / at / really / look / fans].

594. 「お水はいかがですか」

[some / do / want / a / you / water]?

595. 「小さな犬は大きな犬にいつも吠えます」

[barks / always / big dogs / bark / dogs / little / at].

596. 【感想を尋ねて】「料理はいかがですか」

[like / a / how / you / the / do] food?

Evine's Words

機械的に覚えるのではなく、
品詞の知識で気づける単語の位置や
単語と単語のつながりに関心を持ってください。

Stage 2　その他の品詞を完全マスター

Part 2: 品詞編②

その他の品詞の「キモチ」を学ぶ（応用）

Day 18 不定詞

 演習ポイント
不定詞は、基本文にさまざまな情報を加えることができ、不定詞をうまく利用することで、表現方法のバリエーションが大きく広がり、会話には欠かせないツールである。不定詞を理解するためには、文型や品詞で学習したことを生かす必要があるため、そこにも注目したい。

 ## 1 不定詞の形と役割

不定詞は「to＋動詞の原形」で、相手により細かな「描写」や「追加情報」を伝えることができる。

不定詞	「to＋動詞の原形」

「スポーツが好きです」 I like sports.
「スポーツを**する**のが好きです」 I like 不定詞 to play sports.
「スポーツを**観る**のが好きです」 I like 不定詞 to watch sports.

不定詞to playやto watchがあることで、スポーツをどうするのが好きなのか、まで細かく表現できる。また不定詞はもともと動詞であるため、自動詞か他動詞かによって目的語や補語などが続く。

 ## 2 不定詞の品詞的な役割

不定詞「to＋動詞の原形」には名詞、形容詞、副詞の働きがあり、それによって位置や解釈が異なる。日本語訳はあくまでも参考程度にしておき、働きに注目すれば自然と解釈はできるようになる。

名詞	主語 (S)、目的語 (O)、補語 (C) の役割	「…すること」
形容詞	名詞を後ろから修飾する修飾語 (M)	「…するための＋名詞」 「…するべき＋名詞」
副詞	動詞・形容詞・副詞を後ろから修飾する修飾語 (M)	「…するために (〜する)」(動作の目的) …動詞を修飾 「…して (〜だ)」(感情の原因) …形容詞を修飾

 ## 3 不定詞の名詞的用法

「動画を作成するのが好きです」 主語 (S) I 他動詞 (V) like 目的語 O (名詞句) to make videos.
＊何が好きなのか⇒動画を作成するのが好き
「私の目標は幸せになることです」 主語 (S) My goal 自動詞 (V) is 補語C (名詞句) to be happy.
＊主語 (S) の情報を補う不定詞

主語（S）として不定詞を文頭に置くのは一般的ではない。形式主語itを用いて真主語を後ろに置くのが一般的。

「新しい人と出会うことは、とっても楽しい」
（△）主語(S) To meet new people 自動詞(V) is 補語(C) exciting.
（○）形式主語 It 自動詞(V) is 補語(C) exciting 真主語S(名詞句) to meet new people.

Itを見つけたら後ろに不定詞の真主語が存在しないかに注意すること。また、不定詞は動詞の働きも兼ね備えているため、次のように、不定詞が示す動作の意味上の主語を「for＋人」で表現することがある。

「ランチの時間を作るのが僕には難しいです」
It is difficult 不定詞の意味上の主語 for me 不定詞 to make time for lunch.

It is 〜 （for＋人）to＋動詞の原形	「（[人] にとって）…することは〜だ」

 ## 4　不定詞の形容詞的用法

「私は話したいことがあります」 I have 代名詞 something 修飾語句M(形容詞句) to say.
「今日はやるべきことがたくさんありました」 I had 名詞 a lot 修飾語句M(形容詞句) to do today.

something（何か）やa lot（たくさんのこと）だけでは内容がわからないため不定詞で後ろから名詞に説明を加えるイメージで解釈する。また前置詞が後ろに残される文構造にも注意したい。

「彼には話し相手が必要です」
He 他動詞(V) needs 目的語(O) someone 修飾語句M(形容詞句)［不定詞 to 自動詞(V') talk 前置詞 to］.

この場合、目的語someoneが前置詞toの目的語の働きも兼ねている。talk to（someone）。

 ## 5　不定詞の副詞的用法

「ここカナダに来られてうれしいです」 I am 補語C(形容詞) happy 修飾語句M(副詞句) to be here in Canada.
…感情の理由
「駅に行く途中で、私は食事休憩をしました」 I 自動詞(V) stopped 修飾語句M(副詞句) to eat on the way to the station. …動作の目的

「なぜhappyなのか」「なぜstopしたのか」、不定詞が説明を加えるイメージ。

「副詞enough＋to do」（…するのに十分な）も覚えておくと便利。
「彼女はそれに合格するほど熱心に勉強をしませんでした」 She didn't study hard 副詞 enough 修飾語句M(副詞句) to pass it. …不定詞が副詞enoughを修飾する

6 「疑問詞＋不定詞」

下表の「疑問詞＋不定詞」は、これで1つの名詞のカタマリ、名詞句となり、主に目的語としてよく用いられる。

what to do	何を…するべきか	what＋名詞＋ to do	何の（名詞）を…するべきか
which to do	どちらを…するべきか	which＋名詞＋ to do	どの（名詞）を…するべきか
how to do	…の仕方、方法（どのように…するべきか）	when to do	いつ…するべきか
where to do	どこに・どこで…するべきか		

疑問詞それぞれの意味に、should（…するべき）の意味を加えて解釈する。

「明日何を着ていけばいいのかまだ決めていません」

I 他動詞 (V) haven't decided 目的語O (名詞句) what to wear tomorrow.

＊名詞とセットにする場合はwhat 名詞shirt to wear（どんなシャツを着るべきか）の語順になる。

「彼が僕に健康でいる方法を教えてくれました」

He 他動詞 (V) told 目的語 (O1) me 目的語O2 (名詞句) how to keep fit. …「どうやって健康のままでいられるか」

「私はそれをどこで手に入れたらいいのか知りたいです」

I'd like to 他動詞 (V') know 目的語O (名詞句) where to get it.

＊I'd like to … = I would like to …で、want to …（…したい）よりも丁寧な響き。

7 文構造に注意する

不定詞を用いた英文は表現が豊かになる反面、文構造が複雑になる。不定詞で用いた動詞が自動詞なのか他動詞なのかで、後に続く形はさまざまに変化することに注意したい。

「私は彼らのコンサートに行ってみたいです」

I 他動詞 (V) want 目的語 (O) <名詞的用法> [不定詞 to 自動詞 (V') go 前置詞 to 名詞 (前置詞の目的語O') their concert].

1つ目のtoは不定詞、2つ目のtoは前置詞。働きの違いや、不定詞であれば「動詞の原形」、前置詞であれば「名詞（前置詞の目的語）」、と後ろに続くもので判断するしかない。

ポイント整理

1 次の不定詞の働きを選択肢から選び　　　　　　に書きましょう。

（あ）名詞　（い）形容詞　（う）副詞

(1) <u>To be a writer</u>, you have to write. (作家になるためには、書かなければいけないよ)

(2) I'd like <u>to cancel it</u>. (それをキャンセルしたいです)

(3) It's easy <u>to fix it</u>. (それを修理するのは簡単です)

(4) I forgot a book <u>to read during my break</u>. (休憩中に読む本を忘れました)

(5) I'm happy <u>to help</u>. (お役に立てるのはうれしいです)

Answer Key:

1 (1) （う） (2) （あ） (3) （あ） (4) （い） (5) （う）

| 1回目 | ＿＿月＿＿日 ＿＿＿分 /100 | 2回目 | ＿＿月＿＿日 ＿＿＿分 /100 | 3回目 | ＿＿月＿＿日 ＿＿＿分 /100 |

 Day 18 の演習問題

1 次の下線部の文型要素として正しいものを選択肢から選びましょう。同じ記号を2度以上使用しても構いません。　　　　　　　　　　　　　　　（2点×7【14点】）

選択肢： S O C M

597. I'd like [　] <u>to join you</u>.

598. I went to a bookstore [　] <u>to buy my dad a birthday present</u>.

599. His dream is [　] <u>to be a doctor</u>.

600. I had a chance [　] <u>to meet him</u>.

601. Can you show me [　] <u>where to go</u>?

602. It was difficult for me [　] <u>to use this</u>.

603. I was glad [　] <u>to get the refund</u>.

2 DL_40 日本語の意味になるように、自然な英文を選びましょう。　（3点×3【9点】）

604. 「TEDを観るのは面白いです」＊TED talks …さまざまな分野の講演を無料視聴できる動画配信サービス

　　(A) It's interesting to watch TED talks.　(B) To watch TED talks is interesting.

605.「彼は試験に合格するために勉強をしていました」

(A) He was studying for passing his exam.　(B) He was studying to pass his exam.

606.「彼らは何も食べるものがありませんでした」

(A) They didn't have anything to eat.　(B) They didn't have to eat anything.

3 ほぼ同じ内容になるように 　　　　 に適切な単語を入れましょう。

＊短縮形が入る場合があります。（5点×2【10点】）

607.(A) I need to do it.

(B) 　　　　 necessary 　　　　 me 　　　　 it.

608.(A) I can fix it.

(B) I know 　　　　 　　　　 it.

4 DL_41 日本語の意味になるように正しい単語を 　　　　 に書きましょう。

＊短縮形が入る場合があります。（3点×14【42点】）

609.「息子を迎えにそこに行きました」 I went there 　　　　 　　　　 up my son.

610.「いつ引っ越すか決めることができません」 I can't decide 　　　　.

611.「雨が降り始めました」 It's starting 　　　　 　　　　.

612.「私と一緒にディナーに行きませんか」
Would you 　　　　 　　　　 　　　　 dinner with me?

613.「将来、あなたは何になりたいですか？」
What 　　　　 you 　　　　 　　　　 in the future?

614.「どちらのチケットを買うべきかわかりませんでした」
I 　　　　 know 　　　　 　　　　 buy.

615.「昨日は映画を観に行きました」 I went 　　　　 　　　　 a movie yesterday.

616.「仕事と家庭のバランスを取るのは簡単ではありません」
　　　　 　　　　 　　　　 balance work and family.

617.「彼女の返答を聞いて、興奮していました」
I 　　　　 excited 　　　　 her response.

618.「たこ焼きの作り方を知っていますか？」
　　　　 you 　　　　 　　　　 make takoyaki?

619.「家族と一緒に時間を過ごしたいです」
I 　　　　 　　　　 　　　　 time with my family.

620.「空いている時間は、何をするのが好きですか？」
What do you 　　　　 　　　　 in your free time?

621.「ネットフリックスで何か観るものを探しているんです」
I'm looking for 　　　　 　　　　 on Netflix.

622.「それに慣れるのに3カ月かかりました」
　　　　 took three months 　　　　 get used to it.

5　[　] 内の語（句）を並べ替えて、文法的に正しい英文を完成させてください。

（5点×5【25点】）

623. [not / sleep / brave / I'm / to / enough] during meetings.

624. She [fall / study / this / to / in / decided / Australia].

625. [to do / me / told / nobody / what] next.

626. A good way [regularly / is / exercise / to / to / stay healthy].

627. [them / possible / to / for you / to / it / is / send] Miyu?

Evine's Words

知識はそのまま勝手に運用力にはなりません。
使うことを常に考えて学習しましょう。

Day 19　不定詞と動名詞

演習ポイント 不定詞と動名詞は名詞の働きをする点では、文法上の共通点はあるが、英語には形が違えばニュアンスが異なるケースが多い。ニュアンスの違いはアウトプットには欠かせない知識になるためしっかりと押さえておきたい。

1　動名詞の形と働き

動名詞は「動詞のing形」で文字通り「名詞」の働きをする。形は進行形のingと同じだが使い方が異なるので注意。

動名詞	動詞のing形

不定詞の名詞的用法と同じで、S/O/C として動名詞は働く。ただし、動名詞は前置詞の目的語になるが、不定詞は使えない。

「ちゃんと食べることは大切です」 主語 (S) Eating well is important.
「私の日課の1つは彼を起こすことです」　One of my routines is 補語 (C) waking him up.
「雪が降り始めました」 It started 目的語 (O) snowing.
「それをするのは得意です」 I'm good 前置詞 at 前置詞の目的語 (O) doing it.
（×）I'm good at 不定詞 to do it.

2　不定詞と動名詞のニュアンスの違い

不定詞と動名詞は名詞の働きをするという共通点はあるが、根本的なニュアンスは異なる。

不定詞「to＋動詞の原形」	「未来」…非現実的あるいは漠然とした事柄
動名詞「動詞のing形」	「事実」…現実的あるいは完了している事柄

主語の内容によって、不定詞と動名詞を使い分けなければ不自然な場合がある。
「私の夢は弁護士になることです」　My dream is 不定詞 to be a lawyer.　（×）being
「彼の趣味は切手集めです」　His hobby is 動名詞 collecting stamps.　（×）to collect
「夢」は未来を意識しているため、不定詞を用い、「趣味」は現実的な話を意識しているため、動名詞を用いてそれぞれの主語を補足する。

3　目的語としての不定詞と動名詞

目的語に不定詞だけしか使えない他動詞、逆に動名詞だけしか使えない他動詞がある。2のニュアンスの違いで整理しておくと覚えやすい。

不定詞	「未来」	decide（…することに決める）、hope（…することを望む）、want（…したい）、can afford（…する余裕がある）、manage（どうにか…する）など
動名詞	「事実」	enjoy（…して楽しむ）、finish（…するのを終える）、mind（…するのを嫌に思う）、stop（…することをやめる）、give up（…するのを諦める）、avoid（…することを避ける）など

「お酒を飲むのをやめることに決めました」
I _{他動詞}have decided _{不定詞 (=O)}[to _{他動詞}stop] _{動名詞 (=O)}drinking.

他動詞decideには「これから先」（未来）のことを決めるニュアンスがあるため不定詞を用いた「decide to＋動詞の原形」、stop には「現実」に行っていることをやめるというニュアンスがあるため動名詞を用いた「stop＋動詞ing」となる。

begin、start、like、love、hateなどは、不定詞と動名詞の両方を目的語として使える。
「私は旅行が好きです」 I like _{動名詞}traveling. ⇔ I like _{不定詞}to travel.
「子どもたちは買い物が大嫌いなんだ」 My kids hate _{動名詞}shopping. ⇔ My kids hate _{不定詞}to shop.

 ## 4 不定詞と動名詞で意味が異なる表現

他動詞forget/remember/tryは不定詞と動名詞の両方を目的語にできるが、意味が変化する。不定詞は「これからする動作」で用いると覚えておくと意味の違いも理解しやすい。

不定詞…これからする動作（未来）	動名詞…実際に行動したこと（現実的）
forget to ...（…するのを忘れる）	forget＋動詞ing（…したことを忘れる）
remember to ...（…するのを覚えている）	remember＋動詞ing（…したことを覚えている）
try to ...（…しようとする）	try＋動詞ing（試しに…してみる）

「その電気を消し忘れないでね」 Don't forget _{不定詞}to turn the light off.
「昨夜、その電気を消したのを覚えています」 I remember _{動名詞}turning the light off last night.
＊例文のように、forgetは不定詞と、rememberは動名詞とのセットが頻出。

stopには自動詞「立ち止まる」と他動詞「…をやめる」の2つの働きがある。他動詞の目的語には動名詞のみを用いる。自動詞stopには立ち止まる行為の目的を示す副詞的用法の不定詞to do（…するために）を用いることができる。

stop to（…するために立ち止まる）	stop＋動詞ing（…するのをやめる）

「休憩するために立ち止まりました」 We stopped _{副詞的用法の不定詞}to take a break.
「電話が鳴りやみました」 The phone stopped _{動名詞}ringing.

5 紛らわしい前置詞to

不定詞と間違えやすい前置詞to を用いた表現に注意。

look forward to＋名詞・動名詞	…を（…することを）楽しみに待つ
be used to＋名詞・動名詞	…に（…することに）慣れている（状態）
get used to＋名詞・動名詞	…に（…することに）慣れる（変化）

「またお会いするのを楽しみにしています」 I'm looking forward to 動名詞 seeing you again.
「待つことには慣れています」 I'm used to 動名詞 waiting.
「カメラに話しかけることにはすぐに慣れるでしょう」 You'll get used to 動名詞 speaking to the camera soon.

6 不定詞を用いた表現

不定詞の直前に、不定詞の意味上の主語を目的語（O）として用いた表現。いずれの表現も現実になっていない行動を相手に促すことから不定詞を用いている。

他動詞want O to＋動詞の原形	O［人］に…してもらいたい（願望） ＊would like O to do（wantよりも丁寧）
他動詞tell O to＋動詞の原形	O［人］に…するように言う（指示・命令）
他動詞ask O to＋動詞の原形	O［人］に…して欲しいと頼む（お願い）
他動詞get O to＋動詞の原形	O［人］に…してもらう（説得して依頼・強制的にさせる）

「私が手伝いましょうか（あなたは私に手伝ってもらいたいですか）」 Do you want me to help?
（=Shall I help you?）
「彼が私に寝るように言いました」 He told me to go to sleep.
「私は彼に車を動かしてもらうように頼みました」 I asked him to move his car.
「僕は彼女に喫煙をやめさせました」 I got her to stop smoking.

 ## ポイント整理

1（　　　）に日本語を入れ、不定詞と動名詞の説明を完成させましょう。

不定詞と動名詞の共通点は、どちらも①（　　　　　　　　）の働きがあること。ただし、②（　　　　　　　　）は前置詞の目的語にはできない。

2 日本語の意味になるように正しいものを選びましょう。

(1) I [to cook / cooking / am cooking]. (料理をしているところです)

(2) I'm good at [cook / to cook / cooking]. (料理が得意です)

(3) I'm used to [cook / cooking]. (料理に慣れています)

Answer Key:
1 ①名詞 ②不定詞 2 (1) am cooking (2) cooking (3) cooking

1回目	＿＿月＿＿日＿＿＿分 /100	2回目	＿＿月＿＿日＿＿＿分 /100	3回目	＿＿月＿＿日＿＿＿分 /100

Day 18 の復習問題

1 DL_42 日本語の意味になるように正しい単語を ＿＿＿＿ に書きましょう。

(2点×5【10点】)

628.「今朝、妻が僕を手伝いに来てくれました」
My wife came ＿＿＿＿ ＿＿＿＿ ＿＿＿＿ this morning.

629.「その運転手が、どうやってそこに行くのか私たちに尋ねました」
The driver asked ＿＿＿＿ ＿＿＿＿ ＿＿＿＿ ＿＿＿＿ there.

630.「何かお飲み物はいかがですか」 Would you like ＿＿＿＿ ＿＿＿＿ ＿＿＿＿ ?

631.「スマホ用のアプリを作るのは難しいですか？」
＿＿＿＿ ＿＿＿＿ ＿＿＿＿ ＿＿＿＿ ＿＿＿＿ a smartphone app?

632.「あなたの子どもたちは何をして遊ぶのが好きですか？」
What ＿＿＿＿ your kids ＿＿＿＿ ＿＿＿＿ for fun?

2 [ ] 内の語（句）を並べ替えて、文法的に正しい英文を完成させてください。

(3点×2【6点】)

633. [to / her name / difficult / me / was / it / for / pronounce*].

634. [happy / that / I'm / hear / to].

＊他動詞pronounce (…を発音する)

Day 19 の演習問題

1 文法的に正しい、または英文として自然なものを選びましょう。 （2点×3【6点】）

635. (A) It stopped raining.　(B) It stopped to rain.

636. (A) Her dream is to be a designer.　(B) Her dream is being a designer.

637. (A) Don't forget to wake me up tomorrow.　(B) Don't forget waking me up tomorrow.

2 ほぼ同じ内容になるように適切な単語を　　　　　　に書きましょう。

（3点×4【12点】）

638. (A) I like going to the beach.

　　(B) I like 　　　　　　　　　　　　　 to the beach.

639. (A) It's fun to hang out with coworkers.

　　(B) 　　　　　　　　　　　 with coworkers 　　　　　　　　　　　　.

640. (A) Shall I pick you up at the station?

　　(B) Do you want 　　　　　　　　　　　 pick you up at the station?

641. (A) I was able to meet the deadline.

　　(B) I 　　　　　　　　　　　　　 meet the deadline.

3 文法的または状況的に自然な表現を選び○で囲みましょう。（3点×7【21点】）

642. I'm used to [fix / fixing] it.

643. Stop [to worry / worrying] about it.

644. What movies do you feel like [to watch / watching] on Christmas?

645. I remember [meeting / to meet] him at a conference once.

646. I'm really looking forward to [hear / hearing] from you.

647. My favorite thing is [watching / to watch] YouTube videos.

648. He hasn't finished [to read / reading] this book.

4 DL_43 日本語の意味になるように正しい単語を　　　　　　に書きましょう。

（3点×13【39点】）

649.「私は豚肉の代わりにベーコンを使ってみました」I tried 　　　　　　　 bacon instead of pork.

650.「長距離の運転は嫌ではありません」 I don't 　　　　　　　　　　　　 long distances.

651.「あなたとお話ができて良かったです。すぐにまたお会いできるといいですね」
　　Nice ① 　　　　　　　 to you. ②Hope 　　　　　　　　　　　 you again soon.

652.「子どもたちに宿題をさせました」
I _____ my kids _____ _____ their homework.

653.「後で折り返し電話しましょうか」
Would you _____ _____ _____ _____ you back later?

654.「ランニングはお気に入りの運動方法の1つです」
① _____ _____ one of my favorite ways ② _____ _____ .

655.「両親がしばらくの間、SNSから離れるように私に言いました」
My parents _____ _____ _____ stay off social media for a while.

656.「父は転職を試みるのをあきらめました」
My father gave up ① _____ _____ ② _____ _____ new job.

657.「彼に来てもらえるよう頼んでいただけませんか」
Would you ① _____ _____ him ② _____ _____ ?

5 ［　］内の語（句）を並べ替えて、文法的に正しい英文を完成させてください。ただし、**不要なものが1語ずつありますので注意してください。** （3点×2【6点】）

658. [to / in / new friends / he / interested / wasn't / making].

_____

659. [bad / is / smoking / smoke / your health / for].

_____

Evine's Words

音読は日々の必須トレーニングです。
リスニングのレスポンス速度や
リーディング速度の向上にも大きく役立ちます。

Day 20 接続詞

演習ポイント

接続詞は、会話では話の展開や話し手の意図を理解する助けになり、対話文や長文読解では文脈を理解するキーワードになる。また、接続詞が作る節の品詞と働きにも注意したい。

1 接続詞の働き

接続詞は「語と語」、「句と句」、「節と節」など、言葉をつなぐ働きをする。語、句、節の違いをまずは整理しておく。「語<句<節<文」のイメージで押さえる。

語…1つの単語	dogs（犬）
句…2つ以上の語が集まって1つの働きをするカタマリ	a big dog（大きな犬）
節…SVを含む2語以上の単語のカタマリ。見た目は文だが文ではない（あくまでも文の一部）。	he has a dog（彼は犬を飼っている）

語と語：
語bread 接続詞and 語butter（パンとバター）
句と句：
句at home 接続詞or 句in the park（家か公園で）
節と節：
文 {節[He was upstairs] 節[接続詞when I got home]}. （帰宅したとき、彼は2階にいました）

2 等位接続詞

文法的に対等な関係で言葉をつなぐ接続詞を等位接続詞と呼ぶ。

A and B（AとB／AしてBする／A、それでB）	連結、同時、結果
A or B（AかBか／AまたはB）、not A or B（AもBも…ない）＊この意味でandは用いない	選択
A but B（AだがB／AしかしB／A、でもB）	逆接、対比
A, so B（A、だからB／A、そういうわけでB）＊コンマ（,）とセットで用いる	結果、結論

「私はそれを100円で買って、500円で売りました」
I bought it for 100 yen 結果and (I) sold it for 500 yen. ＊同じ主語であれば接続詞の後ろの主語は省略されることが多い。
「現金かクレジットカード、どちらで支払いますか？」 Will you pay in cash 選択or by credit card?
「雪が降っていたが、家まで運転しなければなりませんでした」
It was snowing, 逆接but I had to drive home. ＊特にこの意味では、butの後ろに焦点がある。
「彼はコーヒーを飲みますが、私は飲みません」 He drinks coffee, 対比but I don't（drink coffee）.
「インフルエンザにかかったので、家にいないといけませんでした」
I got the flu, 結果so I had to stay home. ＊前文の状況を受けた結果・結論を後ろに示す。

3 副詞節を作る従属接続詞

中心の英文（「主節」と呼ぶ）につながる節を導くのが従属（従位）接続詞。ここで紹介するものはいずれも「副詞節」を作る。英文法の学習において、「主節」と「副詞節」の言葉は覚えておくと便利。

副詞節を作る 接続詞	if（もし…なら）	条件
	when（…のとき）	時
	though/although*（…にもかかわらず、…だけれども） *althoughの方がやや書き言葉	対照*（驚きや予想外なこと）
	because（なぜなら…だから）	原因・理由

＊一般的には「譲歩」と記載されるが、実用を兼ねて、本書では「対照」とする。

「副詞節」は「主節」をサポートするために存在する。主節だけでも文は成立するが、サポート役の副詞節があることで、相手はより話が理解しやすくなる。逆に副詞節だけでは文は成立しない、主節があるから副詞節は存在できる。

「もし今日、雨が降れば、家にいます」　副詞節 [接続詞 If it rains today]， 主節 [I'll stay at home].
＊副詞節を文頭に置いた場合、主節がここから始まることを示すコンマを書く。「副詞節＋コンマ（，）＋主節」

「そこに着いたら、あなたに電話します」　主節 [I'll call you] 副詞節 [接続詞 when I get* there].
＊if節やwhen節の内容が主節の動作をするための条件になっている場合、これからのことであっても現在形になる。

「祖父はもう80近くになるにもかかわらず、今でも泳ぎに出かけます」
副詞節 [接続詞 Though my grandpa is almost 80]， 主節 [he still goes swimming].

「好きではないけれど、野菜は毎日食べます」
主節 [I eat veggies every day] 副詞節 [接続詞 though I don't like them].
＊I don't like veggies, but I eat them every day.の方がより口語的。

「僕は一日中家にいました、雨が降っていたからね」
主節 [I stayed home all day] 副詞節 [接続詞 because it was raining].
＊Because it was raining.のようにこの節を単独で用いることはできない。

becauseを用いると、理由に焦点が当たり、相手によっては理屈っぽく響くため、結果を表すsoやandなどを用いた方が柔らかい響きになる。
It was raining, so I stayed home all day.（雨が降っていたので、一日中家にいました）
It was raining, and I stayed home all day.（雨が降っていて、それで一日中家にいました）

4 名詞節と副詞節を作るthat

接続詞thatは「…ということ」という意味で、名詞節を作る。実際には省略されることが多く、英文の途中で急に「主語＋動詞」の節が始まった場合、接続詞thatの省略（存在）を疑ってみること。

名詞節を作る 接続詞that	I think（that）...	…ということを思う
	I hope（that）...	…ということを願う
	It is＋形容詞＋（that）...	…というのは（形容詞）だ

that SVをthat節と呼ぶが、名詞節になる場合、S/O/Cのいずれかで用いることができる。
「私は熱があると思います」　I think 目的語 (O) [省略可 (that) I have a fever].
「彼は忙しくないと思います」　I don't think 目的語 (O) [省略可 (that) he's busy].
＊I thinkの後にthat節を置いて否定する場合、that節内を否定せずI don't think SVの形にするのが自然。

「そのオーディションに合格したらいいなぁ」　I hope 目的語 (O) [省略可 (that) I pass the audition].
「彼らがその試合に勝ったというのは本当です」
形式主語 It is 形容詞 true 真·主語 (S) [省略可 (that) they won the game].　＊形式主語Itを用いたもので、that節が真主語になる。

副詞節を作る 接続詞that	I'm sorry that ...	…ということを申し訳なく思う	感情・心情の原因・理由
	I'm sure that ...	…ということを確信している	
	so 形容詞・副詞 that ...	とても（形容詞・副詞）なので…	結果

「遅れて申し訳ありません」 主節[I'm sorry] 副詞節[接続詞の省略 (that) I'm late].

「あなたはきっとそれが気に入りますよ」 主節[I'm sure] 副詞節[接続詞の省略 (that) you'll like it].

＊sorryやsureなどの感情・心情の理由を説明するthat節（副詞節）が続く。

「とても忙しくて、あなたにメールするのを忘れていました」

主節[I was so busy] 副詞節[接続詞の省略 (that) I forgot to text you].

＊busyの結果、どうなったのかを説明するthat節（副詞節）が続く。

ポイント整理

1 _____ に当てはまるものを選択肢から記号で選び、接続詞の説明を完成させましょう。不要なものがありますので注意してください。

接続詞には① _____ と② _____ の2種類がある。②は③ _____ 節と④ _____ 節を作り、③は他動詞の⑤ _____ としてよく用いられる。

選択肢：（あ）動詞　（い）従属接続詞　（う）名詞　（え）副詞　（お）目的語
　　　　（か）補語　（き）等位接続詞

2 日本語を参考に、［ ］内の接続詞を用いて、2つの節を1文にしましょう。

(1)「本当に寒かったのですが、彼は外出しました」　it was really cold / he went out ［but］

(2)「彼女は疲れていたけれども、私に会いに来てくれました」
　　she was tired / she came to see me ［though］

Answer Key:

1 ①（き）②（い）③（う）④（え）⑤（お）　＊（あ）（か）は不要

2 (1) It was really cold but he went out. (2) Though she was tired, she came to see me. / She came to see me though she was tired.

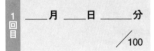

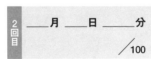

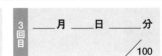

 Day 19 の復習問題

1 DL_44 日本語の意味になるように正しい単語を _____ に書きましょう。（2点×4【8点】）

660.「私の日課の1つは花に水をやることです」　One of my routines _____ my flowers.

661. 「彼は教えることが得意ではありませんでした」　He wasn't ＿＿＿＿＿　＿＿＿＿＿　＿＿＿＿＿ .

662. 「早寝はとても大切です」

＿＿＿＿＿　＿＿＿＿＿　＿＿＿＿＿　＿＿＿＿＿ very important.

663. 「スィッチを入れ忘れないでね」　Don't ＿＿＿＿＿　＿＿＿＿＿　＿＿＿＿＿ on the switch.

2 [ ] 内の語（句）を並べ替えて、文法的に正しい英文を完成させてください。ただし、不要なものが１つありますので注意してください。 （3点×2【6点】）

664. Yu's [a doctor / being / is / dream / to be].

＿＿＿＿＿＿＿＿＿＿＿＿＿＿＿＿＿＿＿＿＿＿

665. [to build / is / hobby / building / his] model kits*. ＊名詞model kits（プラモデル）

＿＿＿＿＿＿＿＿＿＿＿＿＿＿＿＿＿＿＿＿＿＿

 Day 20 の演習問題

1 下線部の節の働きを選択肢から記号で選び＿＿＿＿＿に書きましょう。（3点×3【9点】）

選択肢： (a) 名詞節　　(b) 副詞節

666. I'm studying <u>because I have an exam in the morning</u>. ＿＿＿＿

667. I think <u>he's outgoing</u>*. ＿＿＿＿

668. I'm sure <u>I can do this</u>. ＿＿＿＿

＊形容詞outgoing（社交的な）

2 主節の働きをしている下線部を記号で選び＿＿＿＿＿に書きましょう。 （3点）

669. (a) <u>Although my sister has a good job,</u> (b) <u>she still complains</u>*. ＿＿＿＿

＊自動詞complain（不満、苦情を言う）

3 ほぼ同じ内容になるように適切な単語を＿＿＿＿＿に書きましょう。（4点×2【8点】）

670. (A) I can't go with you because I have a cold.

(B) I have a cold, ＿＿＿＿＿ I can't go with you.

671. (A) The shop assistant* was really rude, and I left without buying anything.

(B) The shop assistant was ＿＿＿＿＿ rude I left without buying anything.

＊名詞shop assistant（店員）

4 文法的または状況的に自然な表現を選び〇で囲みましょう。（3点×6【18点】）

672. We met in 2000 [or / but / and] got married* 6 years later.

673. [But / Although] he was American, he could speak Japanese fluently*.

674. We enjoyed singing and [danced / dance / dancing] on the stage.

675. Someone stole my bike, [because / so] I had to buy a new one.

676. If you [will get / get] tired, you can have a rest.

677. He's a nice person, [so / but] I don't really like his sister.

＊get married（結婚する）、副詞fluently（流ちょうに）

5 DL_45 日本語の意味になるように正しい単語を　　　　　に書きましょう。

＊短縮形が入る場合があります。（4点×10【40点】）

678.「彼女は肉も魚も食べません」 She 　　　　　 eat meat 　　　　　 fish.

679.「若い時、マヨネーズご飯を食べていました」
I used to eat rice with mayo 　　　　　 　　　　　 young.

680.「彼はスポーツをしないと思います」 I 　　　　　 　　　　　 plays sports.

681.「暇な時間があるときは、何をするのが好きですか？」
　　　　　 　　　　　 　　　　　 time, what do you like to do?

682.「姉が入ってきて、私を起こしました」
My sister came 　　　　　 　　　　　 me up.

683.「明日、晴れたら外で食事ができます」
　　　　　 　　　　　 tomorrow, we can eat outside.

684.「ヘレンは本当に早歩きだったので、私はついていけませんでした」
Helen walked ① 　　　　　 ② 　　　　　 keep up with her.

685.「彼はまだ何も食べていないので、きっとおなかが減っているでしょう」
He hasn't eaten anything yet, 　　　　　 　　　　　 hungry.

686.「髪の毛にハエが乗っていたんだけど、僕はそれに気付きませんでした」
I had a fly on my hair, 　　　　　 　　　　　 notice it.

6 [　] 内の語（句）を並べ替えて、文法的に正しい英文を完成させてください。

（4点×2【8点】）

687. He [a nap / got home / was / I / taking / when].

688. [can / amazing / my uncle / that / it's / fix] anything in the house.

Evine's Words

自分の行動を片っぱしから英語で話してみましょう。
話せない事柄はメモに残してください。

Day 21 過去形と仮定法過去

演習ポイント 仮定法過去は日常生活の中で、実現の可能性が低い（つまり自信がない）と話者が考えていたり、相手への物の言い方を和らげたりするためによく用いられる。過去形に隠されたニュアンスにも注目して日常会話で必須のポイントを押さえる。

1 仮定法過去形

仮定法過去形は、形は普通の過去形を用いて、現在の事実とは異なる、または実現の可能性が低い話をする。過去形であるが現在の話であることがポイント。

「If＋仮定法過去形, 主語（S）＋助動詞の過去形would＊＋動詞の原形...」 （もし〜すれば、…するだろう） ＊助動詞はwouldを基本として、mightやcouldを用いることもできる。	実現の可能性（話者の自信）が０％〜50％程度の話をする。

「もし宝くじに当選したら、ハワイにとんでもなく大きな家を買うよ」
If I 仮定法過去 won the lottery, I 助動詞の過去形 would buy a huge house in Hawaii.
「もしタイムマシンがあれば、過去に戻れるなぁ」
If I 仮定法過去 had a time machine, I 助動詞の過去形 could go back in time.
「私に子どもがいれば、違ったふうに感じるかもしれません」
If I 仮定法過去 had children, I 助動詞の過去形 might feel differently.

宝くじの当選の可能性は低く、タイムマシンは現実的ではない。子どもも仮定法過去によって、現実にはいないことを示唆している。

2 直説法と仮定法過去の比較

仮定法過去を用いない普通の英文（直説法と呼ぶ）と比較しておく。

直説法：「もしそれを買えば、10ドルの商品券がもらえます」
If you 普通の現在形 buy it, you 助動詞 will get a $10 voucher.

仮定法：「もしそれを買ったとしたら、10ドルの商品券がもらえるでしょう」
If you 仮定法過去形 bought it, you 助動詞の過去形 would get a $10 voucher.

直説法では、現実的に買う前提で話をしているが、仮定法では、買う可能性を低く考えている。どちらも「現在の話」をしている点に注意し、実現の可能性がより高いのが直説法で、低いのが仮定法と押さえる。

日常会話では、次のように相手の立場に立ったアドバイスの表現として仮定法過去を用いることもできる。
「もし私があなただったら、それを避けるだろう」
If I 仮定法過去形 were you, I 助動詞の過去形 would avoid that.
＊仮定法過去ではbe動詞はwereが文法的に正しいが口語ではwasもよく用いられる。

3 過去形のニュアンス

過去形には3つの「距離感」のニュアンスがある。過去形＝（A）と思いがちだが、（B）や（C）
のニュアンスで使われることも多く、その場合、現在の話をしているので注意。

（A）「現在」との距離感	時の表現	もう終わった話をする
（B）「人」との距離感	婉曲の表現	相手との距離を置いた話し方をする
（C）「現実」との距離感	仮定の表現	① 現在において事実とは異なること ② 実現する可能性が低いことを話す

（A）「もっと若い時、私はダイビングのインストラクターでした」 I was a diving instructor when I
was younger.
…現在はそうではない、「時」の距離感。

（B）「家まで車で送っていただけませんか」 Could you drive me home?
…「人」との距離感のニュアンスにより、婉曲（遠回し）の丁寧さが出る。

（C）「もしあの映画を観れば、今夜寝られなくなるよ」 If you saw that movie, you wouldn't be
able to sleep tonight.
…「現実」に対する距離感で、実際には映画を見る可能性は低いことを示唆する。

 ## 4 ifのない仮定法過去

日常会話ではif節なしで、助動詞の過去形だけを用いることも多い。**仮定法かどうかは文脈で判断する。**

「私だったら、絶対にそんなことはしません」 I definitely wouldn't do that.
「彼女ならいつだって結婚できますよ」 She could always get married.
「君だったらどうする？」 What would you do?

 ## ポイント整理

1 次の下線部の過去形のニュアンスを選択肢から記号で選び　　　　　　　に書きましょ
う。同じ記号を2度使ってもかまいません。

選択肢：（あ）現在との距離感　　（い）人との距離感　　（う）現実との距離感

（1）Could I have a glass of wine?

（2）If I were you, I would stop it.

（3）He was a math teacher.

（4）Would you like a drink?

（5）What would you buy if you won the lottery?

(6) <u>Would</u> you help me?

Answer Key:
1 (1)（い）「グラスワインを一杯いただけませんか」(2)（う）「私だったら、それをやめるでしょう」(3)（あ）「彼は数学の先生でした」(4)（い）「お飲み物はいかがですか」(5)（う）「もし宝くじに当選したら、何を買いますか？」(6)（い）「手伝っていただけませんか」

1回目	＿＿月＿＿日＿＿分 /100	2回目	＿＿月＿＿日＿＿分 /100	3回目	＿＿月＿＿日＿＿分 /100

Day 20 の復習問題

1 DL_46 日本語の意味になるように正しい単語を に書きましょう。

＊短縮形が入る場合があります。（2点×6【12点】）

689.「行きたいんだけど、とても疲れているんです」 I'd like to go, too tired.

690.「雨は降っていないと思います」 I raining.

691.「あなたがこれをすることが大切です」 important this.

692.「寒かったので、私たちは外出しませんでした」
It was cold, go out.

693.「もし明日雨が降ったら、泣きます」
cry tomorrow.

694.「彼らが来ると思っていました」 I come.

2 [ ] 内の語句を並べ替えて、自然な英文を完成させてください。（2点×2【4点】）

695.「戻ったら知らせます」[get / I / let you know / when / I'll] back.

696.「おなかがすいていたので、自分にサンドイッチを作りました」
I [a / I / myself / hungry / , so / was / made] sandwich.

Day 21 の演習問題

1 文法的に正しく、または場面的に自然な英文になるように、適切な形を○で囲みましょう。（3点×5【15点】）

697. If you were my brother, what [will / would] you do about that?

698. It's raining, so we [couldn't / can't] have lunch outside.

699. If [I'm not / I wasn't] married, where would I be now?

700. What do you want to be when you [grew / grow] up?

701. If everything goes well, [I'd / I'll] arrive between 13:30 and 14:30.

123

2 DL_47 日本語の意味になるように正しい単語を ＿＿＿＿＿ に書きましょう。

＊短縮形が入る場合があります。（3点×17【51点】）

702.「私だったら、彼女に電話しませんよ」

① ＿＿＿＿＿＿＿ ＿＿＿＿＿＿＿ you, I ② ＿＿＿＿＿＿＿ her.

703.「ちょっとこれを見ていただけませんか」 ＿＿＿＿＿＿ ＿＿＿＿＿＿ please take a look at this?

704.「あなたが本当に彼の友人なら、彼がそれをしないのはわかっているでしょう」

If you were really his friend, ① ＿＿＿＿＿ ＿＿＿＿＿ he ② ＿＿＿＿＿ ＿＿＿＿＿ it.

705.「私はたぶん24時間くらいは寝れますよ」 Maybe I ＿＿＿＿＿ ＿＿＿＿＿ for about 24 hours.

706.「もしどこにでも飛んでいけるなら、僕はオーストラリアのパースに行くでしょう」

If I ① ＿＿＿＿＿ fly anywhere, I ② ＿＿＿＿＿ ＿＿＿＿＿ to Perth in Australia.

707.「1つだけ願いを叶えるとしたら、それは何でしょうか？」

If you had one wish, what ＿＿＿＿＿ ＿＿＿＿＿ ＿＿＿＿＿ ?

708.「もし彼がそうしたいなら、歌手になれるでしょう」

If he ① ＿＿＿＿＿ to, he ② ＿＿＿＿＿ ＿＿＿＿＿ a singer.

709.「私の姉だったら、そんなことは言わないでしょう」 My sister ＿＿＿＿＿ say that.

710.「もし千葉に住んでいるなら、ディズニーランドに訪れる機会がたくさんあるだろうなぁ」

① ＿＿＿＿＿＿＿＿ in Chiba, I ② ＿＿＿＿＿ ＿＿＿＿＿ many chances to visit Disneyland.

711.「彼は若い時、英語が話せました」 He ＿＿＿＿＿ ＿＿＿＿＿ English when he was young.

712.「えっと、知らないけど、もし私が知っていたら、それは問題ですか？」

Well, I don't know, but ① ＿＿＿＿＿ ＿＿＿＿＿ ＿＿＿＿＿ , ② ＿＿＿＿＿ that be a problem?

3 [　] 内の語（句）を並べ替えて、文法的に正しい英文を完成させてください。ただし、**不要なものが1語ずつあります**ので注意してください。（6点×3【18点】）

713. [will / mind / seats / you / switching / would] with me?

＿＿＿＿＿＿＿＿＿＿＿＿＿＿＿＿＿＿＿＿＿＿＿＿＿＿＿＿＿＿＿＿＿

714. If I [complain / never / will / here / would / lived / I / ,] about anything.

＿＿＿＿＿＿＿＿＿＿＿＿＿＿＿＿＿＿＿＿＿＿＿＿＿＿＿＿＿＿＿＿＿

715. [would / do / you / are / what / if / were / you] me?

＿＿＿＿＿＿＿＿＿＿＿＿＿＿＿＿＿＿＿＿＿＿＿＿＿＿＿＿＿＿＿＿＿

Evine's Words

**日本語だけでは整理はできません。
使う場面や人の気持ちを軸にコアニュアンスを
しっかりと押さえてください。**

Day 22 比較の表現①〜比較級と最上級〜

 演習ポイント

「人」と「人」、「モノ」と「モノ」の比較は日常会話でも頻出である。比較表現は「形容詞」または「副詞」を変化させて作られる。形容詞と副詞に苦手意識がまだあるようであれば先にDay 14の演習を復習しておくと良い。

1 2人・2つを比べる比較級

人やモノ、コトの比較は「形容詞」「副詞」を用いて行われる。AとBについて、「A＞B」などと表現する場合に比較級を用いる。比較の表現では最も使用頻度が高い。

比較級	A is [形容詞・副詞＋er / more* ＋形容詞・副詞] ＋than B *比較的、つづりの長い形容詞・副詞はmoreを用いる。	「AはBより…だ」

形容詞・副詞の部分が比較級になっていることに注目。

「私の息子は私よりも賢いです」 My son is 形容詞の比較級 <u>smarter</u> 前置詞 <u>than</u> 代名詞の目的格 <u>me</u>.

＊thanを接続詞として用いた場合は、than I amとなる。

「この話はあの話よりも面白かったです」 This episode was 形容詞の比較級 <u>more interesting</u> 前置詞 <u>than</u> that one. ＊one = episode。「a/an＋単数名詞」をoneで言い換えることができる。

「彼はあなたよりも一生懸命に勉強していました」 He was studying 副詞の比較級 <u>harder</u> 前置詞 <u>than</u> you.

「もっと注意しながら運転した方がいいですよ」 You should drive 副詞の比較級 <u>more carefully</u>.

thanは比較対象を示し、前置詞または接続詞の働きをし「前置詞than＋名詞・代名詞の目的格」、「接続詞than＋主語＋動詞」の形になる。文脈上明らか、あるいは特に示す必要がなければ省略することも多い。また以下のような表現も便利なので覚えておきたい。

than usual (いつもより)、than (I) expected (思ったより)

「彼らはいつもより忙しそうです」 They look busier <u>than usual</u>.
「思ったよりも寒かったです」 It was colder <u>than expected</u>.

2 3人・3つ以上の中で一番を表す最上級

A、B、C、…と3人・3つ以上の中で、「Aが一番だ」と伝えるのが最上級。一番の範囲を示したければ前置詞inまたはofを用い、「in＋場所・集団」、「of＋複数名詞またはthe＋数詞」と覚える。

最上級	[the＋形容詞・副詞 / the most* ＋形容詞・副詞] ＋in/of ... *比較的、つづりの長い形容詞・副詞はmostを用いる。	「…の中で一番〜だ」

「ミユは私たちの中で一番若いです」 Miyu is 形容詞の最上級 <u>the youngest</u> of us.
「私は家族の中で、1番早く起きなければなりませんでした」 I had to get up 副詞の最上級 <u>the earliest</u> in my family.
「家族は僕の最も大切なものです」 My family is 形容詞の最上級 <u>my [the] most important</u> thing.

＊theの代わりにmy/ourなどの所有格の代名詞を用いることもある。

more/mostを使う 形容詞・副詞	形容詞：beautiful (美しい)、difficult (難しい)、excited (興奮した)、famous (有名な)、important (重要な)、interesting (興味深い)、popular (人気がある)、useful (役に立つ)、wonderful (すばらしい) など。 副詞：carefully (注意深く)、quickly (速く)、slowly (ゆっくり) など。

 ## 3 最上級のtheの有無

[形容詞]

本来、定冠詞theは名詞に対して用いられるため、形容詞の最上級に用いられる定冠詞the も、「形容詞＋名詞」の前に用いる。

「彼は私たちの中で一番年上です」 He's <u>the</u> oldest of us.

oldestの後ろに名詞はないが、この場面では名詞man などが省略されており、これに対してthe があると考える。<u>the</u> oldest → <u>the</u> oldest _{名詞の省略}(guy)「一番年上の人」

一方、形容詞だけで主語 (S) の様子・状態を比較するような場面ではtheは不要。

「ファンにハグをしている時、彼はいつも最高に幸せそうです」 He always looks <u>happiest</u> when he's hugging fans.

＊「look＋補語C (形容詞)」が元の形で後ろに名詞は存在しないためthe は不要。

[副詞]

名詞を修飾しない副詞の最上級にthe は不要で省略してもよい。

＊慣用的に副詞の最上級にもthe を用いて話しているネイティブもいる。

「どこで一番よく読書をしていますか」 Where do you read _{副詞の最上級}most often?

＊副詞often (よく) の最上級most often。

「子どもたちが車に乗っている時は、一番注意深く運転をしています」

I drive _{副詞の最上級}most carefully when my children are in the car.

 ## 4 比較・最上級の不規則変化

下表の形容詞・副詞はルール外の変化をする。

原級	比較級	最上級
bad ([形] ひどい、悪い) /badly ([副] ひどく、悪く)	worse	(the) worst
good ([形] 良い)	better	(the) best
little ([形] 少しの/ [副] 少し)	less	(the) least
many ([形] 多数の)	more	(the) most
much ([形] 多くの/ [副] 大いに、よく)	more	(the) most
well ([形] 健康で、元気な/ [副] 上手に)	better	(the) best

「経済はだんだんひどくなっていました」 The economy was getting <u>worse</u>. ＊形容詞badの比較級

「先週の月曜日が、一番喉の痛みがひどかったです」 My throat hurt <u>worst</u> last Monday.

＊副詞badlyの最上級

「天気はだんだん良くなってきています」 The weather is getting <u>better</u>. ＊形容詞goodの比較級

「彼は全員の中で一番うまくプレーしました」 He played <u>best</u> of all. ＊副詞wellの最上級

「新車の購入は、中古車の購入よりも高くないこともあります」
Buying a new car might be <u>less</u> expensive than buying a used one. ＊副詞littleの比較級

「弟は僕よりも稼いでいます」 My brother earns <u>more</u> than me. ＊副詞muchの比較級

「ジムがみんなの中で一番多くのお金を使って、ボブが一番少なかったです」
Jim spent <u>the most</u> money of all, and Bob spent <u>the least</u>.

＊形容詞muchとlittleの最上級、the least（money of all）の省略

ポイント整理

1 日本語の意味になるように、正しい表現を選び、英文を完成させましょう。

(1)「彼は3人の中で一番背が高いです」 He's the tallest [than / of] the three.

(2)「今日は昨日よりも暑いです」 It's [hotter / the hottest] today than yesterday.

(3)「もう気分が良くなりました」 I feel [the best / better] now.

(4)「これはあれよりも新しいです」 This is [newer / the newest] than that one.

(5)「それは日本で一番有名な山です」 It is the [famous / most famous] mountain in Japan.

Answer Key:
1 (1) of (2) hotter (3) better (4) newer (5) most famous

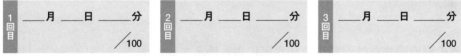

 Day 21 の復習問題

1 日本語を参考に、[　　]を適切な形に直し、さらに[　　]の働きとして正しいものを選択肢から1つずつ選びましょう。 （2点×3【6点】）

選択肢：（あ）現在との距離感を示す （い）人との距離感を示す （う）現実との距離感を示す

716.「カーテンを閉めていただけませんか」

　　[Can] you close the curtains? …働き（　　）

717.「私があなただったら、京都に行くかもしれません」

　　If I were you, I [may] go to Kyoto. …働き（　　）

718.「昨日は忙しかったです」

I [be] busy yesterday.   …働き（　　）

2　DL_48 日本語の意味になるように正しい単語を〔　　　　　〕に書きましょう。

（2点×5【10点】）

719.「あなただったら何て言いますか？」　What 〔　　　　　〕 you 〔　　　　　〕？

720.「もしできることなら、あなたのところに運転して行くのになぁ」
If I 〔　　　　　〕, I 〔　　　　　〕〔　　　　　〕 to you.

721.「明日、それを私のところに持って来ていただけませんか」
〔　　　　　〕〔　　　　　〕〔　　　　　〕 to me tomorrow?

722.「お手伝いしましょうか」　〔　　　　　〕〔　　　　　〕 like some help?

723.「もし私に子どもがいたら、彼らのことをとても心配しているだろうな」
If I 〔　　　　　〕 kids, I 〔　　　　　〕〔　　　　　〕 so worried about them.

Day 22 の演習問題

1　文法的に正しく、または場面的に自然な英文になるように、適切な形を○で囲みましょう。

（3点×5【15点】）

724. Ron is [more / the most] difficult of the three.

725. The right one looks [long / longer] than the left one, but it's actually not.

726. Well, it seems [the best / better] than this one.

727. It's [easier / more easier] to shop online.

728. Satoshi used to be* [better / the best] footballer of them all.

＊used to be（以前は…だった）

2　下線部の形容詞または副詞を適切な形に書き換えましょう。　（4点×4【16点】）

729. This one is <u>popular</u> than that one.　〔　　　　　〕

730. You studied <u>hard</u> than me.　〔　　　　　〕

731. She dances <u>well</u> of them all.　〔　　　　　〕

732. My brother reads <u>many</u> books than I do.　〔　　　　　〕

3　DL_49 日本語の意味になるように正しい単語を〔　　　　　〕に書きましょう。

（3点×15【45点】）

733.「それはこの機種の他の携帯電話よりも安かったんです」
It 〔　　　　　〕〔　　　　　〕〔　　　　　〕 other phones of this type.

734.「化粧しない方が、あなたはもっとすてきに見えます」
You 〔　　　　　〕〔　　　　　〕 without makeup.

735.「私はもっと若い時、シャイだったんです」 I was a shy boy when I ▢▢▢▢ ▢▢▢▢ .

736.「それは私が思っていたよりも難しかったです」
It was ▢▢▢ ▢▢▢ ▢▢▢ expected.

737.「それは私の最高の仕事でした」 It was ▢▢▢ ▢▢▢ work.

738.「いつもよりそれをもっと面白くしましょう」
Let's make it ▢▢▢ ▢▢▢ ▢▢▢ usual.

739.「彼は靴下よりもマスクをたくさん持っています」
He has ▢▢▢ masks ▢▢▢ socks.

740.「世界で一番有名な人は誰ですか？」
Who is ▢▢▢ ▢▢▢ ▢▢▢ person in the world?

741.「どっちが好きですか？」 Which do you like ▢▢▢ ?

742.「肉をもっと少なくして、もっと野菜を食べないといけないと医者が言いました」
My doctor said I should ① ▢▢▢ ▢▢▢ meat ② ▢▢▢ ▢▢▢
vegetables.

743.「そのウイルスはインフルエンザよりも危険ではありません」
The virus is ▢▢▢ ▢▢▢ ▢▢▢ the flu.

744.「遅れてもやらないよりはまし」 ▢▢▢ late ▢▢▢ never.

745.「誰が一番遅く出社して、一番早く退社するの？」
Who comes ① ▢▢▢ and who leaves ② ▢▢▢ ?

4 ［　］内の語（句）を並べ替えて、文法的に正しい英文を完成させてください。ただし、<u>不要なものが1語ずつあります</u>ので注意してください。 （4点×2【8点】）

746.「それは彼と写真を撮れる私の最大のチャンスでした」
It [chance / with / big / a picture / my / was / to take / biggest] him.

747.「僕は見た目よりも重いです」[I'm / heavy / look / than / I / heavier].

Evine's Words

分からないのであればわかるまで徹底的に
調べることも大切です。
情報はいくらでも手に入る時代です。

**Day 23　比較の表現②
〜さまざまな比較の表現〜**

！ 演習ポイント　前回の比較級と最上級に続き、今回も日常会話で欠かせない比較の表現を演習する。いずれも「形容詞」と「副詞」をベースに何を比較して相手に伝えるのかを押さえる。

1 同等比較の表現

AとBの比較において「A＝B」と表現する場合にas ... asを用いる。

同等比較	as＋形容詞・副詞の原級＋as ... ＊原級とは形容詞・副詞が何も変化していない状態のこと。	「…と同じくらい〜だ」

形容詞・副詞の部分をasで挟んだ語順。

「この機種はあの機種と同じくらいの長さです」　This type is 副詞 as 形容詞の原級 long 前置詞 as that one.

＊longは「長い」だが、ここでは、as ... asで「同じくらいの長さ」を伝えるだけで、本当に長いとは言っていない。ただし、文脈で実際に「長い」とわかっているものを比較する場合は「どちらも長い」という意味になる。すべては文脈で考えることが大切。

「食べたいだけ食べたらいいですよ」　You can eat 副詞 as 副詞の原級 much* 接続詞 as you want.
＊「量」の程度を示す副詞

「弟は私と同じくらい稼いでいます」　My brother makes 副詞 as 形容詞の原級 much money 接続詞 as I do.
＊このmuch（多量の）は名詞を修飾する形容詞で、これに引っ張られて名詞moneyはas ... asの中に入れる。

2つ目のasは比較対象を示し、前置詞または接続詞の働きをし「前置詞as＋名詞・代名詞の目的格」または「接続詞as＋主語＋動詞」の形になる。また否定文の解釈には注意が必要。

not as＋形容詞・副詞の原級＋as ...	「…ほど〜ではない」

「僕の車はあなたのほど新しくはありません」　My car's <u>not as</u> new <u>as</u> yours.
「私は彼ほど食べることはできません」　I <u>can't</u> eat <u>as</u> much* <u>as</u> he does.
＊このmuchは他動詞eatとdoes［＝eats］の目的語となる名詞。

2 比較表現を比べる

同じ形容詞shortを用いても、比較の表現によって意味が変化することに注目。

「ミユはサキコよりも背が低いです」　Miyu is 比較級 <u>shorter than</u> Sakiko.
「ミユはサキコと同じくらい背が低いです」　Miyu is 同等比較 <u>as short as</u> Sakiko.
「ミユはサキコほど背が低くはありません」　Miyu is 同等比較の否定 <u>not as short as</u> Sakiko.
「ミユは私たちの中で1番背が低いです」　Miyu is 最上級 <u>the shortest</u> of us.

A > B（AはBより…だ）	A is 比較級 than B
A＝B（AはBと同じくらい…だ）	A is as 原級 as B
A < B（AはBほど…ではない）	A is not as 原級 as B
A > 複数（Aは〜の中で1番…だ）	A is the 最上級 in/of ...

3 as ... asを使った表現

倍数twice＋as＋形容詞・副詞の原級＋as ...　＊two timesとも言う。	「〜よりも2倍…だ」
倍数three times＋as＋形容詞・副詞の原級＋as ... ＊数詞＋times で「○倍」となる。	「〜よりも3倍…だ」
as＋形容詞・副詞の原級＋as possible [S can]	「できるだけ…」

「私は以前の2倍読書をしています」　I read <u>twice as</u> much <u>as</u> I did before.
「南極大陸の氷は10年前の3倍速く溶けています」　The ice in Antarctica is melting <u>three times as</u> fast <u>as</u> a decade* ago.　＊Antarctica（南極大陸）、a decade（10年）
「できるだけ早く知らせてください」　Just let me know <u>as soon as possible</u> [you can].

4 その他の比較の表現

<u>a lot</u> [<u>much</u>]＋比較級	「ずっと〜」 ＊a lotの方が口語的
even＋比較級	「さらに〜」
「程度」の差を示す語句＋比較級	「…だけ、より〜だ」
one of＋最上級＋複数名詞	「最も…な〜の1つ」

「妹は私よりもずっと背が高いです」　My sister is 比較の強調 <u>a lot</u> [much] 比較級 <u>taller</u> than me.
「私は昨日よりも今日はさらに気分がいいです」
I feel 比較の強調 <u>even</u> 比較級 <u>better</u> today than yesterday.
＊even は昨日の時点で具合はいいが、今日はもっと良いという意味。a lot / muchの場合は、単純に程度に差を示し、今日の方が具合は断然良くなったことを伝える。
「彼女が私より10歳年上だと知りませんでした」
I didn't know she was 「程度」の差 <u>10 years</u> 比較級 <u>older</u> than me.
「僕は彼よりもちょっとだけ背が高いです」　I'm 「程度」の差 <u>a little</u> 比較級 <u>taller</u> than him.
「彼は最高の選手の1人です」　He's <u>one of</u> 最上級 <u>the best</u> 複数名詞 <u>players</u>.

5　最上級の意味になる比較の表現

最上級とほぼ同じ意味になる比較級を用いた表現。

比較級＋than anything/anyone else	「他のどんなもの（人）よりも〜だ」
比較級＋than any other＋単数名詞	「他のどの…よりも〜だ」
否定語Nothing/Nobody/No one＋比較級＋than ...	「…ほど〜なもの（人）はない」

「他のどんなものよりも、私をより幸せにするのは寝ることです」
Sleeping makes me 比較級 happier than anything else.
→「寝ることが私を1番幸せにします」Sleeping makes me 最上級 happiest.

「僕は他のどの場所よりも職場で時間を過ごしています」
I spend 比較級 more time at work than any other 単数名詞 place.
→「僕は最も多くの時間を職場で過ごしています」 I spend 最上級 the most time at work.

「誰も私より早く目が覚めません」 否定語 Nobody[No one] wakes up 比較級 earlier than me.
→「私は一番早く目が覚めます」 I wake up 最上級 the earliest.

ポイント整理

1　日本語の意味になるように、正しい表現を選び、英文を完成させましょう。

(1)「それはこれほど新しくはありません」　It is [not newer than / not as new as] this.

(2)「それはこれより新しいです」　It is [newer than / as new as] this.

(3)「それは全部の中で1番新しいです」　It is [newer / the newest] of all.

(4)「それはこれと同じくらい新しいです」　It is [the newest / as new as] this.

2　英文（A）（B）がほぼ同じ内容になるように、正しい表現を選び、英文を完成させましょう。

(A) Nothing is better than pizza.

(B) Pizza is [the best / better / as good as] of all.

Answer Key:

1 (1) not as new as (2) newer than (3) the newest (4) as new as

2　the best　(A) ピザよりうまいものは何もない。(B) ピザはすべての中で一番うまい。

1回目	＿＿月＿＿日＿＿分 /100	2回目	＿＿月＿＿日＿＿分 /100	3回目	＿＿月＿＿日＿＿分 /100

 Day 22 の復習問題

1 DL_50 日本語の意味になるように正しい単語を＿＿＿＿＿に書きましょう。

（2点×5【10点】）

748.「明日の朝はもっと寒くなるでしょう」 It will ＿＿＿＿＿ ＿＿＿＿＿ tomorrow morning.

749.「アジアは世界最大の大陸です」
Asia ＿＿＿＿＿ ＿＿＿＿＿ ＿＿＿＿＿ continent in the world.

750.「彼は私よりもお金を使いました」He spent ＿＿＿＿＿ ＿＿＿＿＿ ＿＿＿＿＿ me.

751.「波が大きくなってきていました」 The waves were getting ＿＿＿＿＿.

752.「あなたと一緒にいる時が一番幸せに感じます」 I feel ＿＿＿＿＿ when I'm with you.

2 [ ] 内の語（句）を並べ替えて、文法的に正しい英文を完成させてください。

（3点×2【6点】）

753. Russia [population / has / in / largest / Europe / the].

754. [like / or / which / you / better / do / summer / ,] winter?

 Day 23 の演習問題

1 文法的に正しく、または場面的に自然な英文になるように、適切な形を○で囲みましょう。

（3点×4【12点】）

755. It isn't as [older / old] as that tree.

756. No one was [more / the most] excited than me.

757. Climate change is one of [bigger / the biggest] concerns.

758. You are [very / a lot] stronger than you think.

2 英文（あ）〜（う）の内容を読み、最後の質問に対して [ ] に当てはまる返答を A / B / C / D いずれかの記号で答えましょう。

（4点）

759.（あ）D is as expensive as A.

（い）B is more expensive than C.

（う）A is not as expensive as C.

Q. Which one is the most expensive? — [   ] is.

133

3 ほぼ同じ内容の英文になるように適切な単語を   に書きましょう。

（5点×3【15点】）

760.（A）Water is the most useful.

（B）   is   useful   water.

761.（A）She's stronger than him.

（B）He's   strong as her.

762.（A）Nothing is better than breakfast at this hotel.

（B）Breakfast at this hotel is   .

4 DL_51 日本語の意味になるように正しい単語を   に書きましょう。

（3点×15【45点】）

763.「私はいつもより１時間遅く寝ました」

I went to bed an   usual.

764.「僕が思っていたほど、それは重くはありません」

It's   I   .

765.「他のどんなものよりもそれが大好きです」

I love ①   ②   .

766.「『ハリーポッター』は、史上最高の本の１つです」

Harry Potter is ①   ②   of all time.

767.「彼女は僕と同じくらい食べます」 She eats   I   .

768.「スイスの人たちは他のどの国民よりもチョコレートを食べています」

The Swiss people ①   chocolate ②   nation*. ＊nation（国民）

769.「できるだけたくさんの本を読もうとしているんです」

I'm trying to read   I   .

770.「これは僕のノートパソコンと同じくらいの重さです」

This   my laptop.

771.「私たちは他の誰よりも多くの時間を一緒に過ごしました」

We spent ①   together ②   else

772.「野菜は肉の２倍費用がかかることもあります」

Vegetables can   meat.

773.「Wifiはさらにひどくなっています」The Wi-Fi is getting   .

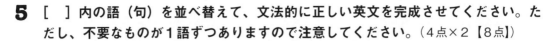

5 [　] 内の語（句）を並べ替えて、文法的に正しい英文を完成させてください。た
だし、不要なものが1語ずつありますので注意してください。（4点×2【8点】）

774.「私の弟ほど、食べ物を無駄にしている人は誰もいません」

[food / wastes / less / my brother / nobody / than / more].

775.「私の大好きなヨーグルトが、アイスクリームと同じくらい多くの砂糖が入っているなんて知り
ませんでした」

I didn't [has / sugar / more / my favorite yogurt / as / ice cream / as / know / much].

Evine's Words

**なんでもシンプルな学習メソッドがうけていますが、
楽に手に入る情報は消えるのも早いです。**

Day 24 受け身の表現

Day 24 受け身の表現

 「…れる」「…される」という日本語につられて何でもかんでも英語の受け身にしようとする学習者は多いが、どんな場面で受け身を使うのが効果的なのか、会話の目的に合わせて受け身と能動態を使い分けることが大切。

演習ポイント

1 能動態と受け身

「主語は…する」が能動態、「主語は…される」が受け身（受動態）。

能動態	「主語（S）＋他動詞（V）＋目的語（O）」(Sは○を…する)
受け身	「主語（元・目的語）＋be動詞＋過去分詞」(Sは…される)

受け身は他動詞の目的語を主語にしたもの。つまり、他動詞でなければ受け身は作れない。

(A)「誰かが私のパスポートを盗みました」　Someone 能動態の過去形 stole 目的語 (O) my passport.
(B)「私のパスポートが盗まれました」　主語S (元・目的語) My passport 受け身の過去形 was stolen.

2 受け身の現在・過去・未来の形

be動詞を中心に変化する。

	過去	現在	未来
肯定文	was/were＋過去分詞 （…されました）	am/is/are＋過去分詞 （…されます）	will be＋過去分詞 （…されるだろう）
否定文	wasn't/weren't＋過去分詞	am not/isn't/aren't＋過去分詞	won't [will not] be＋過去分詞
疑問文	Was/Were＋主語＋過去分詞 …?	Am/Is/Are＋主語＋過去分詞 …?	Will＋主語＋be＋過去分詞 …?

疑問文、否定文になっても過去分詞のままで原形に戻さないように注意。willの代わりにcanやmustなど他の助動詞を用いた場合も同じ要領。

3 前置詞byで示す動作主

能動態の元・主語は、受け身で「by＋動作主」として示すことができる。ただし、文脈で相手が理解できる場合は基本的に不要。

「その椅子はデービッドに壊されました」　The chair was broken by David.
＊デービッドに壊されたことを明確にする意図で用いる。

「（会社によって）ほとんどの人がクビになりました」　Most people were fired 省略 (by the company).
＊クビにするのは会社ということは常識で判断できるため不要。

代名詞は既に言及済みで相手がわかっている情報になるため、わざわざ示す必要はないことが多い。
「この家は（彼女によって）２年前に購入されました」
This house was bought two years ago 省略 (by her).

by 以外の前置詞を伴うことも多い。
「フランス語がカナダで話されます」 French is spoken <u>in</u> Canada.
「床がほこりをかぶっています」 The floor is covered <u>with</u> dust.
「それは木製です」 It's made <u>of</u> wood.

 ## 4 SVOO文型とSVOC文型の受け身

他動詞であれば、文法的には受け身を作ることは可能。ただし、あまり一般的ではないパターンもある。

「父は私にこの辞書をくれました」 My father gave 目的語 (O1) me 目的語 (O2) this dictionary.

SVOO文型の英文は、それぞれの目的語を主語にした２つの受け身を作ることができるが、どちらも文法的にできるだけで、実際にはもらったことを能動態で表現する方が自然。

（△）「私は父に、この辞書を与えられました」 <u>I</u> was given this dictionary by my father.
＊O₁（人）を主語にしたSVO₁O₂文型の受け身は不自然。
（○）「この辞書は父に、私に与えられました」 <u>This dictionary</u> was given to me by my father.

能動態（◎）：「私は父からこの辞書をもらいました」 I got this dictionary from my father.
＊My father を主語にした最初の例文よりも、自分がもらったことを明確にする話し方。

SVOC文型も次のような言い方以外はあまり実用的ではない。
「読者は私をエビンと呼びます」 My readers call 目的語 (O) me 補語 (C) Evine.
「私は読者にエビンと呼ばれています」 <u>I'm called</u> Evine by my readers.
＊I'm called C（私はCと呼ばれる）と覚えておくと便利。

 ## 5 受け身を用いる目的

受け身を用いる目的は主に２つある。

（A）動作主がわからない、または示す必要がない。

（B）話の焦点を変える

（A）「この教会は100年前に建てられました」 This church <u>was built</u> 100 years ago.
（B）「少なくとも20人の兵士が爆撃で殺されました」
At least 20 soldiers <u>were killed</u> in bomb attacks. ＊at least（少なくとも）

英文（A）のように建てた人物（能動態の主語）を受け身によって引っ込めることで、客観的な事実が伝えやすくなる。また、ニュース報道などでは、英文（B）のように受け身で「何かをされた側の立場」を主語に置くことで、被害の状況に焦点を合わせることができる。

6 文末焦点のための語順変化

能動態と受け身では情報（単語）の置き方が変化するが、会話の流れにおいて、受け身にした語順の方がより自然な場合がある。

「この動画はとても良いですね」 This video is so nice.
──「うん、同僚たちが作ったんだよ」
(△) Yeah, my coworkers made it.　(○) Yeah, it was made by <u>my coworkers</u>.

英語は文末に新情報（文末焦点）を置くため旧情報（既知情報）であるitではなく、新情報であるmy coworkersを置くのが自然な響きになる。つまり、この場面ではあえて受け身で語順を変えるのが適切。

ポイント整理

1　正しい言葉を選び、受け身の解説文を完成させましょう。

能動態から受け身への言い換えは、①[自動詞 / 他動詞] の後に続く②[補語 / 目的語] を主語にし、元の動詞を「be動詞＋③[過去形 / 過去分詞]」の形にする。

2　次の英文を受け身で言い換えましょう。

(1) They speak English in India.

(2) Mike made it.

Answer Key:

1 ①他動詞　②目的語　③過去分詞

2 (1) English is spoken in India (by them). （英語はインドで話されています）(2) It was made by Mike. （それはマイクによって作られました）

1回目	＿＿月＿＿日＿＿分 ／100	2回目	＿＿月＿＿日＿＿分 ／100	3回目	＿＿月＿＿日＿＿分 ／100

Day 23 の復習問題

1　DL_52 日本語の意味になるように正しい単語を　　　　　に書きましょう。

（2点×5【10点】）

776.「マックスは君の犬よりも賢いです」 Max is 　　　　　　　　　 your dog.

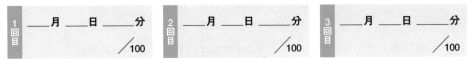

777. 「マックスは君の犬と同じくらい賢いです」
　　Max is 　　　　　 　　　　　 　　　　　 your dog.

778. 「マックスは君の犬ほど賢くはありません」
　　Max is 　　　　　 　　　　　 　　　　　 　　　　　 your dog.

779. 「マックスは君の犬の３倍の大きさです」
　　Max is 　　　　　 　　　　　 　　　　　 big 　　　　　 your dog.

780. 「マックスは私の家族で一番賢いです」　Max is 　　　　　 　　　　　 in my family.

2 ［　］内の語（句）を並べ替えて、文法的に正しい英文を完成させてください。ただし、不要なものが１つありますので注意してください。　　（3点×2【6点】）

781. 「これは他のどれよりもずっと良さそうです」
　　[than / this / good / else / much / seems / anything / better].

782. 「シドニーの中で最高のレストランの1つに僕はいます」
　　I'm [restaurants / of / better / Sydney / one / the / in / at / best].

Day 24 の演習問題

1 文法的に正しく、または場面的に自然な英文になるように、適切な形を○で囲みましょう。　　（3点×8【24点】）

783. The dancer [was loved / loved] by a lot of fans.

784. [It makes / It's made] in China.

785. Their laptops [weren't used / were not using] for studying.

786. I [was growing / was grown / grew] up in Kobe.

787. Most convenience stores in Japan are [opening / opened / open] 24 hours.

788. I was [telling / told] to wear a mask at school.

789. I was ① [driving / driven] too fast and ② [stopped / was stopped] for speeding*.

＊for speeding（スピード違反で）

2 自然な流れになるように正しい英文を記号で選びましょう。　　（3点×2【6点】）

790. I ate apple pie yesterday.

　　(A) It was made by my 13-year-old daughter.

　　(B) My 13-year-old daughter made it.

791. I like your shirt.

　　(A) — Thanks. I was given it by my girlfriend.

　　(B) — Thanks. I got it from my girlfriend.

3 　DL_53　日本語の意味になるように正しい単語を _____ に書きましょう。

＊短縮形が入る場合があります。（4点×13【52点】）

792.「巨大なテディーベアがコストコで売っています」
Giant teddy bears _____ _____ _____ Costco.

793.「私たちのフライドポテトがカモメに盗まれました」
Our fries _____ _____ _____ seagulls.

794.「彼らは私をレベッカとは呼びません。ベッキーって呼ばれています」
They ① _____ _____ _____ Rebecca. ② _____ _____ Becky.

795.「私を打ちのめすことなんてできません」　I _____ _____ broken.

796.「この本はアルクから出版されました」This book _____ _____ _____ ALC.

797.「そのオンラインセミナーは3月に開催されます」
The webinar* _____ _____ _____ _____ _____ March.

798.「あなたの会社では何語が話されているのですか?」
What language _____ _____ _____ your office?

799.「私は彼らの結婚式に招待されませんでした」　I _____ _____ to their wedding.

800.「そのすべての服が100パーセント・オーストラリアのメリノウールで作られており、オールシーズン着ることができます」
All of the clothes ① _____ _____ 100 percent Australian* merino
wool and ② _____ _____ _____ all year round.

801.「この本は読んだ?　J・K・ローリングが書いたものだよ」
Have you ① _____ this book? It ② _____ _____ _____ J. K. Rowling.

＊名詞webinar（オンラインセミナー）、形容詞Australian（オーストラリアの）

4 　次の日本語を英訳した場合、誤りのある英文の記号を1つだけ○で囲みましょう。

（2点）

802.「彼はカバンを盗まれました」

（A）He was stolen his bag.

（B）His bag was stolen.

（C）Someone stole his bag.

Evine's Words

覚えられないのは、覚えるまで継続できていない
だけです。覚えるまで覚えましょう。

1回目	＿＿月＿＿日＿＿分 /100	2回目	＿＿月＿＿日＿＿分 /100	3回目	＿＿月＿＿日＿＿分 /100

Day 25 Shuffle Quiz ③

【30分】

演習ポイント

Day 18〜24までの復習演習。不定詞と動名詞、接続詞、仮定法過去、比較の表現、そして受け身の知識をベースに、実践レベルの運用力をここで測りたい。

【各2点×50 [100点] ＊①②は各1点】

1 文法的または状況として自然な表現を選びましょう。

803. He'll get used to [has / having / have] Zoom meetings.

804. If I [don't / didn't] have this job, I wouldn't be able to pay my bills.

805. The aquarium will [closing / closed / be closed] for a month.

806. No one was [happy / happier / happiest] than I was.

807. I'll let you know when my sister [will get / got / gets] back.

808. ① [Master / To master / Mastering] languages ② [take / takes / taken] a lot of time.

809. She drives a car, but I [do / don't].

810. I stopped [having / to have] lunch on the way to the stadium.

811. ① [But / Though] she has a driving license, she's terribly afraid of ② [driving / to drive] in big cities.

2 DL_54 日本語の意味になるように、[　]内の語（句）を並べ替えて、文法的に正しい英文を完成させてください。ただし、不要なものが1語ずつありますので注意してください。

812.「常にマスクは着用してください」　[are / masks / worn / be / at / must] all times.

813.「唯一の問題は夫が協力的ではないことです」
The [is / and / supportive / my husband / only problem / not / that / is].

814.「家賃よりも歯の治療費の方がかかったなんて悲しいね」
[more / my dental care / sad / but / was / cost / it / that] than my rent.

815.「より長いバッテリー寿命とより高い性能のカメラがあるので、この携帯電話の方がいいです」
I prefer this phone because of its [and / good / camera / battery life / better / longer].

816.「家族といる時が僕は一番幸せです」
[the / when / happiest / with / I'm / my family / I'm].

817.「健康を維持したければ、十分な睡眠を取った方がいいですよ」
If you [stay / you / sleep / to / should / want / enough / would / healthy / get / ,].

818.「遅くまで起きているのは難しいです」 [late / difficult / stay / awake / staying / is].

3 [ ] 内の語（句）を並べ替えて、文法的に正しい英文を完成させてください。

819. You [better / spoke / if / a / job / you / get / could] English.

820. I [here / to / you / really / come / want].

821. My [would / said / right / she / mother / be] back.

822. I [, so / cancel / a cold / I / it / had to / had].

823. [the game / next / played / where / will / be] month?

824. [asked / he / sure / to / be / I'm / will] explain tomorrow.

825. I [to / decided / talk / what / haven't] about next month.

826. [paid / we / every / are] two weeks.

827. I [when / feel / hope / wake / much / you / you / better] up.

4 自然な流れになるように正しい英文を記号で選びましょう。

828. My back was so itchy

(A) I couldn't sleep.　　(B) I was able to sleep.

829. My parents have two dogs,

(A) and they bark at other dogs.　　(B) and other dogs are barked at.

830. Have you heard of Singlish?

(A) It's spoken by them in Singapore..　　(B) It's spoken in Singapore.

5 DL_55 次の日本語の意味になるように、自然な英単語を _____ に入れましょう。

*短縮形が入る場合があります。

831. 「その母親は子どもたちに好かれていましたか？」
_____ the mother _____ _____ her children?

832. 「わかった、僕が彼女にそれを今させますね、だって彼女はなんでもパパッとやらないので」
OK, I'll get her ① _____ _____ it now, ② _____ _____ _____ _____ anything quickly.

833. 「私にとって、彼女の髪を見ないようにするのは大変でした」
It was hard ① _____ _____ _____ avoid ② _____ her hair.

834. 「私だったら絶対に他のものを買うだろう」 I _____ definitely buy something else.

835. 「今朝は寒くて、雪も降り始めました。そして今はさらにもっと寒いです」
It was cold this morning ① _____ _____ _____ too. And now it's ② _____ .

836. 「私はいつもの倍、自分のバスを待ちました」
I waited _____ _____ _____ _____ usual for my bus.

837. 「自分の最大の夢の１つはハワイにセカンドハウスを所有することです」
One of ① _____ _____ _____ ② _____ _____ _____ a second house in Hawaii.

838. 「私は彼を説得しようとしていました」 I _____ _____ persuade him.

839. 「10歳の時に、誤って自分自身をホテルの風呂場に閉じ込めてしまったことを覚えています」
I ① _____ myself in the bathroom at a hotel accidentally ② _____ _____ _____ 10 years old.

840. 「六甲山は神戸で一番標高が高く、最高に美しい夜景があります」
Mount Rokko is ① _____ _____ mountain and ② _____ _____ _____ beautiful night view in Kobe.

841. 「甘いものをそんなにたくさん食べなければ、僕は痩せることができるでしょう、でも（実際は）食べるのをやめることができないんです」
① _____ _____ _____ _____ so many sweets, I could lose weight, but I ② _____ _____ _____ them.

842. 「バニラとミント、どちらの味がよろしいですか？」
Which flavor would ① _____ _____ , vanilla ② _____ mint?

843. 「雨が降っている時は、さらにもっと多くの読書を楽しみます」
① _____ _____ raining, I enjoy ② _____ _____ .

844. 「その店ではアディダスのシューズは売っていませんでした」
Adidas shoes _____ _____ at the store.

845. 「僕は昔ほど速く走れません」 I _____ _____ _____ I used to.

846.「あなたが世界の誰とでもデートすることができるなら、それって誰になるかなぁ？」
　① ▢▢▢▢ ▢▢▢▢ ▢▢▢▢ ▢▢▢▢ on a date with anyone in the world,
　② ▢▢▢▢ ▢▢▢▢ it be?

847.「ああ、それはとても残念です」　Oh, I'm very ▢▢▢▢ ▢▢▢▢ ▢▢▢▢ that.

848.「彼が僕にそれの使い方を教えてくれました」　He told ▢▢▢▢ ▢▢▢▢ ▢▢▢▢
　▢▢▢▢ it.

849.「彼は私たちの国を導くのに、最もふさわしい人ではないと思います」
　① ▢▢▢▢ ▢▢▢▢ ▢▢▢▢ he's ② ▢▢▢▢ ▢▢▢▢ ▢▢▢▢
　▢▢▢▢ lead our country.

850.「君は痩せたら、もっと活発になるかもしれませんね」
　① ▢▢▢▢ ▢▢▢▢ ▢▢▢▢ weight, you ② ▢▢▢▢ ▢▢▢▢
　energetic.

851.「世界のどこでも暮らせるとしたら、どこで暮らしますか？」
　① ▢▢▢▢ ▢▢▢▢ ▢▢▢▢ live ② ▢▢▢▢ ▢▢▢▢ ▢▢▢▢
　▢▢▢▢ anywhere in the world?

852.「AとBの一番大きな違いは画面です」
　① ▢▢▢▢ ▢▢▢▢ difference between A and B ② ▢▢▢▢ ▢▢▢▢ display.

Evine's Words

やらない日を1日でも作ってしまうと習慣には
なりません。習慣は強力な武器になります。

Final Stage

読解力を高める

Day 26

現在分詞と過去分詞

Day 26　現在分詞と過去分詞

演習ポイント　仕上げのステージ。進行形と受け身に使われる現在分詞Vingと過去分詞Vedの実践的な使い方を演習する。分詞の区別は、表現の選択肢が広がるだけでなく読解にも欠かせないものである。

1　現在分詞と過去分詞

すでに学習した現在分詞と過去分詞を用いる形をまずは整理する。

現在分詞	進行形	be動詞＋現在分詞
過去分詞	現在完了形	have/has＋過去分詞
	受け身	be動詞＋過去分詞

「私はこの事業に取り組んでいました」 I 進行形 <u>was working</u> on this project.
「ついに、この事業が完了しました」 Finally I 現在完了形 <u>have done</u> this project.
「その事業は銀行がスポンサーにつきました」 The project 受け身 <u>was sponsored</u> by a bank.

2　現在分詞と過去分詞の働きと区別

分詞（現在分詞と過去分詞）は、名詞に説明を加える形容詞の働きになる。現在分詞と過去分詞の解釈と区別に注意したい。

現在分詞	① 一時的な動作・状態「…している（＋名詞）」 ② 習慣・性質「…する（＋名詞）」
過去分詞	① 受け身「…されている」「…される」＊この受け身の解釈が多い ② 完了「…した、…し終わった」

現在分詞：
①「風船で動物を作っている男の人がいます」
There is 名詞 <u>a man</u> 形容詞句 [現在分詞 <u>making</u> balloon animals].
②「兄は車のパーツを作る会社で勤務しています」
My brother works for 名詞 <u>a company</u> 形容詞句 [現在分詞 <u>making</u> car parts].
＊①の「…している」という意味とは限らないので注意。

過去分詞：
①「姉［妹］は日本で作られた漫画を見るのが好きです」
My sister likes watching 名詞 <u>cartoons</u> 形容詞句 [過去分詞 <u>made</u> in Japan].
②「たくさんの落ち葉を見ました」 I saw a lot of 過去分詞（形容詞） <u>fallen</u> 名詞 <u>leaves</u>.
＊自動詞fall（落ちる）。自動詞の過去分詞は完了の意味になる。

名詞に分詞が説明を加えるイメージを押さえ、あとは文脈で①と②のどちらか自然な解釈をすれば OK。

 3　現在分詞と過去分詞の位置

分詞が1語なのか他の単語を伴う2語以上のフレーズなのかで決まる。2語以上のカタマリで名詞を後ろから説明するパターンが多い。

分詞1語（形容詞） ＊4のポイントに注意	名詞の前	a 現在分詞1語 crying 名詞 baby（泣いている赤ん坊） a 過去分詞1語 broken 名詞 chair（壊れた椅子）
2語以上の分詞の表現 （形容詞句）	名詞の後	a 名詞 baby 現在分詞の表現 crying on a plane（飛行機で泣いている赤ん坊） a 名詞 chair 過去分詞の表現 broken by a big guy （大きな男に壊された椅子）

 4　「名詞＋分詞1語」

「…している（名詞）」という意味で、一時的な動作や状態を説明する場合は、分詞1語でも名詞の後ろに置く場合がある。主に現在分詞のケースである。

(A)「いつも喫煙する男性がいました」　There was a 現在分詞 smoking 名詞 man.
(B)「タバコを吸っている男性がいました」　There was a 名詞 man 現在分詞 smoking.

名詞の前に置く形容詞はその名詞がどんな名詞なのかを分類する働きのため、英文 (A) は、こんな習慣を持っている男性という感じに聞こえてしまう。一方、英文 (B) のように、名詞の後に置いた分詞は「男性」の一時的な状態を説明する意味になる。

「あの踊っている女の子は妹です」
(○) 名詞 That girl 現在分詞 dancing is my sister.　（×）That dancing girl is my sister.

＊「寝ている」状態が自然であるbabyは sleeping baby（寝ている赤ん坊）と名詞の前でも「…している」と一時的な状態の意味でも解釈できる。他にも例外は存在し、文脈での判断や経験を重ねることが重要。なお、基本的には「分詞＋α」の2語以上のカタマリで後ろから名詞を説明するパターンが多い。

5 感情・心情を表す分詞の使い分け

感情・心情を表す分詞は、分詞が説明を加える「人」自身の気持ちを描写するのか、説明を加える「モノ」の状態を描写するのかで現在分詞と過去分詞を使い分ける。

「人」…過去分詞	amazed（びっくりして）、annoyed（腹を立てて）、bored（退屈している）、disappointed（ガッカリしている）、excited（興奮している）、interested（興味を持っている）、surprised（驚いている）など
「モノ」…現在分詞	amazing（びっくりするような、驚くほどよい）、annoying（腹立たしい）、boring（退屈な）、disappointing（ガッカリの）、exciting（ワクワクする）、interesting（面白い）、surprising（驚くような）など

「人」自身の気持ち：
「僕らはこの試合を観戦してワクワクしています」 We are 過去分詞 <u>excited</u> to watch this match.
「その知らせには驚きました」 I was 過去分詞 <u>surprised</u> at the news.

「モノ」に対する周囲の気持ち：
「この試合はワクワクするね！」 This match is 現在分詞 <u>exciting</u>!
「その知らせは驚きでした」 The news was 現在分詞 <u>surprising</u>.

 ポイント整理

1 日本語の意味になるように、正しい表現を選び、英文を完成させましょう。

(1)「多くの子どもたちに読まれている本」 books [read / reading] by many children

(2)「本を読んでいる子ども」 a child [read / reading] a book

(3)「これは兄が書いた小説です」 This is a novel [writing / written] by my brother.

(4)「ワクワクするような一日でした」 It was an [exciting / excited] day.

2 日本語を参考に、[　]内の語（句）を正しく並べ替え、全文を書きましょう。

(1)「それは盗まれた自転車でした」 [stolen / was / bike / it / a].

(2)「それは彼女から盗まれた自転車でした」 [bike / it / stolen / was / a] from her.

Answer Key:

1 (1) read ＊過去分詞 (2) reading (3) written (4) exciting

2 (1) It was a stolen bike. (2) It was a bike stolen from her.

| 1回目 | ___月 ___日 ___分 /100 | 2回目 | ___月 ___日 ___分 /100 | 3回目 | ___月 ___日 ___分 /100 |

Day 26 の演習問題

1 ［ ］の語（句）を適切な位置に入れて、全文を書き直しましょう。（3点×3【9点】）

853. There was a man in the rain. ［washing a car］

854. She sold a phone on eBay* for $20. ［broken］

855. I saw a car in front of the gate. ［parked］

＊eBay（イーベイ）「ネットオークションサイト」

2 文法的に正しく、または場面的に自然な英文になる、適切な形を○で囲みましょう。

（3点×8【24点】）

856. So many fans were ［ exciting / excited ］ to see Tom Hanks at the airport.

857. The guy ［ paint / painted / painting ］ the walls is my uncle.

858. This wine ① ［ made / is made ］ from grapes ② ［ grow / grown / growing ］ in Australia.

859. There are a lot of people ［ having / have / had ］ a barbecue outside my house.

860. It's ［ surprising / surprised ］ that he got married to Emma.

861. It was a ［ reserving / reserve / reserved ］ seat.

862. This is a picture of a dog ［ eats / eaten / eating ］ a hot dog.

3 DL_56 日本語の意味になるように正しい単語を　　　　　　に書きましょう。

＊短縮形が入る場合があります。（3点×14【42点】）

863. 「これは舞い落ちる紅葉の動画です」 This is a video of 　　　　　　　　　.

864. 「ニュージーランドではビーチサンダルはジャンダルと呼ばれています。そう呼ばれているのは、日本で作られたサンダルだからです」
In New Zealand, flip flops ① 　　　　　　　　Jandals. They are called that because they are sandals ② 　　　　　　　　Japan.

865. 「動画の中で話している女性は誰ですか」 Who's the 　　　　　　　　　　in the video?

866. 「妻はただ驚いているようでした」 My wife just 　　　　　　　.

867. 「私と妻は海が見渡せる部屋を予約しました」 My wife and I reserved a 　　　　　　　the sea.

868. 「彼女は鉛筆で描かれた絵を私に見せてくれました」
She showed me a 　　　　　　　　　　　a pencil.

869. 「私は鳴っている電話で、朝の5時頃に起こされました」
I ① _____ _____ up at about 5 a.m. by a ② _____ _____ .

870. 「私たちの結婚式に招待された人のリストを作成しているところです」
① _____ _____ a list of ② _____ _____ our wedding.

871. 「その結果は、私たちにとって本当に驚きでした」 The result _____ _____
_____ to us.

872. 「私の話す英語は書く英語よりもずっと良いです」
My ① _____ English is much better than my ② _____ English.

4 [ ] 内の語（句）を並べ替えて、文法的に正しい英文を完成させてください。ただし、**不要なものが1語ずつありますので注意してください。**（5点×5 【25点】）

873. 「市内に行くバスはどこですか？」

[a bus / downtown / goes / how / I / do / going / find]？

_____

874. 「6カ月後にやっとなくした鍵を見つけました」

I [my / key / found / losing / finally / after / lost] six months.

_____

875. 「その村で話されている言語は何ですか？」

[speaking / the language / in / is / what / spoken] the village?

_____

876. 「私たちの前を走っていた男は酔っていたと思います」

I [the guy / drunk / driving ahead of us / think / was / was].

_____

877. 「歌っている女の子たちはとても素晴らしかった！」

The [amazed / singing / girls / amazing / were]！

_____

Evine's Words

万人に受ける学習法なんて存在しません。
合う部分は合わせて、合わないなら
柔軟にアレンジすればいいでしょう。

Day 27 名詞を説明する形容詞節 （関係代名詞節）

演習ポイント 名詞に説明を加えるものとして不定詞や分詞を見てきたが、今回は「節」（SV を含む2語以上のカタマリ）の形で名詞を説明する、関係代名詞を用いた形容詞節のパターンを演習する。

1 名詞を説明する形容詞句

Day 18 と Day 26 で学んだように、不定詞と分詞は、2語以上のカタマリで名詞を修飾（説明）する形容詞句の働きをする。

名詞＋不定詞	something to drink （飲み物）
名詞＋現在分詞	a girl singing on the stage （ステージで歌っている女の子）
名詞＋過去分詞	an essay written by a famous singer （有名な歌手によって書かれたエッセイ）

2 名詞を説明する形容詞節 （関係代名詞節） の働き

不定詞・分詞と同様、関係代名詞が作る関係代名詞節は前の名詞を修飾する形容詞節。

I'm looking for someone. He or she can speak Japanese well.
→ I'm looking for 名詞 someone 形容詞節 (関係代名詞節) [関係代名詞 who can speak Japanese well]. (私は日本語が上手に話せる人を探しています)
…関係代名詞 who から始まる関係代名詞節は、直前の名詞 someone を説明している。

I bought a new laptop. It works very fast.
→ I bought 名詞 a new laptop 形容詞節 (関係代名詞節) [関係代名詞 that works very fast]. (とても速く動作する新しいノートパソコンを買いました)
…関係代名詞 that から始まる関係代名詞節は、直前の名詞 a new laptop を説明している。

このように、関係代名詞 who と that を使えば、2文を1文にまとめることができる。どちらの名詞も関係代名詞節がなければ、不特定多数存在する名詞の中で、どの名詞の話をしているかがクリアにならない。

3 主格の関係代名詞

関係代名詞が関係代名詞節の主語になっている場合、次のように使い分ける。また、関係代名詞節によって修飾される名詞を先行詞と呼ぶ。

名詞（先行詞）	主格の関係代名詞
人	who ＊文法的にはthatも可
人以外	that ＊書き言葉ではwhichも使用される。

関係代名詞whoは、元々「人」を尋ねる疑問詞を利用したもので「誰の話」をしているのかを説明する。
関係代名詞thatは、「それ」「あれ」と指し示す感覚で「何の話」をしているのかを説明する。

「2000年に、僕の妻になる女性と出会いました」
In 2000, I met 名詞（先行詞） a woman 関係代名詞節 [主格の関係代名詞 who became my wife].
... who は関係代名詞節内のbecameに対する主語の役割。

「これはハワイで撮られた写真です」
This is 名詞（先行詞） a picture 関係代名詞節 [主格の関係代名詞 that was taken in Hawaii].
... that は関係代名詞節内のwasに対する主語の役割。

4 目的格の関係代名詞

関係代名詞が関係代名詞節の目的語になっている場合、次のように使い分ける。

名詞（先行詞）	目的格の関係代名詞
人	省略またはwho ＊文法的にはthatやwhomも可
人以外	省略またはthat ＊文法的にはwhichも可

他動詞を用いた英文の目的語の部分が関係代名詞who/thatになるパターンだが実際には省略が基本。
なお、主格の関係代名詞は省略できない。

「僕は昨日出会った女の子が好きです」
I like 名詞（先行詞） the girl 関係代名詞節 [(主格の関係代名詞 who/that) I met yesterday].
... who/that は関係代名詞節内の他動詞metに対する目的語の役割で、省略可能。

「私たちはアユミが勧めてくれたそのレストランに行きました」
We went to 名詞（先行詞） the restaurant 関係代名詞節 [(目的格の関係代名詞 that/which) Ayumi recommended].
... that/which は関係代名詞節内の他動詞recommendedの目的語の役割で省略可能。

目的語の関係代名詞を省略した英文は、次のように、見た目は名詞the girl、the restaurantにSVを
含む節がくっついている。

I like the girl I met yesterday.
We went to the restaurant Ayumi recommended.

この節は接触節とも呼び、目的格の関係代名詞を省略した節とは考えずに使用しているネイティブも
多い。会話では、このシンプルなカタチを覚えておくと便利。

5 主語や目的語の名詞に説明をくっつける

関係代名詞節の位置に注目。説明文として、主語や目的語になる名詞の後にくっつける。また日本語訳では、後ろ（関係代名詞節）から前（先行詞となる名詞）へと戻り読みする語順になるが、実際に英文を解釈する際は、英語のそのままの語順で捉えていくことが大切。

「【解釈】その人、昨日電話をかけてきた人は、買いたがっています、私の車をね。（日本語訳：昨日、電話をかけてきたその人は私の車を買いたがっています）」

主語 The guy 主語の説明文 [who called yesterday] wants to buy my car.

「【解釈】私は好きなんです、ソフトドリンクで、甘すぎないものが。（日本語訳：甘すぎないソフトドリンクが好きです）」

I like 目的語 soft drinks 目的語の説明文 [that aren' t too sweet].

6 接続詞thatと関係代名詞thatの違い

接続詞that	接続詞の後ろは「完全な文」
関係代名詞that	関係代名詞の後ろは「不完全な文」

「彼女は7月に戻ると言いました」 She said 接続詞 (that) 主語 (S) she would 自動詞 come back in July.
…完全なSV文型で、要素に抜けがない。

「息子がその試験に合格したのは素晴らしい」 It is amazing 接続詞 (that) 主語 (S) my son 他動詞 (V) passed 目的語 (O) the exam.
…完全なSVO文型で、要素に抜けがない。

接続詞thatの後ろは見た目が普通の文になる。上の2つの文章のthat節＝名詞節。この接続詞thatは省略できる。

「燃費の良い新車が欲しいです」 I want a new car 主格の関係代名詞 that <主語 (S) がない> 自動詞 (V) is 補語 (C) fuel-efficient.
…主語 (S) の代わりに主格の関係代名詞thatを用いたもの。

「ここにあるのが母が作った誕生日ケーキです」 Here is the birthday cake 目的格の関係代名詞 (that) 主語 (S) my mother 他動詞 (V) made <目的語 (O) がない>.
…目的語 (O) の代わりに目的格の関係代名詞thatを用いたもの。

関係代名詞節＝形容詞節。接続詞と同様、目的格の関係代名詞は省略できるが、SやOなどの文型要素の脱落で関係代名詞節と判断できる。

ポイント整理

1 日本語の意味になるように、正しい表現を選び、英文を完成させましょう。

(1)「大きすぎる自転車」 a bike [who / that] is too big

(2)「大阪出身の男性」 a man [which / who] is from Osaka

(3)「私が好きな本」 the book [I like it / I like]

(4)「彼女が私のために見つけた仕事」 the job [she found / she found it] for me

2 次の解釈を参考に、[ ] 内の語（句）を正しく並べ替え、全文を書きましょう。

(1)「私はかぶっています・帽子を・私が買った・その店で」
I'm [at the store / a hat / wearing / I bought].

_____

(2)「私は出会いました・女性に・車椅子の」 I met [in / who / a woman / was] a wheelchair.

_____

Answer Key:

1 (1) that (2) who (3) I like (4) she found

2 (1) I'm wearing a hat I bought at the store.（私はその店で買った帽子をかぶっています）

　(2) I met a woman who was in a wheelchair.（私は車椅子の女性に出会いました）

| 1回目 | ___月___日___分 /100 | 2回目 | ___月___日___分 /100 | 3回目 | ___月___日___分 /100 |

 Day 26 の復習問題

1 DL_57 次の日本語の意味になるように自然な英語を　　　　　に書きましょう。

（2点×5【10点】）

878.「それは今年公開された最高の映画です」 It is the best 　　　　　　　　　　　 this year.

879.「妹はアイフォーン用のアプリをデザインする会社に勤務しています」
My sister works for a 　　　　　　　　　 apps for the iPhone.

880.「この映画はとてもつまらない！」This movie 　　　　　　　　　　　　　　　！

881.「落ち葉の上を歩くのが好きなんです」 I like walking on 　　　　　　　　.

882.「高圧洗浄機で洗車をしている男性がいます」
There's 　　　　　　　　　　　　　　　 a car with a power washer.

2 DL_58 次の2文を日本語の意味になるように、現在分詞または過去分詞を用いて1文にまとめましょう。 (2点×2【4点】)

883.「醤油で料理した僕の鶏の唐揚げをあなたはきっと気に入るでしょう」

You'll like my fried chicken. It's cooked with soy sauce.

884.「作業している男性がマスクをしていません」

The man is working. The man isn't wearing his mask.

 # Day 27 の演習問題

1 英文(B)を関係代名詞節にして、英文(A)の名詞・代名詞を後ろから説明してください。＊2文を1文にしましょう。 (4点×5【20点】)

885.(A) There's 名詞 a grocery store. (B) It closes at 4 p.m.

886.(A) I can't trust 代名詞 anyone. (B) They can't trust me.

887.(A) 代名詞 Everyone was really nice. (B) I met them there.

888.(A) She doesn't like 名詞 the sandwich. (B) You bought it yesterday.

889.(A) Here's a photo of 名詞 my dog. (B) She was sleepy.

2 ほぼ同じ内容を示すように、適切な単語を　　　　　に書きましょう。 (4点)

890.(A) We're waiting for the bus going to the airport.

(B) We're waiting for the bus　　　　　　　　　　　to the airport.

3 文法的に正しい英文になるように、適切な形を○で囲みましょう。(2点×5【10点】)

891. I don't think that [will be / it will be] cold tonight.

892. Where's the cake [it was / that was] in the fridge?

893. I lost the bag [that was / was] hers.

894. The people who [were injured / was injured / injured] in the crash are now in hospital.

895. There's nothing I can [do it / do].

4 DL_59 日本語の意味になるように正しい単語を ▭▭▭▭ に書きましょう。

（4点×8【32点】）

896.「私が大好きだったカバンが盗まれました」
The ▭▭ ▭▭ ▭▭ ▭▭ stolen.

897.「ここに、役立つかもしれない記事があるんですよ」
Here's an ▭▭ ▭▭ ▭▭ ▭▭ useful.

898.「この本を書いた男性はハーバード大学の教授です」
The ▭▭ ▭▭ ▭▭ ▭▭ ▭▭ a
professor at Harvard University.

899.「彼女はオーストラリアで僕に英語を教えてくれた先生です」
She is the ▭▭ ▭▭ ▭▭ English in Australia.

900.「私が今日ここで見かけた女性がテレビに出ています」
The ▭▭ ▭▭ ▭▭ ▭▭ ▭▭ on TV.

901.「私たちがグアムで出会った家族を覚えていないの？」
Don't you remember the ▭▭ ▭▭ ▭▭ Guam?

902.「あの絵を描いた人を知っていますか？」
Do you know the ▭▭ ▭▭ that picture?

903.「あなたが勧めてくれた本屋に時々行くんですよ」
I sometimes go to the ▭▭ ▭▭ .

5 ［ ］内の語（句）を並べ替えて、文法的に正しい英文を完成させてください。

（4点×5【20点】）

904. ［ the money / on / where's / was / that ］ the table?

905. ［ live / seen / we've / the people / never / who ］ next door.

906. Don't ［ the same / that / work / thing / do / didn't ］ before.

907. ［ lives / liked / the artist / in Canada / my parents ］.

908. My aunt ［ makes / a company / chicken nuggets / for / that / works ］.

Evine's Words

**丁寧に学習ポイントを覚えていくことも大切ですが、
間違えて覚えるのもありです。**

Day 28 関係副詞と関係代名詞 what

演習ポイント 学習者を悩ませる関係代名詞と関係副詞の区別を文型や品詞の観点から整理する。またwhoやwhatなど見た目で混同しやすい関係代名詞と間接疑問の違いも理解しておきたい。いずれも日常会話だけでなく、適切な英文解釈にも必須のポイントになる。

1 関係副詞

時や場所を示す名詞（先行詞）に説明を加える形容詞節は関係副詞を用いて作る。名詞が場所なのか時なのかで関係副詞を使い分ける。

場所を示す名詞＋関係副詞where	Sが…する（場所）
時を示す名詞＋関係副詞when	Sが…する（時）

「彼は彼女が育った街を訪ねました」 He visited 場所 (名詞) the city 形容詞節 [関係副詞 where 主語 (S') she 自動詞 (V') grew up].

「あなたと初めて出会った年をまだ覚えています」 I still remember 時 (名詞) the year 形容詞節 [関係副詞 when 主語 (S') I first 他動詞 (V') met 目的語 (O') you].

2 関係副詞と関係代名詞の違い

関係代名詞節内は、関係代名詞自体が主語または目的語になっているため、主語や目的語が見た目は抜けたような状態になる。一方、関係副詞は形容詞節内の場所や時を表す副詞の部分の代わりになるだけで、主語または目的語はそのまま残っている状態。

関係代名詞	名詞＋関係代名詞＋不完全な文（SやOが抜けた状態）
関係副詞	時・場所を示す名詞＋関係副詞＋完全な文（時・場所の副詞が抜けた状態）

「私たちが滞在したホテルはとても良かったです」 場所 (名詞) The hotel 形容詞節 (関係代名詞節) [目的格の関係代名詞 that 主語 (S') we 自動詞 (V') stayed 前置詞 at ●] was very good.
…関係代名詞thatは元の英文 [we stayed at the hotel] の前置詞atの目的語である名詞the hotel (●) の代わり。目的語のような文型の主要素が抜けているのが関係代名詞節の特徴。

場所 (名詞) The hotel 形容詞節 (関係副詞節) [関係副詞 where 主語 (S') we 自動詞 (V') stayed] was very good.
…関係副詞whereは元の英文 [we stayed there (私たちはそこに滞在した)] の場所を示す副詞thereの代わり。文型の骨組みの要素に抜けはない完全な状態が関係副詞節の特徴。

3　間接疑問文

普通の疑問文が「疑問詞＋普通の文」の形で、英文の一部になっているカタチを間接疑問と呼び、間接疑問を用いた英文を間接疑問文と呼ぶ。関係詞の多くが疑問詞と共通の語であり、混同しやすいため、整理しておく。語順と解釈の変化に注目。

普通の疑問文：　疑問詞＝副詞 (M) <u>Where</u> does 主語 (S) <u>he</u> 自動詞 (V) <u>live</u>?（彼はどこに住んでいますか？）
間接疑問：　→ 疑問詞＝副詞 (M) <u>where</u> 主語 (S) <u>he</u> 自動詞 (V) <u>lives</u>（どこに彼は住んでいるのか？）
＊間接疑問文は普通の英文（平叙文）になるため、動詞は原形にならない。

普通の疑問文：　疑問詞＝主語 (S) <u>Who</u> 他動詞 (V) <u>made</u> 目的語 (O) <u>this</u>?（誰がこれを作りましたか？）
間接疑問：　→ 疑問詞＝主語 (S) <u>who</u> 他動詞 (V) <u>made</u> 目的語 (O) <u>this</u>（誰がこれを作ったのか？）
＊疑問詞自体が主語の役割をしている場合は、疑問文でも間接疑問文も「疑問詞（＝主語）＋動詞」の語順になる。

間接疑問文の中の「疑問詞＋主語＋動詞」は1つの名詞節の働きをする。
「彼がどこに住んでいるのか私は知りません」　I don't know 名詞節 <u>where he lives</u>.
「誰がこれを作ったのかよくわかりません」　I'm not sure 名詞節 <u>who made this</u>.
＊be not sure ...（…かどうか確信がない）

間接疑問文は、普通の疑問文を用いたストレートな質問の響きを和らげる働きがある。

 ## 4　間接疑問と関係詞節との違い

間接疑問「疑問詞＋普通の文」＝名詞節は、他動詞の後ろに目的語（O）として置かれることが多い。

関係代名詞・関係副詞	形容詞節を作る	名詞（先行詞）の後ろに置く
間接疑問	名詞節を作る	英文のS/O/Cの位置に置く

関係代名詞：「私は私に電話をくれたその女性を知りません」
I don't know 名詞 (先行詞) <u>the woman</u> 形容詞節 (関係代名詞節) [主格の関係代名詞 <u>who</u> 他動詞 (V') <u>called</u> 目的語 (O') <u>me</u>].
＊関係代名詞whoに「誰が」という日本語訳は出ない。

間接疑問文：「誰が私に電話をくれたのかわかりません」
I don't 他動詞 (V) <u>know</u> 名詞節 (目的語O＝間接疑問) [疑問詞 (＝主語) <u>who</u> 他動詞 (V') <u>called</u> 目的語 (O') <u>me</u>].

関係副詞：「彼は彼女が働いているその店を知っています」
He 他動詞 (V) <u>knows</u> 目的語O (先行詞) <u>the store</u> 形容詞節 (関係副詞節) [場所を示す関係副詞 (M') <u>where</u> 主語 (S') <u>she</u> 自動詞 (V') <u>works</u>].
＊関係副詞whereに「どこで」という日本語訳は出ない。

間接疑問文：「彼は彼女がどこで働いているのか知っています」
He 他動詞 (V) <u>knows</u> 名詞節 (目的語O＝間接疑問) [疑問詞 <u>where</u> 主語 (S') <u>she</u> 自動詞 (V') <u>works</u>].

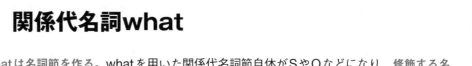

5 関係代名詞what

関係代名詞whatは名詞節を作る。whatを用いた関係代名詞節自体がSやOなどになり、修飾する名詞（先行詞）は不要。

「将来起こることは誰にもわかりません」

主語 (S) <u>Nobody</u> 他動詞 (V) <u>knows</u> 目的語O (先行詞の名詞) <u>the things</u> 形容詞節 [関係代名詞 <u>that</u> will happen in the future].
→ 主語 (S) <u>Nobody</u> 他動詞 (V) <u>knows</u> 目的語O (名詞節) [関係代名詞 <u>what</u> will happen in the future].
＊the things thatがwhat 1語で言い換えられている。

関係代名詞whatは普通の関係代名詞を用いて言い換えられるが、whatの方がシンプルで使い勝手がいい。

> 関係代名詞what ...「…すること・もの」= the thing (s) ＋普通の関係代名詞that [which] ...

「とにかく、彼らがしたことは、それほど悪い事じゃなかったよ」

主語S (名詞節) [関係代名詞 <u>What</u> 主語 (S') <u>they</u> 他動詞 (V') <u>did</u> ●] 自動詞 (V) <u>wasn't</u> 補語 (C) <u>that bad</u> anyway.
…What節は主語 (S) の働き、関係代名詞what自体は他動詞didの目的語の働き (●)。

「彼はあなたが考えていることはわかっているよ」

主語 (S) <u>He</u> 他動詞 (V) <u>knows</u> 目的語O (名詞節) [関係代名詞 <u>what</u> 主語 (S') <u>you</u> 自動詞 (V') <u>are thinking</u> 前置詞 <u>about</u> ●].
…What節は目的語 (O) の働き、関係代名詞what自体は前置詞aboutの目的語の働き (●)。

ポイント整理

1 日本語の意味になるように、正しい語（句）を選び、英文（A）（B）を完成させましょう。

(1) 「私たちが寝る部屋」

  (A) the room [that / where] we sleep (B) the room [that / where] we sleep in

(2) 「私が食べるもの」

  (A) the food [that / what] I eat (B) [that / what] I eat

(3) 「何時ですか」

  (A) What time [it is / is it]? (B) Do you know what time [it is / is it]?

2 次の解釈を参考に、[　]内の語（句）を正しく並べ替え、全文を書きましょう。

(1) 「私は思い出せません・何を・私は食べたか・今朝」

I [ate / what / don't remember / I] this morning.

(2) 「私は戻りたい・時に・私が撮った・この写真を」

I want to go back to [I / this photo / the time / took / when].

Answer Key:

1 (1) (A) where　＊関係副詞　(B) that　＊関係代名詞
　(2) (A) that　＊関係代名詞　(B) what　＊関係代名詞
　(3) (A) is it　＊普通の疑問文　(B) it is　＊間接疑問文

2 (1) I don't remember what I ate this morning.（今朝、何を食べたか思い出せません）
　(2) I want to go back to the time when I took this photo.（この写真を撮った時に戻りたい）

| 1回目 | ___月___日___分 ___/100 | 2回目 | ___月___日___分 ___/100 | 3回目 | ___月___日___分 ___/100 |

 # Day 27 の復習問題

1 DL_60 次の日本語の意味になるように自然な英単語を＿＿＿＿＿に書きましょう。

＊短縮形が入る場合があります。（2点×5【10点】）

909. 「犬と公園の周りを走っているその男の子を見ましたか？」　Did you see the ＿＿＿＿＿ ＿＿＿＿＿ ＿＿＿＿＿ around the park with his dog?

910. 「彼は私が年上だとは知りません」
He doesn't know ＿＿＿＿＿ ＿＿＿＿＿ older than him.

911. 「塩味のお菓子が好きです」　I like snacks ＿＿＿＿＿ ＿＿＿＿＿ salty.

912. 「僕は亡くなった祖母がくれたお金をまだ財布に入れています」　I still have the ＿＿＿＿＿ my late grandmother ＿＿＿＿＿ ＿＿＿＿＿ my wallet.

913. 「私は故障しない車が欲しいです」　I want a car ＿＿＿＿＿ ＿＿＿＿＿ down.

2 DL_61 次の2文を日本語の意味になるように、関係代名詞を用いて1文にまとめましょう。

（2点×2【4点】）

914. 「私は500ドル以下で車を修理できる修理屋を探しています」

(A) I'm looking for a mechanic.　(B) He can fix my car for less than $500.

915. 「去年ここで買った靴を私は気に入っています」

(A) I like the shoes.　(B) I bought them here last year.

Day 28 の演習問題

1 英文（B）を関係副詞節にして、英文（A）の名詞を後ろから説明してください。
＊2文を1文にしましょう。 （5点×2【10点】）

916.（A）2010 was 名詞the year.（B）I started blogging in 2010.

917.（A）名詞The restaurant is still there.（B）We had dinner at the restaurant.

2 ほぼ同じ内容を示すように、適切な単語を　　　　　　に書きましょう。（5点×2【10点】）

918.（A）I'm really sad because it's not the thing which I wanted.

（B）I'm really sad because it's not 　　　　　 　　　　　 　　　　　.

919.（A）How much does it cost?

（B）Can I ask you how 　　　　　 　　　　　 　　　　　?

3 文法的に正しい英文になるように、適切な形を○で囲みましょう。（3点×3【9点】）

920. [That / What] I enjoyed most was chatting with my coworkers.

921. He's not sure when [is it / it is].

922. This photo reminds me of the hotel [where / which] I stayed in during my first trip to London.

4 DL_62 日本語の意味になるように正しい単語を　　　　　　に書きましょう。
＊短縮形が入る場合があります。（4点×12【48点】）

923.「いつも欲しいものが手に入るとは限りません」
You can't always 　　　　　 　　　　　 　　　　　 　　　　　.

924.「私が夕食を食べているこの場所はいいですよ」
This place 　　　　 　　　　 　　　　 　　　　 　　　　 good.

925.「誰がそれを言ったのかはわかりません」 I don't 　　　　 　　　　 　　　　 that.

926.「あなたがしたいことをしなさい。あなたがすることには、するだけの価値があると信じています」
① 　　　　 　　　　 you want to do. I believe ② 　　　　 　　　　 　　　　 　　　　 worth doing.

927.「私が働いている店は、今週は閉まっています」
The store 　　　　 　　　　 　　　　 　　　　 closing this week.

928.「僕はお酒を飲みたくなる日があります」
There are 　　　　 　　　　 　　　　 　　　　 like drinking.

929. 「私が必要としているものは、その痛みを取ってくれるものです」

① ▧▧▧ ▧▧▧ ▧▧▧ ▧▧▧ something ② ▧▧▧ ▧▧▧
away the pain.

930. 「これを着ている人を見たことがありません」
I've never seen anybody ▧▧▧ ▧▧▧ this.

931. 「私が勤務している会社の中はとても寒いです」
The office ▧▧▧ ▧▧▧ ▧▧▧ in is very cold.

932. 「彼女は何をしている人なんだろう」 I wonder ▧▧▧ ▧▧▧ ▧▧▧

5 [ ] 内の語（句）を並べ替えて、文法的に正しい英文を完成させてください。

（3点×3【9点】）

933. [do / trying / isn't / they're / to / what] that difficult.

934. The [is / I'm / in / novel / selling / which / interested] well.

935. Do you [the bus / remember / where / got off / the place / we]?

Evine's Words

背伸びの学習は疲れます。自己流が大切。
常に昨日の自分と比較しましょう。

Day 29 Shuffle Quiz ④

【20分】

演習ポイント Day 26～28までの復習演習。表現の幅を広げるだけでなく英文解釈力にもつながる分詞（現在分詞と過去分詞）と関係詞（関係代名詞と関係副詞）の知識の運用力をここで測りたい。

【各4点×25［100点］ ＊①②は各2点】

1 ほぼ同じ内容を示すように、適切な単語を　　　　に書きましょう。

936. (A) We can learn from the book written by the professor.

(B) We can learn from the book ① _____ _____ _____ .

(C) We can learn from ② _____ _____ _____ _____ .

937. (A) I don't know where to park my car.

(B) I don't know _____ _____ _____ park my car.

2 文法的または状況として自然な表現を選びましょう。×は何もいらないことを示します。

938. There's a crowd of ① [exciting / excited] people ② [sing / singing] together.

939. The job [what / ×] my brother applied for seems very stressful.

940. Do you remember the day [when / which] you first came to my office?

941. I'm not saying [that / what] you're saying is wrong.

942. My uncle gave me a bottle of olive oil ① [made / making] from olives ② [that grown / grown / are grown] on his farm.

943. I got a job [that mow / mowing / that mowing] lawns this summer.

944. I'm in a [bored / boring] online meeting right now.

3 次の日本語を参考に、[　]内の語（句）を正しく並べ替え、全文を書きましょう。ただし、不要なものが1語ずつありますので注意してください。

945.「僕の誕生日にあなたがくれた財布を僕はまだ使っています」

I [the wallet / what / use / gave me / for / still / you] my birthday.

946.「披露宴に招待した人がすでに100人います」

We already [100 people / who / our reception / invited / have / to].

4 `DL_63` 次の日本語の意味になるように、自然な英単語を _____ に入れましょう。

＊短縮形が入る場合があります。

947.「月曜日は、仕事後に食料品の買い物に行ける唯一の日です」 Monday is the only _____ _____ go shopping for groceries after work.

948.「妻がどこで働いているのか知らないんです」
I don't know _____ _____ _____ _____ .

949.「警察は兄が一緒に働いていた女性を逮捕しました」
The police arrested a _____ _____ _____ _____ _____ .

950.「床の上に落ちてしまった食べ物を食べるのは安全だとは思いません」
I don't think it's safe to eat _____ _____ _____ the floor.

951.「人がもう興味がないのに、話をやめない人を何と呼びますか？」
What do you call a _____ _____ _____ _____ talking when people are no longer interested?

952.「そこは働く母親にとってベストな街の1つです」
It is one of the best cities for _____ _____ .

953.「使っていないアプリをいくつか消しました」
I deleted some apps _____ _____ _____ .

954.「私は傷ついた犬を見ました」 I saw a _____ _____ _____ injured.

955.「子ども時代の大半を過ごした町に戻りたいです」 I want to go back to the _____ _____ _____ most of my childhood.

956.「私たちの隣に座っていたその女性を私は知りませんでした」
I didn't know the _____ _____ _____ to us.

5 [ ] 内の語（句）を並べ替えて、文法的に正しい英文を完成させてください。

957. He [set / the password / 10 minutes ago / forgot / he].

958. I'll [the photo / you / I took / show / with her] today.

959. That's [we / our first date / where / the place / had].

960. *The Shawshank Redemption**[movie / ever / best / I've / is / the] seen.

＊映画 *The Shawshank Redemption*『ショーシャンクの空に』

Evine's Words

本書で身につけた英語力は
必ずあなたの選択肢を広げます。

Proficiency Test
修了テスト

ここまで勉強してきたことを総動員して、
このテストにチャレンジしてみましょう。
別冊の解答集Answer Keyで答え合わせをして、
自分の達成度を測ってみてください。
自分の苦手なところを再確認したら、
該当するDayに戻って復習を忘れずに！

それでは、健闘を祈ります！！ →

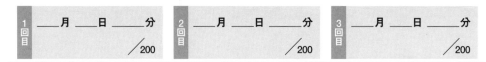

Day 30 Proficiency Test （修了テスト）

【50分】（200点満点）

演習ポイント

ここでは、本書の総仕上げとして、コア英文法の習熟度を確認する。文型、品詞、時制をベースに、問題文で使用されている文法や表現が何かを丁寧に意識しながら進めることが大切。

1 文法的または状況として自然な表現を選びましょう。 【2点×28（56点）】

961. I ① [have lost / lost / lose] my folding umbrella on the way to the station, but ② [lucky / luckily], I found it later!

962. My new laptop battery*¹ ① [is / was] running down so fast. There ② [must / can't] be something wrong.

963. ① [Should / Can] I take your drink order? — Ah, ② [I'll / I would] have an iced tea, please.

964. I'm really not used to ① [stay / staying] at hotels ② [that / where] there's no Wi-Fi and no cell signal*². — Well, if I were you, I ③ [wouldn't / won't] mind.

965. The woman gave me a free coffee, but ① [the / a] lid*³ was broken, and I spilled*⁴ it ② [to / on] my white sweater.

966. If you need to ① [tell / talk], you can ② [contact / contact to] me anytime.

967. I think we ① [should / must] be at the airport by 7 a.m. because our flight ② [leaves / is going to leave] at 9 a.m.

968. It might cost twice as ① [more / much] as you think. ② [That / What] makes it so expensive ③ [is / are] the labor cost*⁵.

969. 【レストランで】 What ① [would / do] you like? — ② [Can / Should] I get the fish and chips and a glass of ③ [wine / wines]?

970. ① [How / What] did you get ② [to home / home]? — My brother picked me up.

971. How many times have you ① [gone / been] to Hokkaido? — Just twice, but my dream is ② [moving / to move] to Niseko.

972. It's [annoying / annoyed] that I can't type with my gloves on.

973. If Ayako ① [won't / doesn't] go camping, I won't go either. I'm not very good at talking to people ② [don't know / I don't know].

*1…battery（バッテリー） *2…no cell signal（携帯電話の電波がない、圏外） *3…lid（蓋） *4…spill（…をこぼす）

*5…labor cost（人件費）

2 [ ] 内の語（句）を並べ替えて、文法的に正しい英文を完成させてください。

【3点×8（24点）】

974. It's going to snow tomorrow, [I bought / some / keep / new boots / so / my toes* / to / warm / myself].　＊toe（爪先）

975. [worst things / one of / losing / that / is / can / the / a pet] happen.

976. I'd [working / like / something / I've / share / to / been] on.

977. Just [important / is / take care / most / of / the / what] to you.

978. His [someone / eating / thing / in front of / is / who / rudest] isn't eating.

979. I [think / that / enough / don't / he's / to do / strong].

980. [first met / when / did / like / what / you / look / I] me?

981. [it / to / tell / how / takes / me / long / from Kobe / can you] Himeji?

3 後に続く文として、より自然なものを記号で選びましょう。　【3点×2（6点）】

982. These two books are used regularly in the class.

　（A）Mr. Clark wrote the books.

　（B）The books were written by Mr. Clark.

983. What would you do

　（A）if someone gave you a million dollars?

　（B）if someone gave a million dollars to you?

4 DL_64 次の日本語の意味になるように、自然な英単語を　　　　に入れましょう。

＊短縮形が入る場合があります。【3点×38（114点）】

984.「ミユ、帽子の上をはっている＊あのクモを捕まえてくれる？　小さいやつは大丈夫だけど、もっと大きいやつは無理だから、いつもはそのままほっとくの」＊自動詞crawl（[虫が] はう）

Miyu, can you catch that ①　　　　　　　　　　　　　 the hat? Small ones are OK, but I'm too scared of ②　　　　　 ones, so I just ③　　　　　　　　　　　　 usually.

985.「この動画を投稿＊しようとしたけど、夫にそれを削除するように言われたの」

＊他動詞post（…を投稿する）

I ① 　　　　　 　　　　　 　　　　　 this video, but my husband ② 　　　　　 　　　　　 delete it.

986.「極度の寒さは屋外労働者にとって、危険なものになり得ます」

Extreme cold ① 　　　　　 　　　　　 　　　　　 for outdoor ② 　　　　　 .

987.「彼女は今、会議中です。伝言をお預かりしましょうか。―はい、お願いします」

① 　　　　　 　　　　　 a meeting at the moment. ② 　　　　　 　　　　　 take 　　　　　 message? ―Yes, please.

988.「あなたが初めて作家になりたいと思ったのはいつでしたか？―えっと、それは20年ほど前だったと思います」

① 　　　　　 　　　　　 　　　　　 first realize you ② 　　　　　 　　　　　 　　　　　 writer? ―Well, I think ③ 　　　　　 　　　　　 about 20 years ago.

989.「オリビア、僕たちが付き合ってまだ半年かそこらだというのはわかっているけど、僕と結婚してくれませんか？」

Olivia, I know ① 　　　　　 only 　　　　　 together 　　　　　 six months or so, but ② 　　　　　 　　　　　 　　　　　 　　　　　 ?

990.「通りの突き当たりに立っている家はもうすぐ売りに出されるでしょう」

The ① 　　　　　 　　　　　 　　　　　 　　　　　 end of the street will soon ② 　　　　　 　　　　　 .

991.「昨日、到着してからずっと雨が降っているんです。友だちと遊べません」

① 　　　　　 　　　　　 　　　　　 　　　　　 I arrived yesterday. ② 　　　　　 　　　　　 hang out with friends.

992.「この国の法律は、カジノに入るためには21歳以上でなければならないと言っています」

① 　　　　　 　　　　　 　　　　　 country 　　　　　 you ② 　　　　　 　　　　　 at least 21 ③ 　　　　　 　　　　　 a casino.

993.「明日はワクワクする１日になるでしょう。私が取り組んできたものを君たちとシェアすることに、とてもワクワクしています」

Tomorrow ① 　　　　　 　　　　　 　　　　　 day. I'm so ② 　　　　　 share ③ 　　　　　 　　　　　 on with you guys.

994.「２、３日休みを取ることができたんだけど何もしませんでした」 I ① 　　　　　 　　　　　 take ② 　　　　　 off and did nothing.

995.「あの、昨日の夜に私が着ていたＴシャツのこと？」

You mean that T-shirt 　　　　　 　　　　　 　　　　　 　　　　　 　　　　　 ?

996.「教えることは、物事を学ぶのに、きっと一番良い方法です」

I'm sure ① 　　　　　 　　　　　 the ② 　　　　　 　　　　　 　　　　　 learn a thing.

997. 「彼女たちのお母さんは遅れるかもしれません。財布を忘れたので」

　① ▢▢▢▢▢▢ ▢▢▢▢▢▢ ② ▢▢▢▢▢▢ ▢▢▢▢▢▢ late. She forgot her wallet.

998. 「ルームメートが、扇風機を忘れずに消して欲しいと言ってきたんだ、お金の無駄遣いだからって」

　My roommate just asked ① ▢▢▢▢▢ ▢▢▢▢▢ ▢▢▢▢▢ ▢▢▢▢▢ turn off my fan ② ▢▢▢▢▢ ▢▢▢▢▢ wastes money.

999. 「今までに、ピザに乗ったバナナを食べてみたことはありませんが、バナナは好きなんですよ」

　I've ① ▢▢▢▢▢ ▢▢▢▢▢ ▢▢▢▢▢ ▢▢▢▢▢ ▢▢▢▢▢ pizza, but I do* ② ▢▢▢▢▢ ▢▢▢▢▢.

　＊強調のdo（本当に、確かに）

1000. A：「ねぇ、マヤちゃんを覚えてる？」

　　B：「どっちのマヤちゃん？　同じ名前の生徒が３人いるよ」

　　A：「今年大学を卒業して、東京に住んでる子だよ」

　　A: Hey, do you remember Maya?

　　B: ① ▢▢▢▢▢ Maya? We have three students with the same name.

　　A: She's the one ② ▢▢▢▢▢ ▢▢▢▢▢ ▢▢▢▢▢ college this year ③ ▢▢▢▢▢ ▢▢▢▢▢ Tokyo.

Evine's Words

1000題修了。最後まで1冊やり通すことって 誰にでもできるわけではありません。 本当にお疲れ様でした！

Proficiency Test（修了テスト）

169

著者紹介

Evine（エヴィン）

本名、恵比須大輔。神戸在住。株式会社evinet biz代表取締役。Teaching Director。
神戸と大阪で社会人向けの「やりなおし英語 JUKU」（https://evinet.biz/）と学生向けの「Evineの英語塾」（https://www.evinez-es.com）を主宰。幅広い世代の学習者を対象に、コア英文法を軸とした実際に使える英語・英会話の指導を行っている。観光専門学校での「英文法＆英会話クラス」や「TOEICクラス」、教員向けセミナーなど、多方面で活動実績がある。
『Mr. Evineの中学英文法を修了するドリル』『Mr. Evineの中学英文法を修了するドリル2』『Mr. Evineの中学英文法＋αで話せるドリル』『Mr. Evineのアルファベットから英語の基礎をなんとかするドリル』『Mr. Evineの英文法ブリッジコース［中学修了▶高校基礎］』（以上アルク）や『Mr. Evineの英語塾 コア英文法』（ベレ出版）など、著書多数。
趣味は映画鑑賞と旅行。
Evineが主宰する教室に関するお問い合わせは、inquiry@evinet.bizまで。

Mr. Evineの
中学英文法修了
解きまくり問題集

発行日	2021 年 3 月 12 日（初版）　2023 年 11 月 2 日（第 3 刷）
著者	Evine（恵比須大輔）
編集	株式会社アルク 出版編集部
校正	Peter Branscombe、挙市玲子
デザイン	細山田光宣、柏倉美地（細山田デザイン事務所）
イラスト	アラタ・クールハンド
DTP	株式会社　秀文社
印刷・製本	図書印刷株式会社
発行者	天野智之
発行所	株式会社アルク
	〒 102-0073　東京都千代田区九段北 4-2-6　市ヶ谷ビル
	Website　https://www.alc.co.jp

落丁本、乱丁本は弊社にてお取り替えいたしております。
Web お問い合わせフォームにてご連絡ください。
https://www.alc.co.jp/inquiry/

・本書の全部または一部の無断転載を禁じます。著作権法上で認められた場合を除いて、本書からのコピーを禁じます。
・定価はカバーに表示してあります。
　https://www.alc.co.jp/usersupport/

© 2021 Evine（Daisuke Ebisu）／ ALC PRESS INC.　Printed in Japan.
arata coolhand
Printed in Japan　PC：7021008　ISBN：978-4-7574-3672-5

地球人ネットワークを創る

アルクのシンボル
「地球人マーク」です。

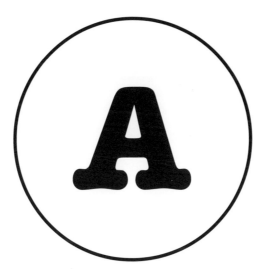

Answer Key

Stage 1, Stage 2
Final Stage
Proficiency Test

解答集

Answer Key
Stage 1
Stage 2
Final Stage
Proficiency Test

解答集

Contents

Day 01 / Answer Key

英語の語順　SV/SVO 文型　合格点 80 点

 モヤモヤ解消ポイント！

・後ろに前置詞を置けるのは「自動詞」のみ！
・後ろに目的語（＝名詞）を置けるのは「他動詞」のみ！

[Day 01の演習問題]

1. (完答：3点×6【18点】)

001. (S) I (V) take (O) a bus (M) to the station.
002. (S) You (V) get (M) here (M) early.
003. (S) I (V) fly (M) to Hawaii (M) every other week.
004. (S) I (V) get (O) $2,500 (M) a month.
005. (S) I (V) water (O) my flowers (M) every morning.
006. (S) It (V) rains (M) here (M) every day.

001. I take a bus to the station. （私は駅までバスに乗って行きます）
　　「他動詞take（［乗り物など］に乗る）＋目的語O（名詞）」。文末の前置詞句to the station（駅へ）は場所を示す修飾語Mになる。

002. You get here early. （あなたは早くここに着きます）
　　「自動詞get＋場所を示す修飾語M」で「（場所に）着く」という意味になる。文末のhere（ここに）やearly（早く）は副詞で、副詞はM。Mとセットにできるのは自動詞。

003. I fly to Hawaii every other week. （私は1週間おきにハワイに飛行機で行きます）
　　「自動詞fly＋修飾語M」で「（ある場所に）飛行機で行く」という意味になる。「前置詞to＋名詞Hawaii」（ハワイへ）は場所を示す修飾語のM。副詞every other ...は「1つおきの…。隔…」。

004. I get $2,500 a month. （私は1カ月につき2500ドル手に入れます）
　　「他動詞get（…を手に入れる）＋目的語O（名詞）」。「a＋単位」（…につき）はこれで1つのMと考える。

005. I water my flowers every morning. （私は毎朝、花に水をやります）
　　他動詞waterには「…に水をやる」という意味がある。水をやる対象の名詞my flowers（花）が目的語O（名詞）となる。副詞every morning（毎朝）はM。

006. It rains here every day. （ここは毎日雨が降ります）
　　自動詞rain（雨が降る）。代名詞Itは天候・時間・距離などを示す主語S（名詞）で「それ」とは訳さない。場所を示すhere、時を示すevery dayはどちらも副詞でMの働き。

2. (2点×10【20点】) ＊ (a) (b) は各2点

007. agree　008. speak　009. (a) move　(b) work　010. talk　011. walk　012. see　013. get　014. watch
015. run

007. agree with him （彼と同意見である）
　　「自動詞agree＋前置詞with＋人」（…と意見が同じである）。他動詞contact（…と連絡を取る）に前置詞は不要。前置詞句with himは修飾語で目的語Oにできない。

008. speak English fluently （流ちょうに英語を話す）
　　「他動詞speak＋目的語O（名詞）」（…を話す）。自動詞talk（話す）は目的語となる名詞を後ろに置けない。

009. move to New York to work （働くために、ニューヨークに引っ越す）
　　(a)「自動詞move＋前置詞to＋名詞」（…に引っ越す、移動する）。他動詞spendは前置詞とセットにできない。(b)

自動詞work（働く）はSVだけで文法的に成り立つ。一方、他動詞visit（…を訪問する）は人や場所を示す目的語O（名詞）が必要。

010. **talk about my job（私の仕事について話す）**
「自動詞talk＋前置詞about＋名詞」（…について話す）。他動詞find（…を見つける）は前置詞を後ろに置かず、直接目的語Oになる名詞を置く。

011. **walk to the park every morning（毎朝、公園まで歩いて行く）**
「自動詞walk＋前置詞to＋場所を示す名詞」（…まで歩いて行く）。他動詞enjoyに前置詞はNG。

012. **see a doctor（医者に診てもらう）**
他動詞see（…と会う）。see a doctorで「医者に診てもらう」という表現。自動詞goはgo to a doctor（医者に行く）のように後ろに前置詞が必要。

013. **get into the university（大学に入る）**
「自動詞get＋前置詞into＋名詞」（…の中に入る）。他動詞enter（…に入る）に前置詞はNG。

014. **watch movies（映画を観る）**
「他動詞watch＋目的語O（名詞）」（…を観る）。一方、自動詞lookはOを後ろに置くことができない。「自動詞look＋前置詞at＋名詞」（…を見る）にすれば文法的に正しくなる。

015. **run in the morning（午前中に走る）**
自動詞run（走る）。自動詞は前置詞とセットで使える。他動詞enjoyに前置詞はNG。

3. (2点×11【22点】)

016. ×　017. walk　018. go　019. at　020. Listen　021. work for　022. ×　023. ×　024. talk　025. ×
026. talk

016. **Sometimes I visit the U.K.（時々、私はイギリスを訪れます）**
「他動詞visit＋場所を示す目的語O（名詞）」（…を訪れる）。副詞sometimes（時々）。

017. **I usually walk home.（私はいつも歩いて家に帰ります）**
副詞の前に前置詞はNG。「自動詞walk＋副詞home」（家まで歩いて帰る）。

018. **Tom, let's go upstairs.（トム、2階に行きましょう）**
「自動詞go＋場所を示す副詞M」（…に行く）。副詞upstairs（2階へ、階上へ）に前置詞はNG。「Let's＋動詞の原形」（…しましょう）。

019. **I arrive at work on time.（私は時間通りに職場に着きます）**
「自動詞arrive＋前置詞at＋場所を示す名詞」（…に到着する）。自動詞には、場所を示す名詞を後ろに続けるために前置詞が必要。名詞work（職場）、副詞on time（時間通りに）はM。

020. **Listen to me, Emma.（私の話を聞いてください、エマ）**
後ろに前置詞toを続けることができるのは自動詞listen（聴く）。ここでは命令文「動詞の原形 ...」（…してください）のカタチ。＊listenは自ら耳を傾けて注意して聴く、hearは自然と耳に入ってくるニュアンスの違いがある。

021. **They work for a food company.（彼らは食品会社で働いています）**
自動詞work（働く）は、働く場所を示すために前置詞が必要。work for ...（…で働く）。

022. **I usually get there around 9 a.m.（いつも午前9時頃、そこに着きます）**
「自動詞get＋場所を示す修飾語M」（…に着く）。副詞there（そこに）に前置詞はNG。「前置詞around＋時を表す名詞」（…頃）。

023. **I get my ideas from movies.（私は映画から自分のアイデアを得ています）**
「他動詞get＋目的語O」（…を得る）。「自動詞get to＋名詞」は「…に着く」という意味となり不自然。

024. **I never talk to Mr. Lee.（私はリーさんと決して話をしません）**
「自動詞talk＋前置詞to＋人」（…と話す、…に話しかける）。他動詞sayは目的語Oの名詞が必要。「say something＋to＋人」（…に何かを話す）のようなカタチであれば文法的にOK。副詞never（絶対に…しない）。

025. **I run a small business for a living.（生活のために、中小企業を経営しています）**
「他動詞run＋目的語O」（…を経営する）。前置詞inとセットにするとrunは「走る」という意味の自動詞となり、ここでは文意が不自然。

026. **I talk to Bob about it.（私はそれについてボブと話します）**

前置詞toに注目。「自動詞talk＋前置詞to＋名詞」（…と話す）。他動詞tellに前置詞は不要。他動詞tell Bob about it（それについてボブに話す）ならOK。

4. （4点×10【40点】） ＊ (a) (b) は各4点

027. I like your scarf

028. Some people look for the perfect person

029. I take my passport to bars

030. (a) My son raises his hand　(b) he has a question

031. I borrow some books from

032. You spend your money on

033. do yoga every morning

034. take a shower before work

035. I keep all the letters from

027. **I like your scarf. （あなたのマフラーいいですね）**
「他動詞like＋目的語O」（…を気に入っている）。＊名詞scarf（マフラー）

028. **Some people look for the perfect person. （完璧な人を探す人もいます）**
「自動詞look＋前置詞for ...」（…を探す）。＊「形容詞some＋名詞」（…な人［モノ］もい［あ］る）

029. **I take my passport to bars. （私は自分のパスポートをバーに持っていきます）**
「他動詞take＋目的語O＋場所を示す修飾語M」（Oを［場所］に持っていく）。前置詞句to bars は修飾語のM。

030. **My son raises his hand when he has a question. （息子は質問がある時、手を挙げます）**
(a)「他動詞raise＋目的語O」（…を上げる）。(b)「他動詞have＋目的語O」（Oがある）。

031. **Sometimes I borrow some books from the library. （時々、僕は図書館で本を借ります）**
「他動詞borrow＋目的語O」（［無料で］…を借りる）。後ろの前置詞句「from＋場所」（…から）は、どこから借りたのかを示す副詞の働きのM。＊「形容詞some＋名詞」（いくつかの…）

032. **You spend your money on shoes and clothes. （あなたは靴と服にお金を使います）**
「他動詞spend＋目的語O＋前置詞on ...」（…にO（お金・時間）を費やす）。

033. **I do yoga every morning. （毎朝、ヨガをします）**
他動詞doには「（行為）を行う」という意味がある。名詞yoga（ヨガ）が行為の内容を示す目的語O［＝名詞］。副詞every morningのような時を示すMは文末に置くのが自然。

034. **I take a shower before work. （仕事の前に、シャワーを浴びます）**
take a shower（シャワーを浴びる）。この他動詞takeには「1つの行動・行為をする」という意味がある。「前置詞before＋名詞work」（仕事の前）は時を示す前置詞句のM。

035. **I keep all the letters from my friends. （私は友だちからの手紙をすべて取っておきます）**
「他動詞keep＋目的語O」（…を取っておく）。前置詞句from my friendsは修飾語M。様子、場所、時の情報を示すMは文末が基本。＊「形容詞all＋複数名詞」（すべての…）

Day 02 / Answer Key

英語の語順　SVC 文型 　合格点 80 点

 モヤモヤ解消ポイント！

- ・SVC 文型であれば「S=C」の意味上の関係になる。
- ・S を説明する C は形容詞または名詞のみ！

[Day 01の復習問題]

1. （2点×4【8点】）

036. get　037. visit　038. go　039. look

036. **get to my office（会社に着く）**
「自動詞get＋前置詞to＋場所を示す名詞」（…に着く）。他動詞visit（…を訪問する）に前置詞はNG。

037. **visit Kyoto（京都を訪れる）**
「他動詞visit＋訪問先を示す目的語O（名詞）」（…を訪れる）。自動詞arrive は前置詞が必要。（○）arrive in Kyoto。

038. **go into the room（その部屋に入る）**
「自動詞go＋前置詞into＋名詞」＝「他動詞enter＋目的語O（名詞）」（…の中に入る）。

039. **look at a picture（写真［絵］を見る）**
前置詞を後ろに置けるのは自動詞look（見る）。look at ...（…を見る）。

2. （3点×2【6点】）

040. talks back to the manager　（×）says

041. We discuss the plan for （×）talk

040. **No one talks back to the manager.（誰もその店長に口答えしません）**
「自動詞talk＋前置詞to＋人」（…と話す）。ここでは「（相手の行為に）返して、答えて」という意味の副詞backを用いたtalk back to ...（…に口答えをする）。＊no one（誰も…ない）

041. **We discuss the plan for the trip.（私たちはその旅行計画を話し合います）**
「他動詞discuss＋話し合う内容を示す目的語O（名詞）」（…を話し合う）。自動詞talk は talk about ...（…について話す）のように前置詞が必要。＊前置詞for（…のために）

[Day 02の演習問題]

1. （1点）

042.（b）

042. **(a) grow fruit（フルーツを育てる）　(b) grow old（年を取る）**
文型で異なる意味に注意。(a)「他動詞grow＋目的語O（名詞）」（…を育てる）。(b)「自動詞grow＋補語C（形容詞）」（…になる）。

2. （2点×5【10点】）

043. look　044. seem like　045. feel　046. feel like　047. become

043. **look tired in the morning（朝は疲れてるように見える）**
「自動詞look＋補語C（形容詞）」（…に見える）。

044. **seem like a nice girl（すてきな女の子のようだ）**

「自動詞seem＋like＋名詞」(…のように見える)。名詞の前には前置詞like(…のような)が必要。

045. **feel cold（寒気がする）**
「自動詞feel＋補語C(形容詞)」(…と感じる)。

046. **feel like a superstar（スーパースターのように感じる）**
「自動詞feel＋like＋名詞」(…のように感じる)。044のseemと同様、名詞の前には前置詞like(…のような)が必要。
＊名詞superstar「(俳優・歌手・選手)スーパースター」

047. **become a YouTuber（ユーチューバーになる）**
「自動詞become＋補語C(名詞)」(…になる)。becomeは名詞・形容詞の両方をCに使える。「他動詞get＋名詞(＝目的語O)」は「…を手に入れる」という意味で不自然。

3. (完答：3点×7【21点】)

048. (S) The dried mangos (V) taste (C) really sweet.
049. (S) We (V) are (M) in New York.
050. (S) We (V) look (M) at the same sky.
051. Mom, (S) you (V) look (C) great.
052. (S) I (V) drink (O) wine (M) every night.
053. (S) I (V) stay (C) quiet (M) in group chats.
054. (S) I (V) am (C) a fan of yours.

048. **The dried mangos taste really sweet.（そのドライマンゴはほんとに甘い味がします）**
「自動詞taste＋補語C(形容詞)」(…な味がする)。形容詞sweet(甘い)がSを説明するCで、S＝Cが成り立つ。(○) The dried mangos ＝ really sweet.

049. **We are in New York.（私たちはニューヨークにいます）**
「存在」を表現するSV文型を作る「自動詞のbe動詞＋場所を示す修飾語」(…にいる、ある)。前置詞句in New Yorkは場所を示す修飾語M。

050. **We look at the same sky.（僕たちは同じ空を見ます）**
「自動詞look＋前置詞句M」(…を見る)。＊形容詞same([theを伴って]同じ…)

051. **Mom, you look great.（お母さん、ずいぶん元気そうだね）**
「自動詞look＋補語C(形容詞)」(…に見える)。S＝Cが成り立つ。(○) You ＝ great.

052. **I drink wine every night.（私は毎晩、ワインを飲んでいます）**
「他動詞drink＋目的語O(名詞)」(…を飲む)。(×) I ＝ wineと言えないためSVC文型ではない。副詞every night(毎晩)はM。

053. **I stay quiet in group chats.（グループチャットでは僕は黙っています）**
「自動詞stay＋補語C(形容詞)」(…のままでいる)。(○) I ＝ quiet。前置詞句「前置詞in＋名詞group chats」は場所を示す修飾語M。

054. **I am a fan of yours.（私はあなたのファンです）**
SVC文型を作るbe動詞「自動詞am＋補語C(名詞)」(…である)。(○) I ＝ a fan of yours。＊a fan of yours ＝ one of your fans(あなたのファンの一人)

4. (3点×10【30点】)

055. gets　056. smells　057. sounds　058. stay　059. seems　060. remain　061. stays
062. looks like　063. I always get　064. become

055. **It gets too cold in here.（この中は寒くなりすぎます）**
文意は変化を示すため「自動詞get＋補語C(形容詞)」(…になる)が正解。副詞too(あまりに…すぎる)。＊部屋や建物の中を指す「前置詞in＋名詞here(ここ)」(この中で)。

056. **Her hair smells like shampoo.（彼女の髪の毛はシャンプーのような匂いがします）**
後ろの名詞shampooに注目。「自動詞smell＋like＋名詞」(…のようなにおいがする)。

057. **My nose is super stuffy and my voice sounds awful.（鼻がメチャクチャ詰まってて、声もひどいんです）**

自動詞getよりも聞いた印象に重きを置いた「自動詞sound＋補語C（形容詞）」（…に聞こえる）が自然。

058. **We often stay in Guam for a few days.**（私たちはたびたびグアムに数日間、滞在します）
「自動詞turn＋修飾語M」は「向きを変える」「曲がる」などの意味でここでは不自然。「自動詞stay＋場所を示す副詞の前置詞句M」（…に滞在する）。＊副詞often（たびたび）、前置詞for（…の間）、「形容詞a few＋複数名詞」（2、3の…）

059. **It seems very hot today.**（今日はとても暑そうです）
「feel like＋形容詞」は誤り。「自動詞seem＋補語C（形容詞）」（…のようだ、…と思える）が正解。

060. **Please remain seated.**（着席していてください）
自動詞getを使ったget seatedは「座る（座った状態になる）」という意味で文意に合わない。「自動詞remain＋補語C（形容詞）」（…のままでいる）。＊自動詞stayよりもフォーマルな響き。

061. **This grocery store stays open till midnight.**（この食料品店は夜12時まで営業しています）
seems openは「営業中のようだ」という意味で文意に合わない。「自動詞stay＋補語C（形容詞）」（…のままでいる）。openは形容詞で「開いた」「営業して」という意味。＊「前置詞till＋名詞」（…までずっと）

062. **My hair looks like a wig.**（私の髪はカツラのように見えるんです）
「look＋名詞」は誤り。「自動詞look＋like＋名詞」（…のように見える）。

063. **I always get mad at myself .**（僕はいつも自分自身に腹を立ててしまいます）
「be動詞＋形容詞mad」は「頭にきている」という現在の状態の意味で文意に合わない。「自動詞get＋補語C（形容詞）」（…になる）。get mad（at …）で「（…に）腹を立てる」という状態の変化を表す意味。＊副詞always（いつも）、代名詞myself（自分自身に）

064. **I become sick so often in winter.**（冬はとてもよく病気になります）
「feel like＋形容詞」は誤り。「自動詞become＋補語C（形容詞）」（…になる）が正解。＊副詞so often（とてもよく）

5. (4点×6【24点】)

065. It's really hot in Kyoto
066. My skin feels amazing with
067. This burger looks tasty
068. My manager seems really nice
069. My car still smells brand-new
070. Green leaves turn red in fall

065. **It's really hot in Kyoto.**（京都はほんとうに暑いです）
「自動詞be動詞＋補語C（形容詞）」（…だ）。前置詞句in Kyotoは場所を示す修飾語M。

066. **My skin feels amazing with this cream.**（このクリームをつけると、肌がとてもいい感じになります）
「自動詞feel＋補語C（形容詞）」（[モノが] …の感じがする）。形容詞amazing（驚くほどよい）がS「肌」の状態を説明するCになる。＊前置詞with＋名詞（…があれば）

067. **This burger looks tasty.**（このバーガーはおいしそうです）
「自動詞look＋補語C（形容詞）」（[見た目] …に見える」。「この…」＝「This＋名詞」。

068. **My manager seems really nice.**（私の上司は本当に感じがよさそうです）
「自動詞seem＋補語C（形容詞）」（…のようだ、…と思える）。自動詞seemは外観から、人や物について主観的に自分がどう思うかを話す。

069. **My car still smells brand-new.**（僕の車はまだ新車の香りがします）
「自動詞smell＋補語C（形容詞）」（…な香りがする）。＊副詞still（まだ）

070. **Green leaves turn red in fall.**（緑の葉が秋になると紅葉します）
「自動詞turn＋補語C（形容詞）」（[ある色や状態] …になる）。「色の変化」はよくこのturnが用いられる。「前置詞in＋季節」（…に）。＊名詞leaf（葉）の複数形leaves

Day 03 / Answer Key

英語の語順　SVOO/SVOC 文型　合格点 80 点

 モヤモヤ解消ポイント！

- ・SVO₁O₂ 文型は「O₁［人］に O₂［モノ］を与える」のニュアンスで押さえる。
- ・SVOC 文型であれば「O＝C」の意味上の関係になる。

[Day 02の復習問題]

1.（2点×4【8点】）

071. look like　072. become　073. happy　074. look

> 071. look like a summer day（ある夏の日のようだ）
> 　「自動詞look＋like＋名詞」（…のように見える）。
> 072. become a singer（歌手になる）
> 　「自動詞become＋補語C（名詞）」（…になる）。「get＋名詞（＝目的語O）」は「…を手に入れる」という意味になり、ここでは不自然。
> 073. feel happy with my performance（私の演技に満足する）
> 　「自動詞feel＋補語C（形容詞）」（…と感じる）。feelの補語は形容詞のみ。feel happy with ...（…に満足している）。
> 074. look for a job（仕事を探す）
> 　前置詞forに合う自動詞を考える。動詞look（見る）にはlook for ...（…を探す）の表現がある。

2.（2点×2【4点】）

075. You look happy in　076. It gets cold in the kitchen

> 075. You look happy in this picture.（この写真のあなたはうれしそうです）
> 　「自動詞look＋補語C（形容詞）」（…に見える）。
> 076. It gets cold in the kitchen during the winter.（冬の間、キッチンは寒くなります）
> 　「自動詞get＋補語C（形容詞）」（…になる）。＊「前置詞during＋名詞」（[特定期間] …の間）

[Day 03の演習問題]

1.（完答：2点×6【12点】）

077. (S) <u>You</u> (V) <u>get</u> (O) <u>a coffee</u> (M) <u>for me</u>.
078. (S) <u>You</u> (V) <u>make</u> (O) <u>me</u> (C) <u>a little nervous</u>.
079. (S) <u>You</u> (V) <u>make</u> (O) <u>me</u> (O) <u>a nice coffee</u>.
080. (S) <u>It</u> (V) <u>makes</u> (O) <u>you</u> (C) <u>a better person</u>.
081. (S) <u>You</u> (V) <u>get</u> (O) <u>me</u> (O) <u>a tea</u>.
082. (S) <u>I</u> (V) <u>find</u> (O) <u>him</u> (C) <u>nice</u>.

> 077. You get a coffee for me.（あなたはコーヒーを私に買ってきてくれます）
> 　「他動詞get＋目的語O（名詞）」（…を買ってくる、…を手にいれる）。「前置詞＋名詞」は修飾語M。
> 078. You make me a little nervous.（あなたは私をちょっと緊張させます）
> 　「他動詞make OC」（OをCにする）。me a little nervous → I am a little nervous（私はちょっと緊張している）の関係が成り立つ。＊副詞a little（少し）、形容詞nervous（緊張して）
> 079. You make me a nice coffee.（あなたは私においしいコーヒーを入れてくれます）
> 　「他動詞make O₁O₂」（O₁［人］にO₂［モノ］を作る）。SVOO文型ではme = a nice coffeeの関係にはならない。

080. **It makes you a better person.（それのおかげで君はもっと良い人になれます）**
「他動詞make OC」（OをCにする）。you a better person → you <u>are</u> a better person（あなたはもっと良い人間だ）の関係が成り立つ。

081. **You get me a tea.（あなたは私にお茶を買ってきてくれます）**
「他動詞get O_1O_2」（O_1［人］に O_2［モノ］を買ってくる、取ってくる）。＊a tea = a cup of tea（一杯のお茶）の口語的な言い方。

082. **I find him nice.（私は彼がいい人だと思います）**
「他動詞find OC」（OがCだと思う）。him nice → he <u>is</u> nice（彼はいい人だ）が成り立つ。

2. (2点×5【10点】)

083. for　084. ×　085. tell　086. tell　087. leave

083. **find it for Yuna（それをユウナに見つけてあげる）**
「他動詞find O for ...」（O［モノ］を…［のために］に見つける）。

084. **leave him some food（彼に食べ物を残しておく）**
「他動詞leave O_1O_2」（O_1［人］に O_2［モノ］を残しておく）。leave some food <u>for him</u> ならOK。

085. **tell me the number（私にその番号を教える）**
「他動詞tell O_1O_2」（O_1［人］に O_2［コト］を教える、話す）。

086. **tell it to Ayako（それをアヤコに教える）**
「他動詞tell O to ...」（O［コト］を…に教える、話す）。相手がいなければ成立しない他動詞は「to＋人」を用いる。tellの場合、聞いてくれる相手がいなければ伝えることができない。他動詞buyは、buy it for Ayakoになる。

087. **leave it for you（それをあなたに残しておく）**
「他動詞leave O for ...」（O［モノ］を…［のため］に残しておく）。give を使う場合は、give it <u>to</u> youになる。

3. (3点)

088. I gave <u>my cousin</u> the bike. → I gave <u>it to my cousin</u>. ＊gave <u>the bike to my cousin</u>は 1 点

088. **A: Where's the bike? — B: I gave it to my cousin.（その自転車はどこにあるの？——いとこにあげましたよ）**
他動詞giveの後に続く情報（名詞）の新旧がポイント。旧情報→新情報の流れを考える。旧情報のthe bikeは代名詞itに、新情報のmy cousinは文末に置くため「to＋人」のカタチにする。giveは相手がいなければ成立しないため前置詞はtoを用いる。

4. (3点×9【27点】)

089. me the map　090. the door open　091. me about $5　092. to　093. for　094. me the salt
095. me happy　096. tells　097. for

089. **Please show me the map.（私にその地図を見せてください）**
「他動詞show O_1O_2」（O_1［人］に O_2［モノ］を見せる）。「show O <u>to</u>＋人」ならOK。

090. **Just leave the door open.（そのドアは開けっ放しにしておいてください）**
「他動詞leave OC（形容詞）」（OをCのままにしておく）。open（開いた）は形容詞でOの状況を説明する補語Cの働き。

091. **Each meal costs me about $5.（1回の食事が私にはおよそ5ドルかかります）**
「他動詞cost O_1O_2」（O_1［人］に O_2［金額］がかかる）。＊「about＋数量」（およそ）

092. **I lend my car to my brother.（車を弟［兄］に貸します）**
「他動詞lend O to［人］」（O［モノ］を［人］に貸す）。貸す相手が必要なため前置詞はto。

093. **Can you choose a dictionary for me?（辞書を私に選んでくれませんか？）**
「他動詞choose O for［人］」（O［モノ］を［人］のために選ぶ）。

094. **Will you pass me the salt, please?（塩を取ってくれない？）**
「他動詞pass O_1O_2」（O_1［人］に O_2［モノ］を手渡す）。「人」を後ろに置く場合は「pass O to［人］」になる。

095. **You look happy now, and that makes me happy, too.（あなたは今うれしそう、それで私もうれしくなるよ）**

「他動詞make OC」（O を C の状態にする）。＊代名詞that（それ）は前文の内容を指す。

096. **She never tells me her phone number.** （彼女は僕に電話番号を絶対に教えてくれません）

「他動詞tell O₁O₂」（O₁［人］にO₂［コト］を教える、話す）。＊副詞never（決して…しない）

097. **I cook breakfast for my family.** （私は朝食を家族に作ります）

「他動詞cook O for［人］」（O［食事］を［人］のために作る）。

5. （4点×9【36点】）

098. take pictures and send them to friends

099. I leave the TV on for

100. my parents get me something for

101. I keep my desk clean all

102. This homework takes me a good hour

103. (a) It gets really hot in my room　(b) I keep the air conditioner on

104. E-sports make them very excited

105. you tell me the way to the town hall

098. **I take pictures and send them to friends.** （写真を撮って、友だちに送っています）

take pictures（写真を撮る）。「他動詞send O to［人］」（O［モノ］を［人］に送る）。新情報のfriendsを文末に置くのが自然。

099. **I leave the TV on for my dog.** （自分の犬のために、テレビをつけっぱなしにしておきます）

「他動詞leave OC」（O を C のままにしておく）。このonは「（電気・水道・ガスなどが）ついた、作動した」という意味の形容詞の用法で補語Cになっている。

100. **Every year, my parents get me something for my birthday.** （毎年、誕生日に、両親が私に何か買ってきてくれます）

「他動詞get O₁O₂」（O₁［人］にO₂［モノ］を買ってくる、持ってくる）。get something for meでも「私のために何か買ってくる」になるが、これだとmy birthdayの前につける前置詞が足りなくなる。＊前置詞for「（特定の行事を指して）…のために」

101. **I keep my desk clean all the time.** （常に自分のデスクはキレイにしています）

「他動詞keep OC」（O を C のままに保つ）。＊副詞all the time（常に）

102. **This homework takes me a good hour.** （この宿題はたっぷり１時間かかります）

「他動詞take O₁O₂」（O₁［人］にO₂［時間］がかかる）。

103. **It gets really hot in my room, so I keep the air conditioner on.** （僕の部屋の中は本当に暑くなるのでエアコンをつけっ放しにしています）

(a)「自動詞get＋補語C（形容詞）」（…になる）。「前置詞in＋名詞」（…の中）。(b)「他動詞keep OC」（O を C のままにしておく）。形容詞on「（機械が）作動中の」＝補語C。

104. **E-sports make them very excited.** （eスポーツで彼らはとても興奮します）

「他動詞make OC」（O を C の状態にする）。SVOCではOC部分のthem very excited→ they are very excited（彼らはとても興奮している）が意味的に成立する。

105. **Excuse me, can you tell me the way to the town hall?** （すみませんが、市役所への行き方を僕に教えていただけませんか）

「他動詞tell O₁O₂」（O₁［人］にO₂［コト］を教える、話す）。「the way to＋場所」（…への行き方）。

Day 04 / Answer Key

学習進路分け Quiz　解答・解説　【20 分】
[A] 文型の理解度チェック（合格点 40 点／ 50 点満点）

1. (2点×7【14点】)
106. 名詞　107. 副詞　108. 形容詞　109. 副詞　110. 動詞　111. 名詞　112. 名詞

106. I look for <u>a job</u>. （私は仕事を探しています）
　　　名詞 job（仕事）。この文は「自動詞＋前置詞＋名詞」。
107. I look <u>at a picture</u>. （私は写真を見ています）
　　　「前置詞 at ＋名詞 a picture」＝場所を示す前置詞句で副詞の働き。
108. You look <u>busy</u> today. （あなたは今日、忙しそうに見えます）
　　　形容詞 busy（忙しい）。「自動詞 look ＋補語 C（形容詞）」（…に見える）。
109. I work <u>here</u>. （私はここで働いています）
　　　副詞 here（ここで）。「自動詞 work ＋場所を示す M（副詞）」（…で働く）。
110. I <u>water</u> my garden every morning. （私は毎朝、自宅の庭に水をまきます）
　　　「他動詞 water ＋目的語 O（名詞）」（…に水をまく）。
111. I need <u>water</u> for my pool. （自宅のプールに水が必要です）
　　　「他動詞 need ＋目的語 O（名詞）」（…を必要とする）。
112. I drive to <u>work</u>. （私は職場まで車を運転して行きます）
　　　名詞 work（職場）。「自動詞 drive ＋前置詞 to ＋場所を示す名詞」（…まで車を運転して行く）。

2. (1点×4【4点】)
113. ① 動詞　② 名詞　③ 副詞　④ 副詞

113. 主語S (名詞) I 他動詞V (動詞) <u>get</u> 修飾語M (形容詞) <u>about 500</u> 目的語O (名詞) <u>visits</u> 修飾語M (前置詞句) <u>to my blog</u> 修飾語M (副詞) <u>every day</u>. （私は毎日、自分のブログに約500人の方に訪問してもらっています）
　　　①他動詞 get（…を得る）。② visit は他動詞「…を訪問する」の意味ではなく、他動詞 get の後ろに置かれた目的語の名詞で「訪問」の意味。「副詞 about ＋形容詞（数詞）500」（約500人の）は 1 まとまりの形容詞として名詞 visits を修飾。③「前置詞＋名詞」＝修飾語 M で、ここでは副詞の働き。④ every day で「毎日」という副詞。

3. (完答：2点×4【8点】)
114. (S) <u>I</u> (V) <u>get</u> (O) <u>a coffee</u> (M) <u>here</u>.
115. (S) <u>I</u> (V) <u>get</u> (O) <u>my dad</u> (C) <u>upset</u> (M) <u>sometimes</u>.
116. (S) <u>My room</u> (V) <u>gets</u> (C) <u>hot</u> (M) <u>at night</u>.
117. (S) <u>You</u> (V) <u>get</u> (M) <u>home</u> (M) <u>late</u>.

114. I get a coffee here. （私はここでコーヒーを買います［手に入れます］）
　　　「他動詞 get ＋目的語 O（名詞）」（…を手に入れる）。副詞 here（ここに、ここで）＝ M。
115. I get my dad upset sometimes. （私は時々、お父さんを怒らせます）
　　　「他動詞 get OC」（O［人］を C の状態にする）。形容詞 upset（うろたえた、腹を立てた）＝ C。副詞 sometimes（時々）＝ M。
116. My room gets hot at night. （夜、私の部屋は暑くなります）
　　　「自動詞 get ＋補語 C（形容詞）」（…になる）。前置詞句 at night ＝ M。
117. You get home late. （あなたは遅くに帰宅します）
　　　「自動詞 get ＋場所を示す M（副詞）」（…に着く）。home（家に）と late（遅れて、遅く）は副詞で M。

4. (2点×4【8点】)

118. ×　119. like　120. healthy　121. happiness

> 118. **You come early.**（あなたは早く来ます）
> 自動詞comeはそれだけで「来る」の意味。副詞early（早く）
>
> 119. **I seem like a Chinese in this picture.**（この写真では、僕は中国人みたいに見えます）
> 「seem＋like＋名詞」（…のようだ、…のように見える）。名詞の前に前置詞likeが必要。
>
> 120. **Oranges make me healthy.**（オレンジのおかげで私は健康になります）
> 「他動詞make OC」（OをCにする）。me healthy→I am healthy（私は健康です）が成り立つ。一方、「健康」という概念を示す名詞healthは、私という人間とはイコールにならない。
>
> 121. **You bring me happiness.**（あなたは私に幸せをもたらします）
> 「他動詞bring O₁O₂」（O₁［人］にO₂［モノ］を持ってくる）。O＝名詞で形容詞happyは誤り。

5. (4点×4【16点】)

122. We run a cafe in Kobe
123. You need my help
124. I buy her something for
125. I leave my door open for my cat

> 122. **We run a cafe in Kobe.**（私たちは神戸でカフェを経営しています）
> 「他動詞run＋目的語O（名詞）」（…を経営する）。前置詞句in KobeはM。
>
> 123. **You need my help.**（あなたは私の助けが必要です）
> 「他動詞need＋目的語O（名詞）」（…を必要とする）。このhelp（助け）は名詞。
>
> 124. **I buy her something for Christmas.**（クリスマスに、私は彼女に何か買います）
> 「他動詞buy O₁O₂」（O₁［人］にO₂［モノ］を買う）。代名詞something（何か）。「前置詞for＋行事を示す名詞」（…のために）。
>
> 125. **I leave my door open for my cat.**（私はドアを猫のために開けっぱなしにしています）
> 「他動詞leave＋O（名詞）＋C（形容詞）」（OをCのままに放っておく）。開いているドアをそのままにしておくニュアンス。このopenは形容詞で補語Cの働き。

[B] 品詞の理解度チェック （合格点…18点／ 25点満点）

6. (2点×2【4点】)

126. sadness　127. peace

> 126. 主語Sになれるのは名詞sadness（悲しみ）。形容詞sad（悲しい）と副詞sadly（悲しそうに）は主語Sにはなれない。
>
> 127. 目的語Oになれるのは名詞peace（平和）。形容詞peaceful（平和な）と副詞peacefully（平和に）は目的語Oにはなれない。

7. (1点×9【9点】)

128.（c）（e）（f）＊順不同　129.（b）（g）（i）＊順不同　130.（a）（d）（h）＊順不同

> 128. 名詞…tooth（歯）、cousin（いとこ）、cloud（雲）
> 129. 形容詞…different（違った）、rainy（雨の）、sick（病気の）
> 130. 副詞…carefully（注意深く）、always（いつも）、there（そこに［で］）

8. （2点×6【12点】）
131. quietly　132. him　133. on　134. some　135. (a) How　(b) the

> **131. read quietly（静かに読書する）**
> 動詞readを修飾するのは副詞quietly（静かに）。
>
> **132. about him（彼について）**
> 「前置詞about＋名詞」。この名詞は前置詞の目的語Oになるため目的格の代名詞himが正解。
>
> **133. a picture on the wall（壁に掛かっている絵）**
> 「接触」ニュアンスの前置詞on。inは「内部空間」のニュアンスで壁内部を示唆することになり不自然。
>
> **134. some children（何人かの子どもたち）**
> childrenは名詞child（子ども）の複数形。「形容詞some＋複数名詞」（何人かの…、いくつかの…）。不定冠詞aは単数名詞に用いるため誤り。
>
> **135. How was the interview?（面接はどうでしたか）**
> (a)「様子」を尋ねる疑問詞How（どう？）。(b)「あの（名詞）」「その（名詞）」と、相手と情報が共有できていることを示す定冠詞the。

[C] 時制の理解度チェック（合格点…18点／25点満点）

9. （3点×5【15点】）
136. is taking
137. Are you going to
138. was taking
139. He's gone shopping
140. We've been

> **136. Hina is taking the train to university this week.（ヒナは今週、大学まで電車で通っています）**
> 「ある期間だけ…しています」と、this week「今週」に限った一時的な状況を示す現在進行形is takingが正解。
>
> **137. Are you going to make sandwiches today?（今日はサンドイッチを作る予定ですか？）**
> 「あなたは…する予定ですか」と相手の個人的な予定を尋ねるAre you going to ...?が正解。Will you ...?だと依頼のニュアンスになる。
>
> **138. Saki was taking a nap, and I woke her up.（サキが昼寝をしてて、僕が起こしたんだ）**
> 「（その時）…していた」と、過去の一時的な状況を示す過去進行形was takingが正解。
>
> **139. Where's Rintaro? — He's gone shopping.（リンタロウはどこ？――買い物に行っちゃったよ）**
> 「行ってしまった」と、完了を表現する現在完了has goneが正解。He's = He has。
>
> **140. We've been good friends since we were 15.（私たちは15歳の時からずっと仲良くやっています）**
> 「（ある過去から）現在までずっと…だ」と継続を表現する現在完了have beenが正解。We've = We have。

10. （2点×5【10点】）
141. watched
142. are you going to
143. do you do
144. went
145. I did

> **141. She often watched the sunset.（彼女はよく夕焼けを見ていました）**
> 現在形であるなら主語Sheには3人称単数現在形watchesでなければならない。副詞often（よく）と合わせて、過去の習慣を表す過去形watchedが正解。
>
> **142. Where are you going to sell it?（どこでそれを売る予定ですか？）**

疑問詞where（どこで）と具体的に尋ねていることから、「相手の予定」を表現するbe going toを用いた疑問文と考えるのが自然。

143. **What do you do? — I'm a doctor.（お仕事は何ですか?──医者です）**
返答文より、職業を尋ねていると考える。現在形であれば「普段、何をしているの?」が仕事を尋ねる意味になる。

144. **We went shopping almost every day last week.（私たちは先週、ほとんど毎日買い物に出掛けていました）**
副詞last week（先週）と頻度を示す副詞almost every dayより、過去の習慣を表す過去形が正解。＊副詞almost（ほとんど）

145. **I did all the laundry this morning.（今朝、洗濯を全部終わらせました）**
副詞this morning（今朝）より、過去の出来事を表す過去形が正解。＊do the laundry（洗濯をする）

【判定結果】

＊本冊の配点を参考に、自己採点し、下表に基づいて次の学習単元へと進んでください。

[A] …不合格	Stage 01 Day 1~Day 3を復習後、Stage 02 Day 12へ 文型の理解が不十分なため、しっかりとDay 1~3を復習した上で、Day 12~17の演習を徹底反復してください。
[A] [B] [C] …すべて合格	Stage 01 Day 05へ、またはStage 02 Day 12へ 文型、品詞、時制の基本的理解はOKです。このまま本書のモデルプランであるStage 01を継続し、時制の学習を進めるか、興味に合わせてStage 02を選択しても構いません。
[A] [C] …合格 [B] …不合格	Stage 02 Day 12へ [A] が合格ですので、品詞がまったく理解できていないわけではありません。Stage 02 Day 12~17の学習で品詞の知識をより具体的に学ぶことで文型と品詞の仕組みが定着します。
[A] [B] …合格 [C] …不合格	Stage 01 Day 5へ [A] [B] 両方に合格点を取れていますので、まずは安心です。時制の学習を進めて、動詞の形の変化を含めた動詞の使い方をしっかり学んでいきましょう。[A] [B] が合格点ギリギリで不安な場合は、Day 1~3の復習を優先しても構いません。

Day 05 / Answer Key

現在形と過去形　合格点85点

 モヤモヤ解消ポイント！

- ・英語はコミュニケーションツールです。場面と相手に与える印象を考えましょう。
- ・今も昔もこれからもやっていく、これが「現在形」の基本。
- ・自分が発信する内容は「いつの話なのか」を常に意識すること！

[Day 01の演習問題]

1. （3点×5【15点】）

146. know　147. stood　148. has　149. check　150. eat

> 146. I know about fashion. （私はファッションというものをわかっています）
> 　　現在の状態を示す現在形know about（…についてわかっている）。
>
> 147. An old tree stood by the river. （その川のそばに古い木が立っていました）
> 　　過去の状態を示す過去形stood（立っていた）。＊前置詞by（…のそば）
>
> 148. The company has meetings too often. （その会社はかなり頻繁に会議があります）
> 　　いつもの話をする現在形の3人称単数形has（…がある）。＊too often（かなり頻繁に）
>
> 149. I check news online these days. （私は最近、オンラインでニュースをチェックしています）
> 　　副詞these days（最近）より、現在形check（…をチェックする）が自然。最近のいつもの話を現在形で示したもの。
>
> 150. I eat Nachos for breakfast. （私は朝ごはんにナチョスを食べる習慣があります）
> 　　現在の習慣は現在形eat（…を食べる）。

2. （4点×10【40点】）

151. watched　152. play　153. saw　154. had　155. moved　156. had　157. I was　158. spent　159. freezes
160. had

> 151. I watched *The Avengers* yesterday. （私は『アベンジャーズ』を昨日観ました）
> 　　副詞yesterday（昨日）に合わせて過去形watchedが正解。
>
> 152. I play futsal once a week for exercise. （運動のため週に1回フットサルをしています）
> 　　普段の話は現在形play（…をする）。
>
> 153. She saw him at the station every day. （彼女は毎日、駅で彼を見かけました）
> 　　副詞every dayが過去の習慣を表すために使われたもの。過去形saw（…を見かけた）が正解。現在の習慣として現在形にするのであれば主語Sheに合わせて3人称単数形seesにする。
>
> 154. My dad had surgery today. （お父さんは今日、手術を受けました）
> 　　今日起こった出来事を過去形had（…があった）で示したもの。副詞todayイコール現在形ではない。現在形であればhaveはMy dad〔= He〕に合わせて3人称単数形hasでなければならない。
>
> 155. I recently moved to Kobe. （私は最近、神戸に引っ越しました）
> 　　副詞recently（最近）はnot long ago（ずっと前ではない）の意味で、… agoのニュアンスが含まれることから過去形moved（引っ越した）で用いるのが基本。
>
> 156. We had lunch an hour ago. （私たちは1時間前にランチを食べました）
> 　　an hour ago（1時間前）に合わせて過去形had（…を食べた）を用いる。
>
> 157. I was still hungry then. （私はその時、まだおなかがすいていました）
> 　　副詞then（その時）に合わせて過去形wasを用いる。
>
> 158. She spent her childhood abroad. （彼女は海外で子ども時代を過ごしました）

名詞childhoodの「子ども時代」という意味から、状況的に過去の話をしていると判断する。他動詞spend（…を過ごす）の過去形spentが正解。＊副詞abroad（海外で）

159. **Water freezes at 0℃.（水はセ氏0度で凍ります）**
一般的な事実を述べる現在形。3人称単数のWater［＝It］に合わせてfreezesとなる。

160. **I once had a friend from the Philippines.（私にはかつてフィリピン出身の友人がいました）**
副詞once（かつて）は過去形had（…がいた）とともに用いる。

3. (3点)

161. (b) レストランはいつも予約をします。

161. **I make reservations for restaurants.（レストランはいつも予約をします）**
現在形makeはいつもしている習慣を表現する。なお、reservationsやrestaurantsのような名詞の複数形は(b)の文意と同じ一般的な状況が表現できる。(a)はすでに予約が完了しているので現在完了形でI've already made a reservation for a restaurant.、(c)は過去の出来事を表すので過去形でI made a reservation for a retaurant.などとなる。

4. (6点×7【42点】)

162. We took the bus to USJ （×）take
163. I walk to the park these （×）walks
164. Japan has a rainy season （×）had
165. My father saw a doctor yesterday （×）sees
166. I gave it to my sister （×）gives
167. I felt really happy after （×）feel
168. Uncle Jack makes me a latte every （×）made

162. **We took the bus to USJ.（私たちはUSJ行きのバスに乗りました）**
文意より、他動詞takeの過去形took。「take O to＋場所」（O［乗り物］で…に行く）

163. **I walk to the park these days.（私は最近、歩いて公園に行きます）**
日常習慣を示す現在形walk。walksはHe/Sheなどの3人称単数の主語に用いる。「walk to＋場所」（…まで歩いて行く）。

164. **Japan has a rainy season.（日本には梅雨があります）**
一般的な事実を述べる現在形has。hadにしてしまうと現在はそうではない過去の事実のようになり不自然。「無生物主語S＋have/has ...」（Sには…がある）。形容詞rainy（雨の、雨の多い）。

165. **My father saw a doctor yesterday.（父は昨日、医者に診てもらいました）**
副詞yesterday（昨日）より、過去の出来事を述べる過去形saw。＊see a doctor（医者に診てもらう）

166. **Where's the money? ― I gave it to my sister.（そのお金はどこにあるの？――妹にあげました）**
文脈より、過去の出来事を示す過去形gave。新情報であるmy sisterに焦点を合わせるため「give O［モノ］＋to＋人」の語順にするのが自然。

167. **I felt really happy after the phone call last night.（昨日の夜、電話をもらった後に本当に幸せだと感じました）**
副詞last nightより、過去の心情を示す過去形felt。＊前置詞after（…の後で）

168. **Uncle Jack makes me a latte every morning.（おじのジャックは毎朝、私にカフェラテを入れてくれます）**
いつもしてくれる習慣は現在形。ここではUncle Jack＝Heになるため、3人称単数現在形makes。

Day 06 / Answer Key

進行形　合格点 85 点

モヤモヤ解消ポイント！

・「進行形」は動詞に「一時的」ニュアンスを加える！

【Day 05の復習問題】

1. (2点×3【6点】)

169. has　170. walked　171. drink

> 169. My room has no windows.（私の部屋には窓がないんです）
>   現在の状態を示す現在形。ここでは 3 人称単数現在形 has。＊「have no＋名詞」(…がない)
> 170. She walked to the station this morning.（彼女は今朝、駅まで歩きました）
>   副詞 this morning（今朝）より、過去の出来事を表現する過去形 walked。
> 171. I drink coffee black these days.（私は最近、コーヒーをブラックで飲んでいます）
>   ここ最近の習慣は現在形 drink。副詞 these days（最近、このごろ）は主に現在形と一緒に用いる。＊drink OC（O を C の状態で飲む）

2. (3点×3【9点】)

172. came　173. goes　174. saw

> 172. He recently came back to Japan.（彼は最近日本に帰国しました）
>   副詞 recently（最近）[= not long ago] は過去形 came と用いる。
> 173. The moon goes around the earth.（月は地球の周りを回っています）
>   永続的な事柄は現在形 goes で表現する。
> 174. I saw my ex just now.（たった今、前の彼女を見かけました）
>   副詞 just now（たった今）[= only a short time ago] は主に過去形 saw と用いる。

【Day 06の演習問題】

1. (3点×8【24点】) ＊①②は各3点

175. ① are you doing　② look

176. does your son do

177. is working

178. I have

179. I'm staying

180. ① slipped　② wasn't paying

> 175. What are you doing? You look so busy.（何をしてるの？　かなり忙しそうだけど）
>   ①会話している時点での行動は現在進行形。②look（…に見える）は状態動詞で現在進行形は NG。
> 176. What does your son do? — He works at a high school.（息子さんのお仕事は何ですか？――彼は高校で働いています）
>   短期バイトではなく、普段の仕事の話であれば現在形で尋ねるのが自然。「現在進行形＋right now」は「まさに今、していること」を尋ねるのが普通で、返答の現在形 works とも合わない。
> 177. Brad is working here as a tour guide over the summer.（ブラッドはこの夏の間、ツアーガイドとしてここで働いています）

over the summer（夏の間）に限定される一時的な仕事は現在進行形が自然。＊この前置詞overはduring（…の間）の意味。前置詞as（…として）

178. **I have the flu.（インフルエンザにかかっているんです）**
「（病気に）かかる」という意味のhaveは状態動詞で、現在進行形にはしない。

179. **I'm staying with a friend.（今、友だちの家に泊まっています）**
今、一時的にそうしている、という意味では現在進行形を用いるのが自然。＊stay with a friend = stay at a friend's house（友だちの家に泊まる）

180. **I slipped this morning. I wasn't paying attention.（今朝、滑って転んじゃった。不注意だったね）**
① 過去のある時点で起こった出来事を示す過去形。＊slip（滑って転ぶ）②転んだ時点の前後の一時的状況は過去進行形。文意より、否定文wasn'tにする。＊pay attention（注意を払う）

2. （4点×4【16点】）

181. I usually wear
182. was wearing
183. is taking
184. was crying

181. **I usually wear glasses.（僕はいつも眼鏡をかけています）**
他動詞wear（…を着ている、身につけている）は状態動詞で現在形が基本。ここでは副詞usually（いつも、たいてい）と一緒に用いて日常習慣を示している。ただし、「一時的に眼鏡をかけている」のであれば現在進行形I'm wearing glasses today.（今日は眼鏡をかけています）でも使える。

182. **I was wearing glasses that day.（その日、僕は眼鏡をかけていました）**
「その日、一時的にかけていた」という意味では状態動詞であるwearは過去進行形にできる。I wore glasses. は「（いつも）眼鏡をかけていた」の意味で当時の習慣になる。

183. **Look! Haruki is taking a picture of us.（見て！ ハルキが私たちの写真を撮ってるよ）**
Look!（見て）と注意を引いている状況から「今、…している」という意味で現在進行形が自然。＊a picture of ...（…の写真）

184. **When I got home, my daughter was crying.（帰宅すると、娘が泣いていました）**
帰宅した時点で「…していた」は過去進行形。

3. （5点×4【20点】）

185. get → is getting
186. live → lives
187. get → gets
188. travel → is travel（l）ing

185. **His hair is getting really long.（彼の髪が本当に伸びてきています）**
「変化を示す自動詞get＋形容詞」（…になる）を現在進行形にすると「だんだん…になってきている」と徐々に変化していく様子が表現できる。

186. **Ayumi lives alone in her apartment.（アユミはアパートで一人暮らしをしています）**
状態動詞でもある自動詞live（住んでいる）は現在形が基本。いつもそうであることを示す。

187. **Brad gets hungry late at night.（ブラッドは夜遅くにおなかをすかせます）**
普段の習慣を表現する現在形。「自動詞get＋形容詞」（…になる）。＊late at night（夜遅くに）

188. **Yuka is travel（l）ing in Taiwan.（ユカは台湾を旅行中です）**
今、何かをしている途中であれば現在進行形が自然。＊travel（旅行する）

4. （5点×5【25点】）＊①②は各5点

189. resembles his father （×）is resembling
190. I was talking to my boss, my cellphone suddenly rang （×）talked

191. were walking home when the rain started （×） walked
192. ① Maho studies drama in New York （×） studying　② working at a cafe this summer （×） works

189. Asato closely resembles his father. （アサトは父親によく似ています）
自動詞resemble（…と似ている）は状態動詞で現在進行形では用いられない。副詞closelyを伴うと「よく似ている」という意味。

190. When I was talking to my boss, my cellphone suddenly rang. （上司と話をしていると、突然自分の携帯電話が鳴りました）
「When＋主語＋過去進行形, 主語＋過去形」（主語が…していた時、主語は〜した）の形。どちらが過去の一時点（＝過去形）になるのか、状況をイメージすることが大切。

191. We were walking home when the rain started. （雨が降り始めた時、私たちは歩いて家まで帰っているところでした）
文意より、過去のある時点で行われていた「帰宅途中」を過去進行形で表現し、雨が降り始めた時点を過去形で表現する。＊walk home（歩いて家に帰る）

192. Maho studies drama in New York, but she's working at a cafe this summer. （マホはニューヨークで演劇の勉強をしていますが、この夏はカフェで働いています）
① いつもの話は現在形。② this summer（この夏）で示される期間に限定されたことは現在進行形が自然。

p.045 ～ 050

Day 07 / Answer Key

未来の表現　　合格点 85 点

 モヤモヤ解消ポイント！

・未来の話は「will＋動詞の原形」がまずは基本の発想。
・個人の予定は「be going to＋動詞の原形」か「現在進行形」！

【Day 06の復習問題】

1. （2点×4【8点】）＊①②は各2点
193. I have
194. he's taking
195. ① stopped　② was jogging

193. I have hay fever. （僕は花粉症です）
今の状態を示す現在形have。

194. This week, he's taking the train to work. （今週は、彼は電車で通勤しています）
「今週」に限った一時的な状況を示すtakeの現在進行形he's takingが正解。

195. A police officer stopped me when I was jogging last night. （昨夜ジョギングをしていた時に、お巡りさんに止められました）
「②していた時に、①をした」。① 過去の出来事を示す過去形　② 過去の一時的に行っていた動作を示す過去進行形。

2. （3点×2【6点】）

196. work　→ am working

197. get　→ is getting

196. I am working hard today.（今日は忙しく働いています）
一時的な動作を示す現在進行形。口語では短縮形I'mが基本。

197. My English is getting really good.（私の英語は本当に良くなってきています）
変化が進んでいることを示す現在進行形。このget（…になる）を進行形にすると「…になってきている」という意味になる。

【Day 07の演習問題】

1. （4点×2【8点】）

198. working　199. you going to do

198. (A) I'm going to work at home this weekend.（今週末、家で仕事をする予定です）
(B) I'm working at home this weekend.（今週末、家で仕事をすることになっています）
(A)の前から決まっている個人の予定be going toを、(B)では現在進行形で言い換えたもの。現在進行形の方がより確定的な予定・計画を示すのが基本。

199. (A) Do you have any plans for Thursday?（木曜日に、何か予定はありますか？）
(B) What are you going to do on Thursday?（木曜日に何をする予定ですか？）
(A) Do you have any plans ... ? で、「何か予定はありますか」という意味。時を示す前置詞for（…に）。(B) 個人の予定を表すbe going toで尋ねたもの。「前置詞on＋曜日」（…に）。

2. （4点×5【20点】）

200. won't　201. We're going to get　202. I'm going to meet　203. Are you coming　204. I'm going to buy

200. This download won't take long.（このダウンロードは時間がかからないでしょう）
否定的な推測をするwill notの短縮形won't（…しないだろう）。doesn'tは「普段…しません」と習慣的な話になり文意に合わない。＊自動詞take（[時間が] かかる）。副詞long（長く、長い間）。

201. We're going to get married in October next year.（私たちは来年の10月に結婚します）
個人の予定は現在形ではなくbe going toが自然。＊get married（結婚する）

202. I'm going to meet the manager next Friday morning.（次の金曜日の朝、その上司に会う予定です）
I willは基本的に、その場での「…します」という意思決定を示すため、個人の予定はbe going toが基本。

203. Are you coming tomorrow?（明日は来る予定ですか？）
相手に予定を尋ねる場合は、現在進行形またはbe going toが基本。ここではDo you comeの現在進行形Are you comingが正解。

204. I'm going to buy a Mercedes next month.（来月、ベンツを買う予定です）
個人的に決めている予定・計画は現在形ではなくbe going toが基本。

3. （3点×6【18点】）

205. It's　206. I'll　207. I'm going　208. I'll　209. will rain　210. I'll

205. It's my birthday tomorrow.（明日は自分の誕生日です）
誕生日は日時が確定しているので現在形が自然。will beにすると、誕生日があるかどうかの確かさが100パーセントではないという不確定ニュアンスが入るため不自然。

206. Can you drive me to the station? — OK, I'll take you there.（駅まで私を車で送ってもらえませんか？——わかりました、そこまで送ります）
相手にお願いをされ、その場ですることを決めた意志を示すI'llが正解。

207. Are you going to IKEA anytime soon? — Yeah, I'm going next week.（近いうちにイケアに行くの？——

ええ、来週行きますよ）

予定を尋ねられた場合、返事の内容も予定とするのが自然。ここでは現在進行形で予定を示す。I'llはもともとなかった予定をその場で決めた印象になり不自然。＊anything soon［否定文・疑問文］近いうちに）

208. **Is it OK? — Yes, I'll take it.（それでよろしいですか？──はい、それにします）**
店内でのその場のやりとりで商品を選んだり、何かを決める場合はI'llが自然。他動詞takeには「（モノを）選んで決める」という意味がある。

209. **It will rain today.（今日は雨が降るでしょう）**
推測を示すwill。現在形rainsは一般的な気象を示すため誤り。

210. **The phone's ringing! — I'll get it.（電話が鳴ってるよ！──僕が出ます）**
電話が突然鳴って、その電話に出ることをその場で決めるwill。

4.（4点×6【24点】）

211. have　212. will　213. I'll pay　214. I'm not going　215. it's going to　216. going to meet

211. **We have an online meeting tomorrow.（明日、私たちはオンライン会議があります）**
会社により決められた予定は現在形。

212. **The meeting will start at 10:00.（会議は10時に開始します）**
会社サイドから正式にアナウンスをする予定はwill。

213. **I'll pay for the tickets by credit card.（チケット代はクレジットカードで支払います）**
その場で決めて行動するI'll。pay for ...（…の支払いをする）。手段を示すby（…で）。

214. **I'm not going to work tomorrow.（明日は仕事に行きません）**
現在進行形で個人の予定を表現したもの。＊go to work（仕事に行く）

215. **There are big gray clouds overhead! — Yeah, it's going to rain soon.（上空にととても大きな灰色の雲があるよ！──うん、もうすぐ雨が降りそうだね）**
空模様という状況を根拠にした予測は「be going to＋動詞の原形」（…しそうだ）。天気は形式主語Itを用いる。

216. **I'm going to meet Mary at the station tomorrow.（明日は駅でメアリーと会う予定です）**
個人の予定を示す「be going to＋動詞の原形」。

5.（4点×4【16点】）

217. I'm starting a new part-time job this　（×）going to
218. I will go on a diet　（×）am going to
219. My brother won't be here　（×）isn't
220. Our flight leaves at　（×）will

217. **I'm starting a new part-time job this week.（今週から、新しくパートを始めることになっています）**
startingの形に合わせて個人の予定を示す現在進行形を選ぶ。「be going to＋動詞の原形」よりも準備が整った確定的な予定を示す。

218. **OK, I will go on a diet.（わかったよ、ダイエットします）**
その場で決めたことはwill。＊go on a diet（ダイエットをする）

219. **My brother won't be here this evening.（兄は今晩、ここにはいないでしょう）**
推測を表すwillの否定文won't。isn'tはすでに今いないことを示すため誤り。

220. **Our flight leaves at 9:10.（私たちの飛行機は9時10分発です）**
交通機関が定めた時刻は現在形が自然。

Day 08 / Answer Key

過去形と現在完了形　合格点 85 点

 モヤモヤ解消ポイント！

・過去形＝「過去の話」、現在完了形＝「現在の話」
・過去から現在までの動作の継続は「現在完了進行形」を基本とする！

【Day 07の復習問題】

1. (2点×5【10点】)

221. I'm going
222. I'm not going to
223. have
224. I'll
225. You're going to

> 221. I'm going shopping in Osaka today.（今日は大阪に買い物に行く予定です）
> 　　個人の予定を示す現在進行形。I'll go は今、行くと決めた意志になり文意に合わない。
> 222. I'm not going to buy a swimsuit.（水着を買うつもりはありません）
> 　　個人の予定を示す「be going to＋動詞の原形の否定文」。I won't（…するつもりはない）は予定ではなく拒絶を示す。
> 223. I have a meeting at 3:00 today.（今日の３時に会議があるんです）
> 　　個人ではなく会社が決めた予定は現在形で表現できる。
> 224. OK, I'll do it.（わかりました、それをします）
> 　　「今、決めた」ことは「I'll＋動詞の原形」。
> 225. It's 8:00! You're going to miss your train!（8時だよ！　電車に乗り遅れますよ！）
> 　　状況に基づく予測を示す「be going to＋動詞の原形」。

2. (2点×2【4点】)

226. rain　→ will rain［is going to rain］
227. am going to pick［am picking］

> 226. It will［is going to］rain tonight.（今夜は雨が降るでしょう）
> 　　個人的な推測はwillで、根拠に基づく予測であればbe going to を用いる。文法的にはどちらでも正解。
> 227. I'm going to pick［I'm picking］up David later today.（今日は、後でデービッドを迎えに行く予定です）
> 　　個人の予定は「be going to＋動詞の原形」または現在進行形で表現できる。口語では短縮形I'm ... が自然。

【Day 08の演習問題】

1. (4点×2【8点】)

228. have, taken　229. gone

> 228. (A) I just took a shower.（シャワーを浴びたところです）
> 　　(B) I have just taken a shower.（シャワーを浴びたところです）
> 　　口語では「just＋過去形」（たった今…した）で、現在完了形have just takenが表す「完了」用法の代用になる。
> 229. (A) Dad went to the station and hasn't come back yet.（お父さんは駅に行ってまだ戻ってきていません）
> 　　(B) Dad's gone to the station.（お父さんは駅に行ってしまいました）
> 　　「have/has gone to＋場所」（…に行ってしまった）は「行った」状態が継続してまだ戻ってきていないことを示唆

する。

2.（4点×5【20点】）＊①②は各4点

230. haven't decided
231. did you finish
232. ① has been　② for
233. has been getting

230. **I haven't decided.**（まだ決めていません）
現在完了形の否定文で未完了を表したもの。実際には文末に副詞yet（まだ）を伴うことも多い。過去形 didn't decideは「決めなかった」、現在形don't decideは「（普段）決めません」で文意が不自然になる。

231. **When did you finish it?**（いつそれを終わらせたの？）
過去の一時点を尋ねるため過去形が正解。whenと完了用法の現在完了形は一緒に用いることができない。

232. **My grandmother has been dead for 12 years.**（祖母が亡くなって12年になります）
be dead（死んでいる）の状態が12年前から継続していることを表現する現在完了形。継続期間は前置詞for（…間）で表現する。

233. **My English has been getting rusty for the past few years.**（ここ数年、僕の英語が鈍ってきています）
現在進行形はあくまでも現在だけの一時的な状態を示す。この場面では過去から現在までのある一定期間の幅を示す継続用法の現在完了進行形が正解。

3.（5点×4【20点】）

234. I met
235. I've waited
236. went
237. She's been

234. **I met her five years ago.**（私は5年前に彼女と出会いました）
過去の一時点を指し示す「数詞＋ago」（…前）は過去形とともに用いる。

235. **I've waited for it for so long.**（長い間、ずっとそれを待っていました）
for so long（長い間、長年）は過去から現在までの時間幅を示唆することから、自然な組み合わせは現在完了形または現在完了進行形I've been waitingになる。

236. **Last July I went to a conference in Osaka.**（前の7月に、大阪での会議に行きました）
last …（この前の…、昨…）は過去形と一緒に用いる。＊名詞conference（［規模が大きい］会議、協議会）

237. **She's been studying French since last year.**（彼女は去年からずっとフランス語を勉強しています）
since …（…以来）はfrom…until now（…から現在まで）という意味で、「過去の時点から現在まで」のニュアンスがあるため、現在完了形または現在完了進行形で用いる。

4.（5点×4【20点】）＊（　）の部分点があれば参考にしてください。つづりミスは1点減点です。

238. （3点）I've（2点）never
239. （3点）haven't（2点）yet
240. has won
241. have, been

238. **I've never tried natto.**（今までに一度も納豆を食べてみたことがありません）
「現在完了形＋never」で「今までに一度も…したことがない」という経験用法になる。過去分詞の前に置くneverの位置に注意。＊他動詞try（…を試食［試飲］する）

239. **I haven't packed anything yet.**（私はまだ何も荷造りしていません）
「まだ…していない」という未完了は現在完了形の否定文（haven't＋過去分詞）の文末に副詞yetを用いて表現できる。＊他動詞pack（［衣類や物など］…を詰める）、否定文not … anything（何も…ない）

240. **My sister has won 10 matches.（姉は10試合勝っています）**
　　一連の試合が始まった時点（過去）から現在までに「10勝した」という「完了」を示す現在完了形。「10勝してきている」という「継続」としての解釈もできるため、文脈に合わせて用法を区別することも大切。＊他動詞win（…に勝つ）。

241. **How long have you been in Japan?（日本に来てどれくらいですか？）**
　　現在までの継続期間を尋ねる「How long＋現在完了形 ...?」。直訳は「どれくらい日本にずっといるのですか」になる。

5. (3点)
242. (B)

242. (A) **I don't make reservations.（[普段] 予約はしません）**
　　(B) **I haven't made a reservation.（まだ予約はしていません）**
　　(C) **I didn't make a reservation.（予約をしませんでした）**
　　英文(B)の現在完了形の否定文の意味「まだ…していない」には、「まだ予約していないが、これからする」というニュアンスもある。英文(B)が正解。

6. (5点×3【15点】)
243. Have you ever been to　（×）gone
244. bus hasn't come yet　（×）already
245. hasn't been talking to her husband　（×）isn't

243. **Have you ever been to Singapore?（今までにシンガポールに行ったことはありますか？）**
　　「have been to＋場所」（…に行ったことがある）を疑問文にしたもの。これまでの経験を尋ねる疑問文ではever（今までに）がよく用いられる。

244. **The 9:10 bus hasn't come yet.（9時10分のバスがまだ来ていません）**
　　「まだ…していない」という未完了を表す現在完了形。この否定文では文末に副詞yet（まだ…ない）がよく用いられる。

245. **She hasn't been talking to her husband lately.（彼女は最近、夫と話をしていません）**
　　ここ最近までずっとしていないことを現在完了進行形の否定文で表したもの。

Day 09 / Answer Key

可能性を表す助動詞　　合格点 80 点

モヤモヤ解消ポイント！

- ・助動詞は話者の個人的な気持ち（主観）を動詞にプラスする！
- ・助動詞の過去形でモノの言い方を和らげることができる！

【Day 08の復習問題】

1. (2点×4【8点】)

246. (B)　247. (A)　248. (B)　249. (B)

> 246. (A) I've worked for IKEA for 20 years. （20年間イケアで働いてきました）
> (B) I've been working for IKEA for 20 years. （20年間ずっとイケアで働いています）
> (B)の現在完了進行形は、過去から現在まで20年間働き続け、これから先も継続していくニュアンスが含まれる。一方、(A)の現在完了形の基本は「完了」（…した）。文脈次第では20年の勤めが終わり退職を示唆する形にもなる。
> 247. (A) We've waited for two hours. （私たちは２時間待っていました）
> (B) We've been waiting for two hours. （私たちは２時間ずっと待っています）
> (A)の現在完了形は継続も意味するが２時間待ちが終わったという完了のニュアンスもある。一方、(B)の現在完了進行形は引き続き待たなければならない状況が続くことが示唆される。
> 248. (A) He lost his wallet. （彼は財布をなくしました）
> (B) He's lost his wallet. （彼は財布をなくしてしまいました）
> 現在もまだ見つかっていない状況を明確に示すのが現在完了形の(B)。現在完了形は過去の出来事を現在も引きずっている。
> 249. (A) She's gone to Vegas. （彼女はベガスに行ってしまいました）
> (B) She's been to Vegas. （彼女はベガスに行ったことがあります）
> (B)の「have/has been to＋場所」は「…に行ったことがある」という経験を示す。(A)の「have/has gone to＋場所」は「…に行ってしまった」という完了の表現になる。

2. (3点×2【6点】)

250. meet　→ met　251. is　→ has been

> 250. I met him last week. （先週、彼と会いました）
> last weekは過去を明示する表現で過去形metと用いる。
> 251. It has been really hot since last week. （先週から本当に暑いです）
> 先週から現在までの状態継続を表す現在完了形。口語では短縮形It's［=It has］が基本。

【Day 09の演習問題】

1. (3点×8【24点】)

252. is　253. will　254. must　255. might　256. can't　257. Will you　258. Could　259. may

> 252. Will Smith is a good father. （ウィル・スミスは良い父親だ）
> 助動詞のない現在形は「いつも…します」（習慣）や「（今）…だ」（状態）という事実をストレートに伝える。
> 253. Will Smith will be a good father. （ウィル・スミスは良い父親になるだろう）
> 未来の話で「…だろう」と確信度の高い可能性を示すwill。
> 254. Tom Hanks must be a nice guy. （トム・ハンクスは良い人に違いない）

「…に違いない」と現状から判断する確信度の高い可能性を示すmust。willは現在の話には基本的に用いない。

255. **Tom Hanks might be a nice guy.**（トム・ハンクスは良い人かもしれない）
「…かも」と確信度が低い弱い可能性を示すmight。willは未来の話で用いる。

256. **Ann can't be in Japan. She's gone to L.A.**（アンが日本にいるはずはない。ロサンゼルスに行っちゃったからね）
「…であるはずがない」と可能性を強く否定するcan't。2文目が根拠となっている。may not（…ではないかも）は否定の意味合いが弱くこの場面に合わない。

257. **It's raining outside. Will you close the window, please?**（外は雨が降ってるよ。窓を閉めてくれない？）
依頼表現Will you ...?（…してくれますか）。Could you ...?（…していただけませんか）は日本語がそこまで丁寧な言い方をしていないため大さ。文法的にはどちらも正解。

258. **Could you cancel my order?**（注文をキャンセルしていただけませんか）
文意より、とても丁寧にお願いをするCould you ...?。＊他動詞cancel（…をキャンセルする）、名詞order（注文）

259. **You may leave now.**（もう退出してよろしい）
とてもフォーマルな場面で許可を表現する助動詞may（…してもよい）。mightにこの意味はない。口語ではcanが自然。

2. (4点×7【28点】)

260. could　261. Can I　262. must　263. could　264. couldn't　265. will　266. might

260. **The phone's ringing! — It could be Emma.**（電話が鳴ってるよ！――エマかも）
canは理論的（一般的）可能性を述べるため、電話の相手として具体的な人物の可能性を表現する場合はcouldが自然。

261. **Can I speak to Mao, please? — Hold on a minute. I'll get her for you.**（マオさんと話せますか？――ちょっと待ってね。彼女を呼んできます）
許可を求めるCan I ...?（…してもいいですか）。Shall I ...?は申し出る表現で状況に合わず誤り。文末にpleaseを置くことで丁寧さがUPする。＊hold on（[電話を切らずに] 待つ）、他動詞get（[人] を呼んでくる）

262. **You must be tired after your long day.**（長い1日の後で、あなたは疲れているに違いありません）
「長い1日の後」という状況（＝根拠）に基づいて、強い可能性を表現するmust be ...（…に違いない）。＊前置詞after（…の後に [で]）

263. **Our next meeting could be via Skype.**（私たちの次の会議はスカイプを通してやるかもしれません）
どちらも弱い可能性を表現できるが、この場面にように、個人的に実際に起こり得る事柄（自分たちの話）を示す場合はcould。canは理論的（一般的）可能性にしか使えない。＊前置詞via（…によって）

264. **I couldn't leave early yesterday.**（昨日は早く出発できませんでした）
副詞yesterday（昨日）に合わせて「能力」を示す過去形couldの否定文couldn't（…できなかった）。might not（…でないかもしれない）は現在または未来の弱い可能性を示す。

265. **Emma, will you marry me? — Sure, yes!**（エマ、僕と結婚してくれますか？――もちろん、イエスよ！）
「…する気持ちはありますか？」と相手の意志を尋ねるWill you ...?がこの場面では自然。

266. **It might rain tonight.**（今夜、雨が降るかもしれません）
今晩の天気のように、実際に起こり得る事柄を示す場合はmight。canは理論的（一般的）可能性にしか使えない。

3. (4点×7【28点】) ＊（　）の部分点があれば参考にしてください。つづりミスは1点減点です。

267. （3点）could（1点）swim　268. can [could/will/would] you　269. can　270. was able to
271. （3点）will（1点）win　272. May [Could/Can] I　273. （3点）Can I（1点）use

267. **I could swim in high school.**（高校時代は泳げましたよ）
canの過去形は「（当時）…することができた」と過去の能力の所有を示す。＊前置詞in（[時期・時代] …に）

268. **Dad, can [could/will/would] you drive me to the airport?**（お父さん、車で空港まで送ってくれる？）
文法的にはcan [could/will/would] のいずれでもOK。ただし、willよりもcanの方が丁寧な響きがあり、身内の場合でも相手の時間を使ってわざわざやってもらうような場合はcanでお願いする方が自然。日本語より、couldやwouldはさらに丁寧な言い方で大げさにはなる。＊drive O to（[人] を車で…に送る）

269. **You can park your bike outside.（自転車は外に停めたらいいよ）**
相手に許可を与えるcan（…してもいい［することができる］）。mayはフォーマル過ぎるため文意に合わない。＊他動詞park（…を駐車する）、副詞outside（外に）

270. **I was able to catch my train on time.（時間通りに自分の電車に乗れました）**
特定の場面で実際にすることができた、という意味ではcouldではなくwas able toが自然。＊他動詞catch（［電車・バスなど］…に間に合う）

271. **Japan will win the match tomorrow.（日本は明日その試合に勝ちます）**
先の実現の可能性を強く確信を持って述べる「will＋動詞の原形」（…するだろう）。willは断言する響きになる。他動詞win（…に勝つ）。mustは現状の状態に対する強い確信を述べるが、未来については義務などの強い必要性の意味になるので文意に合わない。

272. **May [Could/Can] I have your name, sir?（お名前を伺ってもよろしいでしょうか）**
とても丁寧に許可を求めるMay [Could] I …?（…してもよろしいでしょうか）。カジュアルな場面ではCan I …?（…してもいいですか）でも文法的にOK。

273. **Can I use your bathroom?（トイレを借りてもいい？）**
許可を求めるCan I …?（…してもいいですか）。文意を考えるとMayやCouldは大げさ。動かせないものを「借りる」場合は他動詞useを用いる。

4. （3点×2【6点】）

274. Will you pass me the salad　（×）do

275. He can't wear jeans at　（×）wears

274. **Will you pass me the salad, please? — Sure. Here you are.（そのサラダをとってくれない？——いいよ。どうぞ）**
命令文の直接的な言い方を少し弱めた依頼表現。指示的なニュアンス。「他動詞pass O_1O_2」（O_1［人］に O_2［モノ］を手渡す）

275. **He can't wear jeans at work.（彼は職場では、ジーパンは履けません）**
許可を示すcanの否定形can't。助動詞は常に動詞の原形と用いるため原形wearが正解。＊at work（職場で、仕事中で）

p.062 ~ 066

Day 10 / Answer Key

必要性を表す助動詞　合格点80点

モヤモヤ解消ポイント！

・助動詞は「可能性」と「必要性」で大まかに区別する！
・助動詞は相手（特に you）に配慮して用いる！

【Day 09の復習問題】

1. （2点×6【12点】）

276. could　277. can't　278. must　279. will　280. Can I　281. Can you

276. **He could still win the next election.（彼はまだ次の選挙に勝つかもしれません）**
「実際に…かも」と主観的・個人的な弱い判断・推量を表現するcould。canは理論的（一般的）可能性を示し場面に合わない。

277. My dad can't be at work. He's here with me. (お父さんが職場にいるはずないよ。私とここにいるもん)
可能性を示すcanの否定形can'tは「…のはずがない」という意味になる。

278. Excuse me, you must be Mr. Evine. (すみません、エビンさんですよね)
現在の状態から強い確信を持って用いるmust (きっと…のはずだ)。

279. This rain will stop soon. (この雨はすぐに止みますよ)
個人的に確信を持って先の可能性を表現するwill。

280. Can I get the check? (お会計お願いします)
許可を求めるCan I …?(…してもいいですか)。自分が伝票をもらうため主語はIで考える。＊名詞check (伝票)

281. Can you remind me tomorrow, please? (明日リマインドしてもらえませんか)
相手にお願いをするCan you …?(…してくれませんか)。pleaseを加えるとより丁寧な響きになる。＊他動詞remind (…に思い出させる、気づかせる)

2. (2点×2【4点】)

282. is → might [may] be
283. get → was able to get

282. It might [may] be cold tomorrow. (明日は寒いかもしれません)
弱い可能性を示すmight [may]。It is cold (寒い)のisが原形beになったもの。mightの方が控えめと言われるがそこまで意識する必要はない。

283. Finally, my mom was able to get a return ticket. (お母さんがやっと帰りのチケットを手に入れることができました)
「実際に行動してできた」という意味で、「was [were] able to＋動詞の原形」を用いる。3人称単数の主語に合わせてwasが正解。＊副詞finally (ついに)

【Day 10の演習問題】

1. (3点×6【18点】)

284. Shall I 285. must 286. shall we 287. must not 288. would like 289. shouldn't

284. Shall I shut down the computer?—Yes, please. (パソコンを消しましょうか。――はい、お願いします)
自分から相手のために行動することを提案するShall I …?(…しましょうか)。返答の内容からも判断できる。＊shut down (…を停止させる)

285. I must get the 7:50 train every day. (毎日７時50分の電車に乗らないといけません)
文意から、より強い必要性を表すmustが自然。shouldは、必要ではないがした方がいい (乗らなくても困らない)というニュアンスが含まれる。

286. Where shall we go shopping this afternoon? ([一緒に] 今日の午後はどこに買い物に行きましょうか)
「疑問詞＋shall we …?」で相手の意向 (提案や助言)、今回であれば「どこで買い物をするのか」を尋ねたもの。「一緒に」という感覚の場面と考えるのが自然であるため主語はwe。

287. You must not leave your car here. (ここに車を停めたままにしてはいけません)
禁止の意味では「must not＋動詞の原形」を用いる。＊他動詞leave (…を放っておく)

288. I would like an aisle seat. (通路側の席をお願いします)
「would like＋名詞」で相手に何かを依頼する表現になる。口語では短縮形I'dが基本。likeはただの好みを述べる表現になるため、この状況に合わない。＊名詞aisle seat (通路側の席)

289. She shouldn't dress like that at 15. (彼女は15歳であのような格好をするべきじゃないと思う)
常識的に「しない方がいい」という意味ではshouldn'tが自然。must notは強制的な意味合いで禁止を伝えるため、場面的に少し不自然。＊自動詞dress (服を着る)、前置詞like (…のような)。「at＋年齢」(…歳の時に)

2. (5点×6【30点】)

290. have to 291. Shall I 292. didn't have to 293. should 294. Let's 295. have to

290. You'll have to wear a tie tonight. (今夜、あなたはネクタイをしないといけないだろうね)

助動詞willの後に助動詞mustを重ねては置けない。一般動詞を使った表現であるhave toを用いる。

291. Shall I get one for you?（あなたに1つ取ってきましょうか）

自分から相手のために申し出る表現Shall I ...?（…しましょうか）。＊代名詞one（物、者、[…の] やつ）は「a/an＋名詞」を言い換えたもの。

292. I didn't have to say anything yesterday.（昨日、私は何も言う必要がありませんでした）

時の副詞yesterdayより過去の否定文didn't have toを用いる。shouldn'tは現在または未来の話になるため誤り。

293. Can I ride a bike, or should I take the subway?（自転車に乗ってもかまいませんか、それとも地下鉄に乗った方がいいですか）

交通手段に関して、相手に助言を求めるshould。この場面でmustは大げさな響きになる。＊他動詞ride（[自転車・バイク …に乗る）、他動詞take（[バス・電車] …を使う）、名詞the subway（地下鉄）

294. Let's go to Costco.（コストコに行きましょう）

提案・勧誘表現の「Let's＋動詞の原形.」（…しましょう）。よりフォーマルなShall we ...?は疑問文になるため「?」マークが必要。

295. Did you have to tell him?（彼に話さないといけなかったのですか）

疑問文では動詞は原形haveに戻る。have toは一般動詞と同じ扱い。

3. （6点×5【30点】）＊（　　）の部分点があれば参考にしてください。つづりミスは1点減点です。

296. Would you like

297. You must [should] not

298. （4点）Should I（2点）call

299. （4点）had to（2点）finish

300. You should

296. Would you like a cup of tea?（紅茶はいかがですか）

相手にモノを勧めるWould you like ...?（…はいかがですか）。丁寧さは劣るが、文法的にはDo you want ...?（…はどうですか）でもOK。

297. You must [should] not eat out too often.（頻繁に外食するのはダメですよ）

禁止の表現must not（…してはいけない）。must notは短縮形にしないのが基本。「しない方がいいですよ」と柔らかいトーンで考えればshouldでOK。＊副詞too often（あまり頻繁に）

298. Should I call him later?（彼に後で電話した方がいいかな？）

相手にアドバイスを求める「Should I＋動詞の原形 ...?」（…した方がいい？）。

299. I had to finish my report today.（今日は報告書を仕上げないといけませんでした）

「have toの過去形had to＋動詞の原形」。＊他動詞finish（…を仕上げる、完成させる）

300. You should go see your doctor.（医者に診てもらった方がいいよ）

「…した方がいい」とアドバイスをするshould。＊go see your [a] doctor（医者に診てもらいに行く）

4. （3点×2【6点】）

301. I didn't have to go to work　（×）must

302. Would you like me to　（×）shall

301. I didn't have to go to work yesterday.（昨日は仕事に行く必要がありませんでした）

「…する必要がなかった」はdon't have toの過去形。必要性を強調した言い方になるdidn't need toでも言い換えることもできる。

302. Would you like me to pick him up?（彼を迎えにいきましょうか）

Shall I ...?の代用表現で、より控えめに丁寧に申し出る「Would you like me to＋動詞の原形 ...?」（…しましょうか）。＊「申し出」は「提案」「勧誘」と場面に合わせて解釈すること。

Day 11 / Answer Key

Shuffle Quiz ① 解答・解説　合格点 80 点

1. (2点×17【34点】) ＊完答。スペルミスは1点減点。

303. He's going to 【Day 07】　304. It snows 【Day 05】　305. has never been to 【Day 08】

306. I have 【Day 05】　307. called me 【Day 05】　308. not asking 【Day 06】

309. dropped 【Day 05】　310. is always reading 【Day 06】　311. leaves 【Day 07】

312. It was getting 【Day 06】　313. hasn't been eating 【Day 08】　314. I'm having 【Day 07】

315. has gone 【Day 08】　316. I'm going to bed 【Day 07】　317. has been here since 【Day 08】

318. will 【Day 07】　319. haven't decided 【Day 08】

---

303. **He's going to see a movie tomorrow.**（彼は明日、映画を観るつもりです）
　　個人の予定は be going to。He's = He is。

304. **It snows a lot here in Canada.**（ここカナダはよく雪が降ります）
　　天気は代名詞 It を主語にする。毎年の天気は現在形で主語 It に合わせて3人称単数現在形 snows。＊自動詞 snow（雪が降る）、副詞 a lot（[頻度] よく）

305. **Hiroki has never been to London.**（ヒロキはロンドンに行ったことがありません）
　　「have been to＋場所」（…に行ったことがある）に副詞 never（今までに一度も…ない）を加えたもの。have never been to ...（…に行ったことがない）。Hiroki = He で have→has になる。

306. **I have hay fever.**（私は花粉症です）
　　現在の状態を表す現在形。他動詞 have には「（病気など）にかかっている」という意味がある。

307. **My coworker called me just now.**（たった今、部下が私に電話をかけてきました）
　　副詞 just now は「たった今」という意味では過去形とともに用いる。「他動詞 call＋人」（…に電話をかける）の過去形 called が正解。＊「部下」は基本的に coworker（同僚）と表現することが多い。

308. **I'm not asking you.**（あなたに頼んでいるんじゃありません）
　　一時的な行動を示す現在進行形の否定文「be not＋動詞の ing 形」（…しているのではない）。＊他動詞 ask（…に頼む）

309. **I dropped my son off at *juku* every Friday.**（毎週金曜日に、僕は息子を塾で降ろしていました）
　　文意より、過去の習慣を表す過去形。drop ... off（[車などから] …を降ろす）。dropped off my son の語順も文法的にOK。

310. **My son is always reading *One Piece*.**（息子は『ワンピース』を読んでばかりいます）
　　現在進行形に副詞 always を用いると「…してばかりいる」という意味になる。

311. **My shuttle bus leaves at 2 p.m.**（私のシャトルバスは午後2時に出発します）
　　公共交通機関での移動は予定でも現在形が自然。＊自動詞 leave（出発する）

312. **It was getting cold outside.**（外は寒くなってきていました）
　　「だんだん…になってきている」という変化は自動詞 get（…になる）の進行形で表現できる。文意より「過去進行形 was＋動詞の ing 形」。天候状態や気温は主語に It を用いる。

313. **My son hasn't been eating well lately.**（最近、息子はちゃんと食事をしていません）
　　ある過去から現在まで「…ではない」状態が続いていることは、「現在完了進行形の否定文 have/has not been＋動詞の ing 形」で表現できる。has not の短縮形 hasn't。完了進行形は現在もまだ状態が継続しており解決していないことを示唆する。lately（最近）は現在完了形・現在完了進行形でよく用いられる。＊副詞 well（適切に、十分に）

314. **I'm having a late lunch with my wife tomorrow.**（明日、妻と遅めのランチを食べることになっています）
　　個人の予定で準備が整ったものは現在進行形（…することになっている）で表現できる。＊形容詞 late（遅い）

315. **Mom has gone to the shops without me.**（お母さんが私抜きで買い物に出掛けてしまいました）
　　「…に行ってしまった」は have/has gone to で表現する。Mom = She で have→has になる。＊go to the shops（買い物に出掛ける）、前置詞 without（…なしで）

316. **I'm going to bed early today. I have to leave early tomorrow.**（今日は早く寝るつもりです。明日早く出発しないといけないので）

前から決めている個人の予定はbe going toまたは現在進行形。ここはgo to bedを変化させたもので be going to go to bedは冗長な響きになるため現在進行形で表現している。

317. **Rinon has been here since this spring.**（リノンはこの春からここにいます）
過去から現在までの状態の継続は「現在完了形have/has＋過去分詞」で表現できる。be here（ここにいる）を変化させたもの。「前置詞since＋過去の時点」（［過去の］…以来）

318. **Ellen will take part in a yoga class tomorrow.**（明日エレンはヨガのクラスに参加するでしょう）
「…するだろう」と先の話をする助動詞will。＊take part in ...（…に参加する）

319. **I haven't decided yet.**（まだ決めていません）
「まだ…していない」は現在完了の否定文で表現できる。「haven't＋過去分詞」。文末にyet（まだ…［ない]）がなくても未完了の意味になる。

2. (2点×7【14点】)

320. (B) 【Day 08】　321. (A) 【Day 07】　322. (B) 【Day 07】　323. (B) 【Day 06】
324. (C) 【Day 07】　325. (B) 【Day 07】　326. (A) 【Day 08】

320. (A) I didn't do it today.（僕は今日それをしませんでした）
(B) I haven't done it yet today.（僕は今日まだそれをしていません）
1日が終わりではなく、これから行動する可能性を示唆する場合は英文（B)の現在完了形で表現するのが自然。過去形を用いた英文（A)は1日がもう終わるという意識。not ... yet（まだ…ない）

321. (A) Are you going to buy a new one?（新しいのを買う予定ですか?）
(B) Will you buy a new one?（新しいのを買ってくれませんか）
「個人的な予定」は英文（A)のbe going toの疑問文で尋ねる。英文（B)は状況により「…してくれませんか」または「…する気ですか」のようなニュアンスになる。

322. (A) I'm going to get ready for work.（仕事に出掛ける準備をする予定です）
(B) I'll get ready for work.（仕事に出掛ける準備をします）
話し中に、自分がその場で決めた意志は英文（B)のI'llで表現する。

323. (A) I work at Nintendo.（私は任天堂で働いています）
(B) I'm working at Nintendo.（今は私は任天堂で働いています）
期間が限定された労働は一時的ニュアンスの現在進行形を用いた英文（B)が自然。

324. (A) Tomorrow we're launching our new product.（明日、私たちは新製品を発表することになっています）
(B) Tomorrow we're going to launch our new product.（明日、私たちは新製品を発表する予定です）
(C) Tomorrow we will launch our new product.（明日、私たちは新製品を発表するでしょう）
前から決めている予定・計画を伝える場合、特にフォーマルな場面では英文（C)のようにwillが好まれる。

325. (A) It will rain soon.（もうすぐ雨が降るでしょう）
(B) It's going to rain soon.（もうすぐ雨が降りそうです）
状況予測はbe going toを用いた英文（B)。英文（C)の現在進行形は人が準備できる未来の予定になるため天候に対しては用いることができない。

326. (A) It's been raining for three days straight.（3日連続で、ずっと雨が降っています）
(B) It's rained for three days straight.（3日連続で、雨が降りました［降っています]）
過去から現在、そしてまだ継続していくニュアンスは英文（A)の現在完了進行形。

3. (2点)

327. (B) 【Day 07】

327. **What are you doing tonight? Are you coming?**（今夜は何をするの?　来る?）
(A) I can't. I'll go to dinner with my husband.（無理よ。［今、決めて］夫とディナーに行くことにしたから）
(B) I can't. I'm going to dinner with my husband.（無理よ。［もともと]夫とディナーに行く予定だから）
I'llだと相手を拒否するためその場で予定を立てた響きにもなるため、誤解なく、個人的な予定を伝える場合は英文（B)のように現在進行形（またはbe going to＋動詞の原形）で表現すると良い。＊go to dinner（ディナーに行く）

4. (2点×10【20点】)

328. can't 【Day 09】　329. be able to 【Day 09/07】　330. was able to 【Day 09】　331. could 【Day 09】
332. Do you want me to 【Day 10】　333. will 【Day 09】　334. must【Day 10】　335. might 【Day 09】
336. Do I have to 【Day 10】　337. could 【Day 09】

> 328. It can't be my sister.　She's in Hawaii with her boyfriend. (姉のはずがありません。彼氏とハワイにいますから)
> 　文意より、可能性を打ち消したcan't (…のはずがない)。must notは禁止の意味。
>
> 329. You'll be able to use your vouchers online. (オンラインでクーポンが使えるようになるでしょう)
> 　「will be able to＋動詞の原形」(…できるようになるだろう)。「助動詞will＋助動詞can」はNG。＊vouchers (クーポン)
>
> 330. I was able to get it from my cousin. (いとこからそれを手に入れることができたんです)
> 　実際に行動してできたという意味ではcouldは用いない。「was/were able to＋動詞の原形」(…できた)を用いる。
>
> 331. My brother could come with me. (私の兄が私と来るかもしれません)
> 　弱い可能性を表すcould (…であり得る)。ここでcanを用いると「来ることができる」という意味に聞こえる。
>
> 332. Do you want me to carry your bag? (カバンを持ちましょうか)
> 　自分から申し出るDo you want me to ...? (…しましょうか)。Shall I ...?よりも口語では好まれる。
>
> 333. It will be cloudy tomorrow afternoon. (明日の午後は曇りでしょう)
> 　文意より、「…だろう」は助動詞will。mightは自信のない響き。
>
> 334. You must be hungry after the show. (そのショーの後で、あなたはおなかがすいているに違いありません)
> 　状況から判断し、強い確信を持って可能性を伝えるmust be (…に違いない)。
>
> 335. I might go to the gym tonight. (今夜はジムに行くかもしれません)
> 　「…かも」は弱い可能性を伝えるmight (またはmay)。
>
> 336. Do I have to show my passport at the gate? (ゲートでパスポートを見せないといけませんか?)
> 　義務かどうかを尋ねるhave toの疑問文。
>
> 337. I'll get the door. It could be Ushio. ([玄関に] 僕が出るよ。ウシオかも)
> 　理論上の可能性の話をしているわけではなく、個人的に起こり得る話はcouldが自然。＊get the door ([来客を迎えるために] 玄関に出る、[人が通れるように] ドアを押さえてあげる)

5. (2点×4【8点】)

338. Can you 【Day 09】　339. must 【Day 10】　340. might 【Day 09】　341. should 【Day 10】

> 338. Can you help him? (彼を手伝ってあげてくれませんか)
> 　相手に頼むため主語はyou。Can you ...? (…してくれませんか)。
>
> 339. You must give up your business. (君は事業をやめなければいけません)
> 　強い必要性を伝えるmust。shouldは「…した方がいい」という感覚で義務ほど強い響きはない。
>
> 340. My dad might get angry with you. (父はあなたに怒るかもしれません)
> 　「…するかも」という弱い可能性はmight。
>
> 341. You should go shopping on Black Friday. (ブラックフライデーに買い物に行った方がいいよ)
> 　相手にとって「…した方がいい」というアドバイスを伝えるshould。

6. (2点×11【22点】) ＊完答。つづりミスは1点減点です。

342. have to clean 【Day 10】　343. might [may] need 【Day 09】　344. didn't have to get 【Day 10】
345. must not open 【Day 10】　346. Would you 【Day 10】　347. You should eat [have] 【Day 10】
348. Should I 【Day 10】　349. I couldn't 【Day 09】　350. shouldn't be 【Day 10】
351. might [may] not be able to 【Day 09】　352. shall [should] we 【Day 10】

> 342. I really have to clean the house. (僕は本当に家を掃除しないと)
> 　強い必要性を表現するmustの言い換え「have to＋動詞の原形」。＊他動詞clean (…を掃除する)

343. **He might [may] need a new battery.**（彼は新しいバッテリーが必要かもしれません）

「…かも」は might [may]。could は文法的に OK だが、そもそも時間的・身体的な能力をベースに「起こり得る」という話になるため場面に合わない。

344. **I didn't have to get a visa.**（ビザを取得する必要はありませんでした）

don't have to …（…する必要はない）の過去形 didn't have to …。＊他動詞 get（…を手に入れる）

345. **You must not open this file.**（このファイルを開けてはいけません）

禁止は「must not＋動詞の原形」。＊他動詞 open（…を開く）

346. **Would you like some cereal?**（シリアルはいかがですか）

丁寧に相手にモノを勧める Would you like …?（…はいかがですか）。

347. **You should eat [have] more nuts.**（もっとナッツを食べた方がいいよ）

You should の形で、「…した方がいい」という相手にアドバイスを伝えることができる。＊形容詞 more（もっと）

348. **Should I cancel it?**（それはキャンセルした方がいい？）

相手に助言を求める表現 Should I …?（…した方がいいですか）。

349. **I couldn't start my car this morning.**（今朝、車のエンジンをかけることができませんでした）

「（あの時）できなかった」は can't の過去形「couldn't＋動詞の原形」。＊他動詞 start「（機械・車など）を動かす」

350. **We shouldn't be rude to neighbors.**（私たちは近所の人たちに失礼にならないようにすべきです）

「…であるべきでない」は shouldn't be …。義務ではないが「しない方がいい」という意味。

351. **I might [may] not be able to sleep tonight.**（今夜は眠れないかもしれません）

「…ではないかもしれない」might [may] not。文意より、「be able to＋動詞の原形」（…することができる）を合わせた形。弱い可能性には could も使えるが could not be able to とは言わない。

352. **What time shall [should] we meet tomorrow?**（明日は何時に会いましょうか？）

相手の意向を尋ねる「疑問詞＋shall we …?」。口語では should を用いる。

【判定結果】

テーマ	大問	小計	各40点未満は下のアドバイスを参考に！
時制編	[1] ～ [3]	/50点	時制の問題では動詞の変化や文脈への対応力が問われるため、ここが弱いと色々な文法知識をうまく積み上げていくことができません。時制演習の復習を最優先しましょう！
助動詞編	[4] ～ [6]	/50点	助動詞の問題では時制の感覚も大切ですが、さらに場面や文脈を意識することが重要です。日本語の意味だけに捉われないようにしてください。時制も弱い場合は時制から先に復習を優先してください。
合計得点			/100点
判定結果			F（不合格） C（合格） B（良） A（優）

＊F（79点以下）、C（80点～85点）、B（86点～89点）、A（90点以上）

Day 12 / Answer Key

名詞と代名詞　　合格点 80 点

モヤモヤ解消ポイント！

・名詞＝ S/C/O の働き。代名詞も同じこと。
・名詞は状況（意味）によって、可算か不可算かを考える。

【Day 12の演習問題】

1. (1点×16【16点】)

353. U　354. C　355. U　356. U　357. C　358. U　359. C　360. C　361. U　362. U　363. U　364. C　365. U
366. C　367. C　368. U

---

353. fire（火）
　　　「火」「炎」の意味では名詞fireに数えられる区切り（輪郭）がないため不可算名詞。

354. table（テーブル）
　　　名詞table は「1つ」「1つ」区切りが明確で数えられる可算名詞。

355. work（仕事）
　　　名詞workは「仕事」「職場」という意味では抽象的な概念になるため不可算名詞。

356. money（お金）
　　　名詞moneyは「お金の総称」で不可算名詞。

357. fireworks（花火）
　　　名詞fireworksは「火の作品（花火）」という意味で、通常は複数形で用いる可算名詞。fire に可算名詞のwork（作品）
　　　がくっついたもの。

358. bread（パン）
　　　名詞bread は多種多様なパンの総称になるため不可算名詞。

359. apple（りんご）
　　　名詞apple は 1 個ずつ区切りがあり可算名詞。

360. coin（硬貨）
　　　moneyとは異なり、「1 枚」ずつ数えられるcoins（硬貨）やbills（お札）は可算名詞。

361. salt（塩）
　　　名詞salt は不可算名詞。調味料は基本的に不可算名詞。

362. nature（自然）
　　　trees（木）やrivers（川）などを包括するnature は抽象的な概念で不可算名詞。

363. meat（肉）
　　　名詞meatは基本的に多種多様な肉を総称する不可算名詞。ただし、牛、豚、鶏など具体的な種類を指す場合は可算名詞。

364. job（職業）
　　　名詞jobは1人ひとりに割り当てられている具体的な仕事になるため可算名詞。

365. water（水）
　　　液体は1つ1つ区切りはないためwater は不可算名詞。

366. tree（木）
　　　名詞tree は「1 本」「1 本」区切りがあるため可算名詞。

367. bagel（ベーグル）
　　　具体的なパンの種類で、1個ずつ区切りのある名詞bagel は可算名詞。

368. homework（宿題）
　　　名詞homeworkは具体的な課題1つ1つを示すのではなく総称しているため不可算名詞。

2. (2点×13【26点】) ＊①②は各2点

369. a dog 370. your 371. go 372. Emma's 373. me 374. ① My ② a husband 375. ① glasses ② wine
376. ① them ② happiness 377. ① sugar ② it

369. **He has a dog.** （彼は犬を飼っています）
　　可算名詞の単数形a dog（1匹の犬）。可算名詞を冠詞やsなしの「裸」で使うのはNG。

370. **I like your watch.** （あなたの腕時計いいですね）
　　名詞watch（腕時計）の持ち主を示す所有格の代名詞your（あなたの）。

371. **My parents go shopping together.** （私の両親は一緒に買い物に行きます）
　　My parents = They（彼らは）。Theyに対する一般動詞はsなしのgoが正解。

372. **Emma's dress is nice.** （エマの服はすてきです）
　　名詞dress（服）の持ち主を示すには「名詞＋アポストロフィー（'s）」の形にする。

373. **Listen to me.** （私の話を聞いてください）
　　前置詞toの後ろは目的格の代名詞me。

374. **My sister has a husband.** （私の姉には夫がいます）
　　① 名詞sister（姉、妹）の持ち主を示す所有格の代名詞my（私の）。②一夫一婦制の社会では「夫」は「1人」のはずなので単数形「a＋名詞」で用いる。

375. **I drink two glasses of wine.** （毎日、ワインをグラス2杯飲んでいます）
　　②のwineは不可算名詞のため複数形sはNG。数えるにはa glass of/glasses ofを数に合わせて使い分ける。

376. **Peace brings them happiness.** （平和は彼らに幸せをもたらします）
　　「他動詞bring＋O₁O₂」（O₁［人］にO₂［モノ］をもたらす）。①目的語O₁の位置に用いるのは目的格them。②目的語O₂で使えるのは名詞のみ。名詞happiness（幸せ、幸福）。

377. **I put sugar on it.** （その上に砂糖を乗せます）
　　① 名詞sugarは不可算名詞で、何もつかない裸（a/an、-sなし）でOK。② 前置詞onの目的語となる目的格の代名詞itが正解。

3. (2点×10【20点】) ＊①②は各2点

378. the plan → it 379. The store → It 380. Leo → him 381. Olivia → her 382. Your brother → He
383. ① The book's → Its ② the book → it 384. movies → them 385. His sisters → They 386. Ayame's → Her

378. **We discuss it.** （私たちはそれを話し合います）
　　the planは「モノ」を示す3人称単数の代名詞itで言い換える。ここは目的格のit。

379. **It stays open till 1 a.m.** （そこは午前1時まで営業しています）
　　The storeは「モノ」を示す3人称単数の代名詞itで言い換える。ここは主格のit。

380. **I find him nice.** （僕は彼がいい人だと思います）
　　他動詞findの目的語Leoは「男性」を示す3人称単数のheの目的格himになる。

381. **You make her a little nervous.** （あなたは彼女をちょっと緊張させています）
　　他動詞makeの目的語Oliviaは「女性」を示す3人称単数のsheの目的格herになる。「他動詞make OC」（OをCにする）。

382. **He is a computer geek.** （彼はパソコンおたくです）
　　Your brotherのbrotherに注目。「男性」を示す3人称単の主格Heが正解。

383. **Its cover matches it.** （その表紙はそれと合っています）
　　① 名詞'sは「…の」で所有格の意味。「モノ」を示す3人称単数の所有格Itsが正解。② 「モノ」を示す3人称単数の目的格itが正解。

384. **I watch them.** （私はそれらを観ます）
　　「モノ」を示す3人称の複数theyを他動詞watchの目的格themにする。

385. **They go to the same college as me.** （彼女たちは私と同じ大学に通っています）
　　複数形sistersに注目。3人称の複数を示すThey。＊the same ~ as ...（…と同じ~）

386. **Her father is a schoolteacher.** （彼女の父親は学校の先生です）
　　「人名's」は所有「…の」を示し、Ayame＝女性であるため所有格の代名詞Herが正解。

4. (2点×13【26点】) ＊①②は各2点

387 ① a coffee ② her　388. ① pieces of ② furniture　389. shoes　390. ① It ② mine
391. ① They ② chickens　392. ① Their ② house　393. ① books ② children

387 **I'll get a coffee for her.**（コーヒーを彼女に買ってきます）
① 店などで注文する「1杯のコーヒー」は可算名詞としてa coffeeのように単数形で用いることができる。＊同じ液体でもwaterは「1杯」という意味ではa waterとはしない。② 前置詞の後ろは目的格の代名詞her。

388. **I have two pieces of furniture in my room.**（私の部屋には家具が2つあります）
不可算名詞furnitureを「1つ」「2つ」と表現するにはa piece of/pieces ofを用いる。ここは複数形pieces ofが正解。

389. **I want new shoes.**（新しい靴が欲しいです）
「靴」は左右2つを1セットで用いるため、複数形shoesが基本。

390. **It is mine.**（それは私のです）
①「モノ」を示す3人称単数で主格のIt。② 空所が1箇所のため、「私の」はここでは「私のもの」と解釈し所有代名詞mine。

391. **They keep chickens in the backyard.**（彼らは裏庭で鶏を飼っています）
① 第三者の複数を示す主格They。② 飼っている鶏は可算名詞。空所が1箇所のため複数形chickensにする。＊名詞backyard（裏庭）

392. **Their house is huge.**（彼女たちの家はでっかいです）
①第三者の複数形Theyを所有格（…の）にしたTheir。②所有格の代名詞の後ろは名詞。be動詞がisの場合、主語は単数になるため単数形houseが正解。＊形容詞huge（巨大な）

393. **He writes books for children.**（彼は子ども向けの本を書いています）
①bookは可算名詞のため裸では置けない。複数形booksが正解。② 不特定多数の子どもに向けてのイメージで複数形childrenが自然。

5. (3点×4【12点】)

394. sisters　395. apple　396. papers　397. mine

394. **I have two sisters.**（私には2人の姉妹がいます）
数詞twoより複数形sistersが正解。

395. **My son likes apple in his salad.**（サラダに入っているリンゴが私の息子は好きです）
サラダに入っているリンゴは「果肉」「リンゴの断片」であると考えるのが自然でその場合は不可算扱いとなり、原形appleが自然。複数形applesは丸々1個のリンゴが複数入っていることになり不自然。

396. **I read papers on it.**（それに関する論文を私は読んでいます）
文意を考えると、このpaperは「論文」の意味で可算名詞になるため原形paperは誤り。複数形papersが正解。＊前置詞on（…に関する）

397. **A friend of mine teaches me Japanese.**（友人が私に日本語を教えてくれます）
a friend of mine「私の友人」。直訳イメージは「私が所有する友達の中の1人の友人」。mineはmy friendを言い換えたもの。

Day 13 / Answer Key

冠詞と名詞　合格点 80 点

モヤモヤ解消ポイント！

・不定詞冠詞 a/an は可算名詞の単数形にしか使えない！
・慣用的な言い回しを除き、that（あれ、それ）の感覚であれば定冠詞 the が使えるということ！

【Day 12の復習問題】

1. (1点×6【6点】)

398. fire: ①不可算名詞「火」、②可算名詞「火事」
399. paper: ③不可算名詞「紙」、④可算名詞「論文（または新聞）」
400. chicken: ⑤不可算名詞「チキン（鶏肉）」、⑥可算名詞「鶏」

400. 料理のチキンになると調理され原形をとどめていないため不可算名詞となる。

2. (1点×6【6点】) ＊①②は各1点

401. brothers　402. ① dogs　② They　403. ① me　② hers　404. pineapple

401. He has two brothers.（彼には２人の兄弟がいます）
twoより後ろは複数形が続く。＊数詞と冠詞を一緒に用いることができない。
402. I like dogs. They make me happy.（私は犬が好きです。それら［犬たち］は私を幸せにしてくれます）
① 複数形で犬全般を表現したもの。② 複数形Dogsを言い換えた主格の代名詞They。
403. My mom tells me about a friend of hers.（お母さんは自分の友人について私に話してくれます）
① 他動詞tellの目的語となる、目的格の代名詞me。②「彼女が所有している１人の友人」と考えると所有代名詞hers（彼女のもの）が正解。
404. My daughter likes pineapple in her fried rice.（私の娘は焼飯のパイナップルが好きです）
果肉のパイナップルは不可算名詞扱いで、複数形にはならない。

【Day 13の演習問題】

1. (2点×7【14点】)

405. The　406. chicken　407. the　408. ×（無冠詞）　409. information　410. Viruses　411. the

405. I teach English at school. The students are really nice.（私は学校で英語を教えています。生徒たちは本当に良い子たちです）
自分が教えている生徒の話であることを示す特定ニュアンスの定冠詞theが自然。
406. I have chicken every day.（私は毎日、チキンを食べます）
鶏肉（チキン）は不可算名詞で不定冠詞aは文法的にNG。a chickenは生きた1羽の鶏、またはローストチキンのような丸ごと調理されたものを示す。
407. The president lives in the White House.（大統領はホワイトハウスに住んでいます）
ホワイトハウスは普通の白い家とは異なり、誰もが特定できるものとしてtheを用いる。
408. She goes to work by taxi.（彼女はタクシーで仕事に行っています）
「交通手段を示すby＋不可算名詞taxi」（タクシーで）。
409. This app gets information about you.（このアプリはあなたの情報を収集しています）
不特定の情報を示す無冠詞のinformation。特定の情報については触れられていないためtheは不要、またinformationは不可算名詞でそもそも複数形にできない。

410. Viruses attack our cells. (ウイルスは私たちの細胞を攻撃します)
　　ウイルス全般を示すため「無冠詞＋複数形」。後ろの他動詞attack (…を攻撃する) にsがないことからも主語は3人称単数A virus [= It] にはならない。＊名詞cell (細胞)

411. I ride a bike to the station. (駅まで自転車で行きます)
　　このような会話の場面では、どの駅の話なのか、お互いに明確であるため特定ニュアンスのtheを用いるのが自然。

2. (3点×11【33点】) ＊①②は各3点

412. ① × (無冠詞) ② The　413. The　414. × (無冠詞)　415. × (無冠詞)　416. an
417. × (無冠詞)　418. week　419. ① A friend　② × (無冠詞)　420. the

412. We live in Kobe. The people are friendly. (私たちは神戸に住んでいます。[神戸の] 人々はフレンドリーですよ)
　　① 固有名詞は無冠詞。② 文脈より神戸の人々の話であるから特定ニュアンスのtheを用いるのが自然。

413. There is a dog in the building. The dog loves me. (その建物の中には犬がいます。その犬が私が大好きなんです)
　　建物の中にいる犬を指すため特定ニュアンスのtheを用いるのが自然。＊「there is＋不定冠詞a/an＋名詞」(…がいる、ある)。

414. I go to bed at 10 p.m. (私は午後10時に寝ます)
　　go to bed (寝る) のような目的に焦点がある表現では不可算名詞で無冠詞になる。

415. He has lunch at 11 a.m. (彼は午前11時にランチを食べます)
　　lunchは食べることに焦点が当たり抽象的な響きとなり不可算名詞の扱いとなる。

416. Her haircut takes an hour. (彼女のカット [散髪] は1時間かかります)
　　hour (1時間) は可算名詞のため、単数形のままで無冠詞は文法的に誤り。hourのhは発音せず母音oから始まるため、a→anになる。＊「他動詞take＋時間」([時間] がかかる)

417. Emma studies science in the library. (エマは図書館で理科を勉強しています)
　　scienceなどの教科名は不可算名詞。不可算名詞に不定冠詞a/anは文法的にNG。

418. We stay at a hotel for a week. (私たちは1週間ホテルに滞在します)
　　「不定冠詞a＋可算名詞の単数形week」(1週間)。aは数詞oneの代わりでもあるため複数形weeksは後ろに置けない。

419. A friend of mine works for Sony. (私の友だちはソニーで働いています)
　　① 3人称単数現在形worksにより、主語は単数で考える。a friend of mineは「私の友人たちの中の1人」という意味。mine = my friends。＊「(1人の) 友だち」は基本的にこの表現を用いて、聞き手も理解している具体的な人物を想定している場合はmy friendも可。② 固有名詞は無冠詞。

420. Jack goes to the library once a week. (ジャックは週1で図書館に行きます)
　　同じ地域住民や知人同士であれば、お互いにどの図書館なのかがわかるため、特定ニュアンスの定冠詞theが自然。
　　＊once a week (週に1回)

3. (5点×7【35点】) ＊①②は各5点

421. Cats　422. train　423. ① fruit ② vegetables　424. the　425. ① Children ② books

421. Cats catch mice. (猫はネズミを捕まえます)
　　特定種の猫に限定された話でなければ無冠詞の複数形で猫を総称した言い方が自然。＊mice＝mouse (ネズミ) の複数形

422. She comes here by train. (彼女はここに電車で来ています)
　　trainという「モノ」自体ではなく、「移動手段」の部分に焦点が当たるため、抽象的な不可算名詞の扱いとなり無冠詞の原形で用いられる。

423. I eat fresh fruit and vegetables daily. (私は毎日、新鮮なフルーツと野菜を食べています)
　　① fruitは基本的に不可算名詞で原形のまま。② 「野菜」は可算名詞で無冠詞はNG。この文では野菜全般の話をしているので、複数形vegetablesが正解。

424. This is the first video. (これは初めての動画です)
　　序数first (1番目の) は順序を示す特定の数字になるため、定冠詞theを用いる。

425. Children learn from books. (子どもは本で学びます)
　　① 子ども全般の話をする無冠詞の複数形。② 同じく本全般の話をする無冠詞の複数形。このように無冠詞の複数形は一般的な話をするのによく用いられる。

4. （2点×3【6点】）

426.（誤）a（正）the　427.（誤）an advice（正）advice　428.（誤）a（正）the

> 426. Mike, close the window, please.（マイク、窓を閉めてください）
>
> どの窓かは状況的に明確であると考え、特定の窓を示す定冠詞the を用いるのが自然。a の場合は、複数の窓からどれか適当な1つという意味になる。
>
> 427. We need advice about it.（私たちはそれについて助言が必要です）
>
> advice は不可算名詞で、不定冠詞an は文法的に用いることができない。特定の内容の助言であるかは不明のため無冠詞の原形のままでOK。
>
> 428. My dad has the car key but he's at work now.（お父さんが車の鍵を持っていて、でも職場に今いるんだよ）
>
> 家族の間で車の鍵といえば、普通は「どの鍵」かは明確であるので不定冠詞a は不自然。特定ニュアンスの定冠詞the を用いると良い。

Day 14 / Answer Key

形容詞と副詞　合格点 80 点

モヤモヤ解消ポイント！

> ・形容詞は主語（S）を説明する補語（C）または後ろの名詞を説明する修飾語（M）の2択！
> ・形容詞か副詞か、ではなく、形容詞の条件に当てはまらなければ副詞と判断！

【Day 13の復習問題】

1. （1点×10【10点】）＊①②は各1点

429. ① a　② ×　430. the　431. ×　432. an　433. ① a　② The　434. ×　435. ×　436. chicken

> 429. I have a friend. His brother works in Paris.（僕には友人がいます。彼の兄はパリで働いています）
>
> ① 相手にとっては不特定の1人の友人を示す「不定冠詞a＋可算名詞の単数形」。② 都市名は無冠詞。
>
> 430. Jim, pass me the salt, please.（ジム、私に塩を取ってください）
>
> 特定の塩を指す場面と考えて定冠詞the を用いるのが自然。不可算名詞salt にa はNG。
>
> 431. My son walks to school.（息子は歩いて学校に行っています）
>
> 通学という意味では無冠詞。＊walk to school（徒歩で通学する）
>
> 432. I cut an avocado in half.（私はアボカドを半分に切ります）
>
> 半分に切る前は1個の形になっているので「不定冠詞an＋可算名詞の単数形」。＊cut O in half（O を半分に切る）
>
> 433. The store has a restaurant. The food is nice.（その店にはレストランがあるよ。そこの食べ物はおいしいの）
>
> ① 文意より、世の中にある数々のレストランの中の1つを示す「不定冠詞a＋可算名詞の単数形」。② 1文目で言及したレストランの食事、と特定したニュアンスになるため定冠詞the を用いる。food は「食べ物」という意味では不可算名詞のため不定冠詞a は誤り。
>
> 434. New furniture smells good.（新しい家具はいい匂いだ）
>
> furniture（家具）は不可算名詞。特定の家具を指していないため無冠詞。
>
> 435. Books are expensive in Australia.（オーストラリアって本が高いんだよ）
>
> 多種多様な本全般を指す「無冠詞＋可算名詞の複数形」。
>
> 436. I have chicken for lunch.（ランチにチキンを食べます）
>
> 調理されたチキンは1羽ずつ数えられないため不可算名詞の扱いになる。

2. （2点×3【6点】）

437. the   438. books are   439. fruit

437. **Look at the door.（ドアを見て）**
このような場面では特定のドアを指すため定冠詞theが自然。

438. **Japanese comic books are very popular.（日本の漫画はとても人気があります）**
日本の漫画本全般を指す「無冠詞＋可算名詞の複数形」。

439. **I eat fruit for breakfast.（朝ごはんにフルーツを食べます）**
フルーツは基本的に不可算名詞。＊3種のフルーツのように種類を表現する場合は可算名詞で複数形にできる。

【Day 14の演習問題】

1. （2点×8【16点】）

440. B   441. A   442. A   443. B   444. B   445. A   446. A   447. A

440. **work hard（熱心に働く）**
自動詞workを修飾する副詞hard（熱心に）。

441. **hard work（大変な仕事）**
名詞workを修飾する形容詞hard（大変な）。

442. **have an early night（早めに寝る）**
名詞nightを修飾する形容詞early（早い）。

443. **get up early（早く起きる）**
句動詞get up（起きる）を修飾する副詞early（早く）。

444. **drive carefully（慎重に運転する）**
自動詞driveを修飾する副詞carefully（慎重に、注意深く）。

445. **a successful dancer（成功したダンサー）**
名詞dancerを修飾する形容詞successful（成功した）。

446. **I'm late.（私は遅刻です）**
主語Iの情報を補う補語（C）の働きをする形容詞late（遅刻した）。

447. **I have a quick meal.（私は軽食をとります）**
名詞meal（食事）を修飾する形容詞quick（短時間の）。

2. （2点×7【14点】）

448. happy   449. lots of   450. a few   451. well   452. late   453. soft   454. a lot of

448. **You look happy today.（今日はうれしそうですね）**
自動詞lookの補語（C）になる形容詞happy。

449. **I drink lots of water every day.（毎日たくさんの水を飲みます）**
不可算名詞を修飾する形容詞として、肯定文では「lots of＋不可算名詞」が自然。

450. **I have a few questions.（私は質問が2、3あります）**
「a few＋可算名詞の複数形」（2、3の…）。

451. **My sister plays golf very well.（姉［妹］はゴルフをとても上手にします）**
他動詞playを修飾する副詞well（上手に）。goodは形容詞で動詞は修飾できない。

452. **He wakes up late.（彼は寝坊します）**
自動詞wake（up）を修飾する副詞late（遅く）。同じ副詞でもlately（最近）の意味は場面に合わない。

453. **This towel feels so soft.（このタオルは肌触りがとても柔らかいです）**
「モノ（S）＋自動詞feel＋補語（C）」で「（モノに触れると）…の感じがする」という意味。形容詞soft（柔らかい）をCに用いたもの。副詞softly（柔らかく）はCには使えない。

454. **We have a lot of snow every winter.（毎年冬はたくさんの雪が降ります）**
不可算名詞を修飾できるのはa lot of。この他動詞haveは「…を経験する」という意味。

3. (3点×13【39点】)

455. a few friends　456. there today　457. rarely helps　458. any　459. little advice　460. big enough
461. much here　462. That, a hard　463. some　464. this music is　465. never goes, early
466. Those, are　467. any sugar

455. I have a few friends from Kyoto. （京都出身の友人が2、3人います）
「2、3人の」は「a few＋可算名詞の複数形」。文法的にはsome friendsも可能。

456. Let's have lunch there today. （今日はそこでランチを食べましょう）
「場所の副詞there（そこで）＋時の副詞today（今日）」の語順。

457. The store manager rarely helps me. （店長はめったに私を手伝ってくれません）
頻度を示す副詞rarely（めったに…しない）は一般動詞の前。動詞は原形helpにしないように注意。

458. Do you know any lawyers in Kobe? （神戸にいる弁護士を知りませんか？）
漠然とした数の存在を確認する疑問文のany「何人か…ですか」。後ろに可算名詞が続く場合は複数形。

459. Here's a little advice for you. （あなたへのアドバイスが少しあります）
不可算名詞の少量を示す「a little（少しの）＋不可算名詞advice」。＊「Here's＋名詞」（ここに…がある）

460. This cake is not big enough for four. （このケーキは4人分としては大きさが物足りないね）
形容詞bigを後ろから修飾する副詞enough（十分な）。

461. It doesn't rain much here. （ここはあまり雨が降りません）
程度を示す副詞much（大いに）の否定文「あまり…ない」。

462. That is a hard job. （あれは大変な仕事ですよ）
モノ・人を単純に紹介する場面では「That is＋名詞」の語順で表現する。後ろは「冠詞＋形容詞＋名詞」の基本語順。

463. Would you like some milk? （ミルクはいかがですか）
「Would you like some＋名詞?」（…はいかがですか）。このような提案表現では疑問文でもanyではなくsomeを用いる。

464. Wow, this music is great! （わぁ、この音楽いいね！）
「指示形容詞this＋名詞 is C」（この…はCだ）。補語（C）に形容詞を置いた場合は、一時的なその場の気持ちを表現する。

465. He never goes to bed early. （彼は決して早く寝ません）
「副詞never＋一般動詞」（決して…しない）。さらにgo to bed（寝る）を修飾する「時」の副詞early（早く）は文末に置く。＊否定語neverがあっても動詞は原形にしない。

466. Those students are rude. （あの生徒たちは失礼だ）
複数名詞studentsを修飾する場合の指示形容詞Thatは複数形Thoseになる。複数形の主語Sに対するbe動詞はare。

467. I don't take any sugar in my tea. （紅茶に砂糖はまったく入れません）
not ... anyで「まったく…ない」という意味。sugarは不可算名詞で原形のままでOK。＊他動詞take「（飲み物に）を入れる」

4. (5点×3【15点】)

468. comes here almost every week　469. have a big enough umbrella　470. father likes sports very much

468. He comes here almost every week. （彼はここにほとんど毎週来ます）
「場所」＋「時」の語順。程度を表す副詞almost（ほとんど）は修飾するevery ...の直前に置く。

469. You have a big enough umbrella. （あなたは十分な大きさの傘を持っています）
「冠詞＋形容詞＋名詞」の基本語順に、enoughを用いたもの。副詞enough（十分）は形容詞bigを後ろから修飾。

470. My father likes sports very much. （私の父親はとてもスポーツが好きです）
like O very much（とても…が好き）。likeを修飾する副詞very much（とても）。

Day 15 / Answer Key

前置詞と名詞　合格点 80 点

モヤモヤ解消ポイント！

- ・「前置詞＋名詞」で「場所」や「時」が表現できる！
- ・「前置詞」は日本語訳よりも使う場面を意識しよう！

【Day 14の復習問題】

1. (1点×6【6点】)

471. few　472. plays　473. any　474. These　475. some　476. any

471. I have a few friends in Tokyo. （東京に友人が２、３人います）
「a few＋可算名詞の複数形」（２、３人の…）。

472. My brother rarely plays any sports. （私の兄［弟］はめったにスポーツをしません）
「副詞rarely＋動詞」（めったに…しない）。否定の意味になるためsome→anyになる。

473. Do you have any information about him? （彼について何か情報はありますか？）
名詞の存在を単純に尋ねる疑問文ではsome→anyになる。

474. These shoes are yours. （これらの靴はあなたのです）
まずshoe（［片方の］靴）は、左右合わせて複数形shoesで用いるのが基本。この複数名詞を修飾する場合はthis→複数形these（これらの）になる。

475. Would you like some cookies? （クッキーはいかがですか？）
相手に提案する場合は疑問文でもsomeのまま。

476. I don't have any money. （私はお金をまったく持っていません）
not ... any＝no（まったく…ない）。不可算名詞moneyにmanyは使えない。

2. (2点×4【8点】)

477. big enough　478. snow much　479. This book　480. a really good

477. This pizza is not big enough for three. （このピザは３人分としては大きさが物足りないね）
副詞enough（十分な）は形容詞bigを後ろから修飾する。

478. It doesn't snow much in Kobe. （神戸はあまり雪が降りません）
自動詞snow（雪が降る）を修飾する程度を示す副詞much（よく）。否定文で用いると「あまり…しない」となる。

479. This book is exciting! （この本、とても面白いね！）
指示形容詞This（この）が名詞を前から修飾する。後ろに置いた形容詞はその場の一時的な様子を表現できる。文法的にはThis is an exciting book.（これはとても面白い本です）で言い換え可能で、本の紹介文になる。

480. My sister is a really good cook. （姉は本当に料理上手な人です）
「冠詞＋副詞（really）＋形容詞（good）＋名詞」の基本語順。名詞cook（料理を作る人）は可算名詞のため冠詞aを忘れないように注意。副詞really（本当に）はveryよりも口語的。

【Day 15の演習問題】

1. (1点×4【4点】)

481. A　482. B　483. B　484. A

481. friends from Osaka （大阪出身の友人たち）
名詞friendsを修飾する前置詞句from Osakaは形容詞の働き。

482. stay at a hotel（ホテルに滞在する）
　　自動詞stayを修飾する前置詞句at a hotelは副詞の働き。
483. work for Panasonic（パナソニックに勤める）
　　自動詞workを修飾する前置詞句for Panasonicは副詞の働き。
484. dishes on the table（テーブルの上のお皿）
　　名詞dishesを修飾する前置詞句on the tableは形容詞の働き。前に名詞があれば修飾関係を考えてみると良い。

2. （2点×12【24点】）

485. on　486. at　487. on　488. in　489. on [in]　490. in　491. in　492. on　493. at　494. on　495. at
496. in

485. on August 26（8月26日に）
　　「on＋日付」（特定日）
486. at the end of July（7月末に）
　　at the end of ...（…の月末に）。the end（最後）という時の点はat。
487. on the third floor（3階に）
　　フロアの上、つまり表面接触を示すon。
488. in fall（秋に）
　　一定期間続く秋を時の空間として示すin。
489. get on [in] the bus（バスに乗る）
　　バスの床上という意識であれば表面接触を示すon。小さなバスであれば箱の中というイメージでinを用いる。
490. get in a car（車に乗る）
　　内部のニュアンスを示すin。get in ...（［車など］…に乗る）。
491. in the morning（午前に）
　　the morning（朝）は1日の中で一定の時間幅があり、それを時の空間で捉えたin。
492. on your shoulder（肩の上に）
　　肩にくっついている状況は接触ニュアンスのon。
493. at 10 a.m.（午前10時に）
　　時刻＝時の点。点の感覚はat。
494. a picture on the wall（壁に掛かっている絵）
　　壁にくっついている状況は接触ニュアンスのon。
495. sit at his desk（彼の机のところ［の椅子］に座る）
　　席に着く場合は机の場所を示す点のat。sit on his deskだと机の上に座ることになり失礼。
496. in 2006（2006年に）
　　2006年という幅のある期間を時の空間とみなしてinを用いる。

3. （2点×8【16点】）＊①②は各2点

497. ① × ② to　498. at　499. ×　500. on　501. in　502. from　503. talk

497. My mother works there from 11 to 5.（母はそこで11時から5時まで働いています）
　　① there（そこ）は副詞で、副詞の前に前置詞はNG。② from A to B（AからBまで）。到達を示すtoを用いる。
498. She always waits at the gate.（彼女はいつもその門で待っています）
　　「（ある場所）…のところで」は点の意識でatを用いる。
499. His sister lives abroad.（彼の姉［妹］は海外で暮らしています）
　　abroad（海外で）は副詞。副詞の前に前置詞は置けない。
500. They grow grapes on the farm.（彼らは農場でぶどうを育てています）
　　農場にある畑の上で、という意味で接触ニュアンスのon。
501. Kana looks like a girl in the magazine.（カナはその雑誌の女の子のように見えます）
　　雑誌の中に載っている女の子という意味ではinが自然。onであれば、表紙の女の子または雑誌の上に乗っている女

の子の意味になる。

502. **I have a close friend from university.**（私は大学からの親友がいます）
いつ頃からの付き合いであるかは起点を示す from で表現できる。

503. **We talk about it every day.**（私たちは毎日、それについて話し合っています）
「自動詞 talk ＋前置詞 about ...」＝他動詞 discuss（…について話し合う）。前置詞と一緒にできるのは自動詞。

4. （3点×11【33点】）＊①②は各3点

504. ① for ② on　505. ① on ② at　506. ① at [in] ② on　507. on　508. at　509. ① in ② for　510. to

504. **My mother leaves a note for me on the desk.**（母は私宛のメモを机の上に残します）
① 「…のための」を示す for。② 「…の上に」を示す on。＊leave O on ...（O を…の上に残す）

505. **My son gets on the train at 7:10 every morning.**（息子は毎朝、7時10分に電車に乗ります）
① get on ...（…に乗る）車両の台の上に乗るイメージで on。　② 時刻は「時の点」を表現する at。

506. **We have lunch at [in] a cafe on the beach.**（私たちはビーチ沿いのカフェでランチを食べます）
① 何かをする場所（ここではランチを食べる場所）という感覚では at をよく用いる。広いカフェの空間内でという意識であれば文法的に in でも OK。② 「…沿いに」は接触ニュアンスの on を用いて表現できる。

507. **There's something on your face.**（顔に何かついてるよ）
接触ニュアンスの on。顔面にくっついているイメージ。

508. **It starts at 10:00.**（それは10時から始まります）
「at ＋時刻」（…時に）。「…から」＝from と限らない。「起点」を示す from は from A to B（A から B まで）のように「…まで」という「終点」も同時に意識している場面で用いられる。この場面では開始時刻に焦点があるため、from は誤り。

509. **I stay at a hotel in Naha for a few days.**（私は2、3日、那覇のホテルに滞在します）
① 市内も空間内部を示す in で表現できる。in Naha が名詞 a hotel を修飾。② 期間の長さを示す for。

510. **This is the first flight to Europe.**（今回がヨーロッパへの初のフライトです）
到達ニュアンスの to を用いた「flight to ＋場所」（…へのフライト）。

5. （3点×3【9点】）

511. That curtain rod on the wall isn't strong enough

512. always talks about it at home

513. The strawberry on top looks good

511. **That curtain rod on the wall isn't strong enough.**（壁のあのカーテン棒は強度が十分ではありません）
名詞 that curtain rod を形容詞の働きをする前置詞句 on the wall が修飾したもの。副詞 enough は後ろから形容詞 strong を修飾する。

512. **He always talks about it at home.**（彼はいつも家でそれについて話しています）
「自動詞 talk ＋前置詞 about ＋前置詞の目的語 it」の語順。場所を示す「at ＋名詞」（＝副詞の働き）は文末に置くのが基本。＊at home（家で）

513. **The strawberry on top looks good.**（上に乗ってるイチゴがおいしそう）
名詞 The strawberry を形容詞の働きをする前置詞句 on top が修飾したもの。

Day 16 / Answer Key

疑問詞を使った疑問文　合格点 80 点

モヤモヤ解消ポイント！

覚えたら使う、知識が使える状態になるまで、その繰り返ししかありません。
それを実践できる人が意外と少ないです。

【Day 15の復習問題】

1. (2点×4【8点】)

514. at　515. at　516. on　517. in

514. He picks me up at the airport. （彼は空港で僕を拾ってくれます）
場所を示すat。文法的にはinでも誤りではないが、空港や駅などはatが一般的。

515. The NBA draft starts at 8 p.m. （NBAのドラフトが午後8時から始まります）
開始時刻の「時の点」を示すat。

516. His birthday is on July 23. （彼の誕生日は7月23日です）
日付など、特定の日はon。

517. My kids are in the car with my wife. （子どもたちは妻と車の中にいます）
車内の空間を示すin。

2. (3点×2【6点】)

518. students from Japan are polite　519. I take the bus to work

518. The students from Japan are polite. （日本から来た生徒たちは礼儀正しいです）
名詞studentsを後ろから修飾するfrom Japan（日本から来た［名詞］）。

519. I take the bus to work. （私は仕事にバスで行きます）
到達を示すto。「take O to＋到着する場所」（…まで行くOに乗る）。

【Day 16の演習問題】

1. (1点×4【4点】)

520.（A）　521.（A）　522.（B）　523.（A）

520. Why are you busy? （どうして忙しいの？）
you busy ＝「主語（S）＋形容詞（C）」で、一般動詞がない場合はbe動詞を用いた疑問文と考える。

521. What does she want? （彼女は何が欲しいの？）
she want ＝「主語（S）＋一般動詞（V）」で、この場合はdo/doesを用いた疑問文になる。3人称単数（he/she/it）の場合はdoesを用いる。

522. What Japanese food do you like? （どんな日本食があなたは好きですか？）
「疑問形容詞What＋名詞」（何の…）を文頭に置く。Japanese food（日本食）で1つの名詞と考える。

523. How many movies do you watch a month? （1カ月につき、どれくらい映画を観ますか？）
「疑問副詞How＋形容詞many＋複数名詞」の語順。moviesは可算名詞のためmanyを用いる。howがmanyを、manyが名詞を修飾する。＊a month（1カ月につき）

2. (3点×7【21点】)

524. What's　525. Where　526. How　527. How　528. Whose　529. How　530. What's

524. What's the weather like in Okinawa? — It's like a summer day. （沖縄の天気はどうですか？──夏の日みたいだよ）

「前置詞like＋前置詞の目的語（名詞）」（…のような）の目的語の部分を尋ねる疑問代名詞のWhat。Howは副詞で目的語の部分は尋ねることができない。likeを使わず、How's the weather in Okinawa?ならOK。

525. Where are you? — I'm upstairs, Dave. （どこにいるの？──２階だよ、デイブ）

場所の返答をしているため場所を尋ねるWhere。＊副詞upstairs（２階に）

526. How long is this movie? — One hour and 20 minutes. （この映画の上映時間はどれくらいですか？──１時間20分です）

形容詞long（長い）の程度を尋ねる疑問副詞How。「どの程度longなのか」という意味。

527. How far is it to Osaka? — It's a 20-minute drive. （大阪までどれくらいですか？──車で20分です）

副詞far（遠く）の程度を尋ねる疑問副詞How。「どの程度farなのか」という意味。

528. Whose wallet is this? — I don't know. It's not mine. （これは誰の財布ですか？──わかりません。私のではありません）

名詞の所有者を尋ねる「疑問形容詞Whose＋名詞」（誰の…）。Whose is this wallet?と文法的には言い換え可能だが、Whose walletの方が一般的。

529. How late is the library open? — Until 8 p.m., I think. （図書館は何時まで開いてるの？──午後8時までだと思うよ）

形容詞late（遅い）の程度を尋ねる疑問副詞How。「どの程度lateなのか」という意味。

530. What's the depth of the pool? — It's about two to four feet deep. （プールの深さは？──およそ２から４フィートの深さです）

名詞depth（深さ）を用いる場合はWhatを用いる。形容詞deep（深い）を用いる場合はHow deep is the pool?のように表現できる。

3. （3点×12【36点】） ＊①②は各3点

531. Why 532. Whose brother 533. How tall 534. How do, get 535. How's 536. What does
537. What do 538. How much are 539. Who 540. Which [What] 541. ① What [Which] size ② How do

531. Why is the train late? （どうして電車が遅れてるの？）

理由を尋ねる「Why＋be動詞」の疑問文。

532. Whose brother is that? （あの人は誰の兄弟ですか？）

所有者を尋ねる「Whose＋名詞」が一般的な語順。

533. How tall is Tokyo Skytree? （東京スカイツリーの高さはどれくらいですか？）

長さを尋ねる「How tall＋be動詞」の疑問文。

534. How do you get to the airport? （空港へはどうやって行きますか？）

手段を尋ねる「How＋一般動詞の疑問文（do/does＋主語（S）＋動詞（V）の原形）」。到着に焦点を合わせる場面ではgetが自然。

535. How's your job? （仕事の調子はどうですか？）

主語（S）の調子を尋ねる疑問詞How（どんな感じ？）を使い、How isを縮めたHow'sが正解。

536. What does that mean? （それはどういう意味ですか？）

「主語（S）That＋他動詞（V）means＋目的語（O）」の疑問文「Does that mean＋目的語（O）?」の目的語（O）を疑問詞Whatで尋ねた疑問文。＊他動詞mean（…を意味する）。that＝itと３人称単数と考えるため、疑問文はdoesになる。

537. What do you do? — I'm a banker. （お仕事は何をされていますか？──銀行員です）

「主語（S）You＋他動詞（V）do＋目的語（O）」の疑問文「Do you do＋目的語（O）?」の目的語（O）を疑問詞Whatで尋ねた疑問文。直訳は「（普段は）何をしているの？」で仕事を尋ねる表現になる。

538. How much are the roses? — $25 a dozen. （バラはいくらですか？──12本で25ドルです）

値段を尋ねるHow much。主語the rosesが複数なのでbe動詞はareになる。

539. Who is this app for? （このアプリって誰のためのもの？）

「前置詞for＋人」を示す前置詞の目的語O（名詞）「（人）のための」の目的語（O）を疑問詞Whoで尋ねたもの。Who is/are ... for?で「誰のための…ですか」となる。

540. Which [What] floor? — Third floor, please.（何階ですか？──3階をお願いします）

「どの階ですか」という意味で「疑問形容詞Which＋名詞floor」にする。口語では、疑問詞の表現だけで質問を投げることはよくある。文法的にはWhat（何の）でも構わない。

541. A: What [Which] size are you?（サイズはいくつですか？）

B: Medium, I think.（Mサイズだと思います）

A: Here. How do you like this one?（どうぞ。こちらはいかがでしょうか？）

① 店員のセリフ。服や靴などのサイズは「疑問形容詞What＋名詞size」で尋ねる。店員にとってお客さんのサイズがハッキリしない場合はWhatを用いるのが自然。選択肢が絞られる場合はWhichも可。② どう感じているかを尋ねる疑問副詞How。「How do you like＋名詞?」（…はいかがですか）で名詞に対する相手の印象を尋ねることができる。

4. （5点×5【25点】）

542. How many workers drive to work　（×）do

543. What color is your uniform　（×）does

544. When do you check your email　（×）are

545. How much do you know about　（×）many

546. What kind of device is it　（×）does

542. **How many workers drive to work in Japan?（日本でどれくらいの労働者が車で出勤していますか？）**

数を尋ねる「疑問詞How many＋複数名詞workers」（どれくらいの数の労働者が…）が1つの主語（S）になったもの。疑問詞の表現自体が主語になると後ろは直接動詞を置く。do/doesは不要。

543. **What color is your uniform?（あなたのユニフォームは何色ですか？）**

「疑問形容詞What＋名詞color」（何色）。

544. **When do you check your email?（いつメールをチェックしていますか？）**

時を尋ねる疑問詞When。

545. **How much do you know about bananas?（バナナについてあなたはどれくらい知っていますか？）**

知識の「量」はHow muchで尋ねる。

546. **What kind of device is it?（それはどんな種類の装置ですか？）**

「疑問形容詞What＋名詞kind of ...」（どんな種類の…）。it isの疑問文はis it。

Day 17 / Answer Key

Shuffle Quiz ② 解答・解説　合格点 80 点

＊スペルミスは1点減点。間違えた問題は【　　】内のDayを参照してください。

1. （1点×10【10点】）
547. 形容詞【Day 14】　548. 名詞【Day 12】　549. 名詞【Day 12】　550. 名詞【Day 12】　551. 副詞【Day 14】
552. 前置詞【Day 15】　553. 冠詞【Day 13】　554. 動詞【Day 16】　555. 名詞【Day 16】　556. 形容詞【Day 14】

547. 「自動詞look+補語（C）」（…に見える）となる形容詞。
(例) She looks pretty in this coat. (このコートを着ている彼女はかわいいです)
548. 他動詞study（…を勉強する）の目的語（O）となる名詞。
(例) He studies English so hard. (彼は英語をとても熱心に勉強しています)
549. 前置詞inの目的語（O）となる名詞。
(例) I live in Fukuoka. (私は福岡に住んでいます)
550. 「冠詞＋形容詞＋名詞」。形容詞に修飾される名詞。
(例) This is a nice picture. (これはすてきな写真［絵］です)
551. 完全な文に付け加える要素は修飾語（M）。ここではlikeを修飾する副詞と考えるのが一般的。
(例) I don't like it anymore. (私はそれはもう好きではありません)
552. 後ろの名詞とセットで使える前置詞。
(例) He's at the desk. (彼は机に向かっています)
553. 可算名詞の単数形teacherに対する不定冠詞a（ある1人の）が必要。「冠詞＋副詞＋形容詞＋名詞」の基本語順。
(例) He's a very good teacher. (彼はとてもいい先生です)
554. 主語（S）に続く動詞（V）。疑問文の始まりがDoであるため、一般動詞が入ると考える。
(例) Do you eat sushi? (あなたはお寿司を食べますか？)
555. 動詞eatに対する主語（S）になる名詞。doesを用いた疑問文では3人称単数He［She/It］などが主語になる。
(例) What does he eat? (彼は何を食べますか？)
556. 名詞storyを修飾する形容詞。
(例) It's a long story. (それは長い物語です)

2. （2点×7【14点】）
557. (B) 【Day 15】　558. (B) 【Day 16】　559. (B) 【Day 16】　560. (A) 【Day 14】　561. (A) 【Day 16】
562. (B) 【Day 14】　563. (B) 【Day 14】

557. I stay at a hotel. (私はホテルに滞在します)
場所を点で考える前置詞at(…で)。onだとホテルの屋上にいるような響きで不自然。
558. What color do you like? (あなたは何色が好きですか？)
「疑問形容詞What＋名詞color」(何色)。
559. How long do you sleep? (睡眠時間はどれくらいですか？)
一般動詞sleepの疑問文はdoを用いる。
560. I'm a safe driver. (私は安全運転する人です)
名詞driverを修飾する形容詞safe。
561. Are you busy? (あなたは忙しいですか？)
形容詞busyの疑問文はbe動詞を用いる。
562. This is a serious issue. (これは深刻な問題です)
名詞issue(問題)を修飾できるのは形容詞serious(深刻な)。「冠詞＋形容詞＋名詞」の語順にする。
563. They drink lots of water. (彼らは水をたくさん飲みます)

肯定文では much よりも lots of［=a lot of］が一般的。

3. （2点×8【16点】）

564. for 【Day 15】　565. careless 【Day 14】　566. him 【Day 12/15/13】　567. in 【Day 15】
568. few 【Day 12/14】　569. Whose 【Day 16】　570. × 【Day 15】　571. their 【Day 12/13】

> 564. leave for Kyoto（京都に向けて出発する）
> 　自動詞 leave（出発する）は方向を示す前置詞 for を用いる。
>
> 565. a careless driver（不注意なドライバー）
> 　名詞 driver を修飾する形容詞 careless（不注意な）。-less は形容詞、-ly は副詞。
>
> 566. look for him（彼を探す）
> 　「前置詞 for ＋前置詞の目的語」なので目的格 him（彼を）。可算名詞 boy は a boy または boys であれば文法的に正しくなる。
>
> 567. get in a car（車に乗る）
> 　車内の空間を示す前置詞 in（…の中に）。
>
> 568. a few children（2、3人の子どもたち）
> 　「a few ＋可算名詞の複数形」（2、3の…）。a のない little であれば、「小さな」という意味の形容詞として使える。（○）little children（小さな子どもたち）
>
> 569. Whose towel is this?（これは誰のタオルですか？）
> 　「疑問形容詞 Whose ＋名詞」（誰の…）。
>
> 570. visit Kyoto（京都を訪ねる）
> 　visit（…を訪ねる）は他動詞。他動詞に前置詞は不要。
>
> 571. look at their hats（彼らの帽子を見る）
> 　「所有格の代名詞 their ＋名詞」（彼らの…）。冠詞と所有格の代名詞を一緒に用いることはできない、また不定冠詞 a の後ろは可算名詞の単数形でいずれにせよ hats とともには使えない。

4. （2点×12【24点】）＊①②は各2点

572. at 【Day 15】　573. some 【Day 14】　574. the 【Day 13】　575. How's 【Day 16】　576. Which 【Day 16】
577. at 【Day 15】　578. on 【Day 15】　579. the 【Day 13】　580. an 【Day 13】　581. some 【Day 14】
582. ① × ② at 【① Day 13　② Day 15】

> 572. wait at the front door（玄関口で待つ）
> 　玄関口を場所の点と考え、at が自然。＊wait at ...（…のところで待つ）
>
> 573. Would you like some ice cream?（アイスクリームはいかがですか）
> 　相手に提案する場面では疑問文でも some を用いる。
>
> 574. Put the cap back on.（ふたを閉めといて）
> 　状況的に特定のモノを指しているため定冠詞 the を用いるのが自然。
>
> 575. How's your shoulder?（肩の調子はどうですか？）
> 　調子を尋ねる場面で用いる疑問副詞 How（…はどうですか）。your shoulder is C（あなたの肩は C です）の C 部分を How で尋ねたもの。
>
> 576. Which finger is broken?（どの指が折れてるの？）
> 　「疑問形容詞 Which ＋名詞」（どの名詞が…ですか）。指のように選択肢がある中で用いる。
>
> 577. Our session starts at 1 p.m.（私たちの集会は午後 1 時から始まります）
> 　「時の点」を示す at で開始時刻を表現する。＊名詞 session（集会）
>
> 578. There's something on your shirt.（シャツに何かついてますよ）
> 　接触ニュアンスの前置詞 on。
>
> 579. How's the baby?（赤ちゃんは元気？）
> 　漠然とした赤ん坊の話をしているわけではなく、互いに認識している赤ん坊を指す定冠詞 the を用いるのが自然。
>
> 580. I'm an English teacher.（私は英語の先生です）

漠然とした複数の英語の先生の中の1人という意味で「不定冠詞an＋母音で始まる可算名詞の単数形」。

581. **Can I have some salad?** (サラダをもらってもいいですか)

相手に要求し、肯定的な返答を期待できる場面では疑問文でもsomeを用いる。

582. **He has breakfast at a hotel.** (彼はホテルで朝食を食べます)

① breakfastは無冠詞が基本。② 場所を示す前置詞at。今回の食事のように目的を果たすような場所の感覚でatはよく用いられる。

5. (2点×13【26点】) ＊①②は各2点

583. any meat 【Day 12/14】

584. ① His ② rarely cooks 【① Day 12 ② Day 14】

585. ① any ② on 【① Day 14 ② Day 15】

586. a 【Day 13】

587. some money 【Day 14】

588. ① How difficult ② is 【① Day 16 ② Day 16】

589. ① sometimes ② a movie [film] 【① Day 14 ② Day 12/13】

590. This, is 【Day 14】 591. on the 【Day 15】

583. **I don't eat any meat.** (肉はまったく食べません)

not ... any (まったく…ない)。meat (肉) は不可算名詞で複数形にはならない (＝sは不要)。

584. **His wife rarely cooks.** (彼の奥さんはめったに料理をしません)

①「…の」は所有格の代名詞。his (彼の)。②「めったに…しない」は「副詞rarely＋動詞」。意味は否定的でも、肯定文のルールで、His wife ＝ 3人称単数Sheのため、動詞sになる。

585. **There isn't any snow on the ground.** (地面にはまったく雪が積もっていません)

① 名詞の存在を否定するnot ... any (まったく…ない)。there is ... (…がある) の否定文。②「地表面」の意味では前置詞onを用いるのが自然。＊名詞ground (地面)

586. **I have a question.** (質問があります)

可算名詞questionの単数形に無冠詞はNG。「1つの」という意味で不定冠詞aを用いる。

587. **I need some money.** (お金が必要です)

漠然とした金額を示すsomeを用いるのが自然。

588. **How difficult is the test?** (そのテストはどれくらい難しいの？)

① 形容詞difficultの程度を尋ねる疑問副詞How (どれくらい)。② 英文の動詞が抜けていることがポイント。状態 (…だ) を示す代表的なbe動詞を用いた疑問文と考える。主語the test (＝ it) にはis。

589. **I sometimes watch a movie [film] with my wife.** (僕は時々、妻と映画を観ます)

① 頻度を示す副詞sometimes (時々) は一般動詞の前に置くのが基本。② movie (映画) は可算名詞で冠詞が必要。特定の映画ではないため「不定冠詞a＋単数名詞」にする。

590. **This sofa is so comfortable.** (このソファー、とっても快適です)

「指示形容詞This＋名詞＋ is ＋形容詞」(この…は～だ) は名詞を指し示しながら、その場の状況を描写する。

591. **Your name is on the list.** (あなたの名前がそのリストに載ってるよ)

「前置詞on＋名詞」(…上に)。特定の名詞は定冠詞theを用いる。

6. (2点×5【10点】)

592. How much snow is in your neighborhood (×) does 【Day 16/15】

593. Those fans at the stadium look really happy (×) that 【Day 15/14】

594. Do you want some water (×) a 【Day 12/15】

595. Little dogs always bark at big dogs (×) barks 【Day 12/14/15】

596. How do you like the (×) a 【Day 16/13】

592. **How much snow is in your neighborhood?** (あなたの近所の積雪量はどれくらいですか？)

「疑問副詞How＋形容詞much＋名詞snow」で雪の量を尋ねた疑問文になる。

593. **Those fans at the stadium look really happy.**（スタジアムのあのファンたちはとってもうれしそうですね）

主語（S）「指示形容詞Those＋複数名詞」（あれらの…）に名詞を修飾する形容詞の働きをする「前置詞at＋名詞the stadium」（スタジアムにいる）が続く。自動詞lookの補語（C）になる形容詞happyを副詞reallyが修飾する「副詞＋形容詞」の語順にする。複数名詞を修飾する場合はthat（あの…）はthose（あれらの…）になる。

594. **Do you want some water?**（お水はいかがですか）

相手に提案をするDo you want ...?（…はどうですか）ではanyではなくsomeを用いる。「some＋不可算名詞」（いくらかの…）。不可算名詞waterにaはNG。

595. **Little dogs always bark at big dogs.**（小さな犬は大きな犬にいつも吠えます）

「主語（S）＋動詞（V）」に対して、修飾語や前置詞をどこに置くかがポイント。前置詞atの目的語となる名詞は「形容詞＋名詞」の形、「頻度を示す副詞always＋自動詞bark」（いつも吠える）、そして「自動詞＋前置詞＋名詞」で考える。主語が複数の場合、動詞にsは不要。

596. **How do you like the food?**（料理はいかがですか）

How do you like ...?の直訳は「…はどのように気に入っていますか」と「感想」や「意見」を尋ねる表現になる。特定の料理を指している状況になるため定冠詞theを使う。＊How do you like ...?は好みの調理方法を尋ねる表現でも用いられる。How do you like your steak?（ステーキはどのように調理しましょうか？）

【判定結果】

テーマ	大問	小計	正答率が各80％未満は下のアドバイスを参考に！
知識	[1] ～ [3]	/40点	品詞の知識は発信力の土台です。ここでしっかりと得点できるように最優先で復習しましょう。品詞を理解するには文型知識も欠かせないためDay 1～3も一度見直してみましょう。
発信	[4] ～ [6]	/60点	知識を実際に発信する力が不足しています。問題文の状況と解説に書かれているポイントを照らし合わせてみましょう。品詞を理解するには文型知識も欠かせないためDay 1～3も一度見直してみましょう。
合計得点			/100点
判定結果			F（不合格） C（合格） B（良） A（優）

＊F（79点以下）、C（80点～85点）、B（86点～89点）、A（90点以上）

Day 18 / Answer Key

不定詞　合格点 80 点

 モヤモヤ解消ポイント！

- ・「不定詞 to＋動詞の原形」で名詞、形容詞、副詞いずれかの働きをする！
- ・不定詞で使われる動詞が、自動詞なのか他動詞なのかも意識すること！

【Day 18の演習問題】

1. （2点×7【14点】）

597. O　598. M　599. C　600. M　601. O　602. S　603. M

597. I'd like <u>to join you</u>. （一緒に参加したいです）
likeの目的語となる名詞的用法の不定詞to join you（あなたたちに加わること）。would like to doはwant to do（…したい）の丁寧な表現。

598. I went to a bookstore <u>to buy my dad a birthday present</u>. （お父さんに誕生日プレゼントを買うために本屋に行きました）
動作wentの目的を示す副詞的用法の不定詞to buy …（…を買うために）。buy $O_1 O_2$（O_1［人］にO_2［モノ］を買う）。

599. His dream is <u>to be a doctor</u>. （彼の夢は医者になることです）
主語（S）の情報を補う補語（C）の働きをする名詞的用法の不定詞to be …（…になること）。

600. I had a chance <u>to meet him</u>. （彼と会う機会がありました）
名詞a chanceに説明を加える形容詞的用法の不定詞to meet …（…と会うための）

601. Can you show me <u>where to go</u>? （私にどこに行けばいいのか示してくれませんか）
show $O_1 O_2$（O_1［人］にO_2［モノ］を見せる）のO_2の働きをする名詞の「疑問詞where＋to do」（どこへ…するべきか）。

602. It was difficult for me <u>to use this</u>. （私にとってこれを使うことは難しかったです）
主語（S）の働きをする名詞的用法の不定詞to use …（…を使うこと）。「It was 〜 for＋人＋to do」（［人］にとって…することは〜だった）の形で、Itは形式主語で、後ろの不定詞が真主語になる。

603. I was glad <u>to get the refund</u>. （返金を受け取ることができてうれしかったです）
感情の理由を表現する副詞的用法の不定詞。「be＋感情を示す形容詞＋to do」（…して〜だ）。

2. （3点×3【9点】）

604. （A）　605. （B）　606. （A）

604. It's interesting to watch TED talks. （TEDを観るのは面白いです）
（B）のように主語（S）として文頭に不定詞を置くのは一般的ではない。（A）のように、It is 〜 to do（…することは〜だ）とする。

605. He was studying to pass his exam. （彼は試験に合格するために勉強をしていました）
「…するために〜する」と動作の目的を表現する場合は、副詞的用法の不定詞to pass …（…に合格するために）を用いるのが正解。

606. They didn't have anything to eat. （彼らは何も食べるものがありませんでした）
not … anything（何も…ない）の代名詞anythingに説明を加える形容詞的用法の不定詞to eat（食べるための）。（B）のdidn't have to eat anythingは「何も食べる必要がなかった」という意味。

3. （5点×2【10点】）

607. It's, for, to do　608. how to fix

607. (A) I need to do it.（私はそれをする必要があります）
　　(B) It's necessary for me to do it.（私にとってそれをすることは必要です）
「I need to ＋動詞の原形」（私は…する必要がある）を言い換えた「It's necessary for ＋人＋ to ＋動詞の原形」（［人］にとって…することは必要だ）。

608. (A) I can fix it.（僕はそれを修理することができます）
　　(B) I know how to fix it.（僕はそれの修理の仕方を知っています）
修理ができるということは「修理方法」を知っていると考える。「how to ＋動詞の原形」（…の仕方）を他動詞knowの目的語に用いたもの。

4. (3点×14【42点】)

609. to pick　610. when to move　611. to rain　612. like to have　613. do, want to be
614. didn't, which ticket to　615. to see　616. It's not［It isn't］easy to　617. was, to hear
618. Do, know how to　619. want to spend　620. like to do　621. something to watch　622. It, to

609. I went there to pick up my son.（息子を迎えにそこに行きました）
動作wentの目的（…するために）を示す不定詞to pick up ...（…を迎えに行くために）。

610. I can't decide when to move.（いつ引っ越すか決めることができません）
「いつ…するべきか」は「疑問詞when＋不定詞」で表現できる。when to move が 1 つの名詞として他動詞decideの目的語になる。

611. It's starting to rain.（雨が降り始めました）
「start to ＋動詞の原形」（…し始める）。自動詞rain（雨が降る）。

612. Would you like to have dinner with me?（私と一緒にディナーに行きませんか）
want toの丁寧な表現would like toを疑問文にしたもの。人との食事はeatよりもhaveが自然。「Would you like to ＋動詞の原形?」で「…しませんか」という提案表現になる。

613. What do you want to be in the future?（将来、あなたは何になりたいですか？）
want to be ...（…になりたい）。wantは一般動詞であるから疑問文にはdoを用いる。

614. I didn't know which ticket to buy.（どちらのチケットを買うべきかわかりませんでした）
「疑問形容詞which＋名詞＋to＋動詞の原形」（どちらの〜を…するべきか）が他動詞knowの目的語になったもの。一般動詞の過去の疑問文は「didn't＋動詞の原形」（…しなかった）。

615. I went to see a movie yesterday.（昨日は映画を観に行きました）
go to see a movieで「映画を観に行く」という意味。to see a movie（映画を観るために）でgoの動作の目的を表現する。映画館で観る場合はseeが自然。

616. It's not［It isn't］easy to balance work and family.（仕事と家庭のバランスを取るのは簡単ではありません）
「It is 〜 to＋動詞の原形」（…することは〜だ）の否定文。It isn'tよりもIt's notの方が口語的。

617. I was excited to hear her response.（彼女の返答を聞いて、興奮していました）
「be＋感情を示す形容詞＋to＋動詞の原形」（…して〜だ）。感情の理由を説明する副詞的用法の不定詞。形容詞excited（興奮して）。

618. Do you know how to make takoyaki?（たこ焼きの作り方を知っていますか？）
「他動詞know＋目的語（how to＋動詞の原形）」（…の仕方を知っている）。一般動詞の疑問文はdoを用いる。

619. I want to spend time with my family.（家族と一緒に時間を過ごしたいです）
「want to＋動詞の原形」（…したい）。他動詞spend（…を過ごす）。

620. What do you like to do in your free time?（空いている時間は、何をするのが好きですか？）
「like to＋動詞の原形」（…することが好き）。

621. I'm looking for something to watch on Netflix.（ネットフリックスで何か観るものを探しているんです）
代名詞somethingを後ろから説明する形容詞的用法の不定詞to watch。タブレットやPCなどでの動画の視聴はwatchが自然。

622. It took three months to get used to it.（それに慣れるのに3カ月かかりました）
形式主語Itを文頭に置き、真主語の不定詞to get ... を後ろに置いたもの。他動詞take（［時間］がかかる）。「get used to＋名詞」（…に慣れる）。

5. (5点×5【25点】)

623. I'm not brave enough to sleep
624. decided to study in Australia this fall
625. Nobody told me what to do
626. to stay healthy is to exercise regularly
627. Is it possible for you to send them to

623. **I'm not brave enough to sleep during meetings.**（僕は会議中に寝られるほどの勇気はありません）
「enough to＋動詞の原形」（…するのに十分な）。形容詞 brave を修飾する副詞 enough（十分な）を、さらに副詞的用法の不定詞 to sleep が修飾したもの。＊前置詞 during（[特定期間] ～の間）

624. **She decided to study in Australia this fall.**（この秋、彼女はオーストラリアで海外留学することに決めました）
「decide to ＋動詞の原形」（…することに決める）の過去形。文末は「場所」＋「時」の語順にする。

625. **Nobody told me what to do next.**（次に何をするべきか誰も私に教えてくれませんでした）
tell O₁O₂（O₁に O₂を教える）の過去形。O₂に名詞の働きをする「疑問詞 what＋不定詞」（何を…するべきか）を用いたもの。nobody（誰も…しない）は否定の意味はあるが動詞は told のままで原形にしない。

626. **A good way to stay healthy is to exercise regularly.**（健康でいるための良い方法は、定期的に運動することです）
名詞 way（方法）に不定詞 to stay healthy で説明を加える語順。A ... healthy までで1つの主語（S）の働き。さらに、補語（C）に不定詞 to exercise を用いたもの。

627. **Is it possible for you to send them to Miyu?**（それらをあなたがミユに送ることは可能ですか？）
「Is it possible for you to＋動詞の原形 ...?」は直訳で「あなたにとって…することは可能ですか？」となり、「Can you＋動詞の原形 ...?」（…できますか？）の言い換えとして使える。＊「send O to＋人」（O を [人] に送る）

Day 19 / Answer Key

不定詞と動名詞　合格点 80 点

 モヤモヤ解消ポイント！

> ・不定詞 to ＋動詞の原形＝「未来志向」ニュアンス
> ・動名詞 Ving ＝「現実志向」ニュアンス

【Day 18の復習問題】

1. (2点×5【10点】)

628. to help me　629. us how to get　630. something to drink　631. Is it difficult to make　632. do, like to do

628. **My wife came to help me this morning.**（今朝、妻が僕を手伝いに来てくれました）
「…するために」と考え、不定詞の副詞的用法to helpを使う。

629. **The driver asked us how to get there.**（その運転手が、どうやってそこに行くのか私たちに尋ねました）
ask O₁O₂(O₁［人］にO₂［モノ］を尋ねる)の目的語O₂に「疑問詞＋不定詞」(＝名詞)を用いたもの。「how to＋動詞の原形」(…の仕方)。「到着」方法の話はgoではなくgetが自然。

630. **Would you like something to drink?**（何かお飲み物はいかがですか）
代名詞somethingに後ろから説明を加える形容詞的用法の不定詞to drink(飲むための)。

631. **Is it difficult to make a smartphone app?**（スマホ用のアプリを作るのは難しいですか？）
「It is＋形容詞＋to＋動詞の原形」(…することは〜だ)の疑問文。

632. **What do your kids like to do for fun?**（あなたの子どもたちは何をして遊ぶのが好きですか？）
like to do(することが好き)。happy(趣味)を用いるよりも自然な尋ね方。＊for fun(楽しみに)

2. (3点×2【6点】)

633. It was difficult for me to pronounce her name

634. I'm happy to hear that

633. **It was difficult for me to pronounce her name.**（私には彼女の名前を発音するのは難しかったです）
「It is＋形容詞＋for＋人＋to＋動詞の原形」(［(人)にとって］…することは〜だ)の過去形。

634. **I'm happy to hear that.**（それを聞いてうれしいです）
「be＋形容詞＋to＋動詞の原形」(…して〜だ)。感情の理由を示す副詞的用法の不定詞。

【Day 19の演習問題】

1. (2点×3【6点】)

635.（A）　636.（A）　637.（A）

635. **It stopped raining.**（雨が降りやみました）
「…することをやめる」という意味では他動詞stopを使い、動名詞を目的語(O)にする。

636. **Her dream is to be a designer.**（彼女の夢はデザイナーになることです）
夢はまだ実現していない事柄になるため不定詞to be（…になること）を補語（C）に用いるのが自然。

637. **Don't forget to wake me up tomorrow.**（明日、私を起こすのを忘れないでね）
「これから起こすこと」を忘れるな、の場合は不定詞to wake(…を目覚めさせる)を用いる。Don't forget to do(…するのを忘れないで)＝ Remember to do(…するのを覚えておいて)。

2. (3点×4【12点】)

638. to go 639. Hanging out, is fun 640. me to 641. managed to

638. (A) I like going to the beach. (海に行くのが好きです)

(B) I like to go to the beach. (海に行くのが好きです)

他動詞likeは動名詞と不定詞の両方を目的語 (O) にできる。基本的には不定詞の方が一般的。＊「海」に行くは実際には浜辺に行くと考えるのが一般的なためthe beachとしている。

639. (A) It's fun to hang out with coworkers. (同僚と遊ぶのは楽しいです)

(B) Hanging out with coworkers is fun. (同僚と遊ぶのは楽しいです)

動名詞Hanging を主語 (S) に用いたもの。SVC (SはCだ) で考え、Vにはbe動詞isを用いる。(A) のように、不定詞の場合は形式主語Itとセットで用いるのが一般的。＊hang out (ぶらぶらする)、名詞coworker (同僚)

640. (A) Shall I pick you up at the station? (駅まで車で迎えに行きましょうか)

(B) Do you want me to pick you up at the station? (駅まで車で迎えに来てほしいですか)

(A) 誘い・提案表現のShall I ...? (…しましょうか) は (B) Do you want me to do ...? と不定詞の表現で言い換えることができる。

641. (A) I was able to meet the deadline. (締切に間に合わせることができました)

(B) I managed to meet the deadline. (締切になんとか間に合わせることができました)

(A) was able to do (…することができた) を (B) managed to do (なんとか…することができた) で言い換えたもの。manageは困難を伴いながらも最終的にできたという意味。＊meet the deadline (締切に間に合わせる)

3. (3点×7【21点】)

642. fixing 643. worrying 644. watching 645. meeting 646. hearing 647. watching 648. reading

642. I'm used to fixing it. (僕はその修理に慣れています)

toは前置詞で、後ろの動詞は動名詞fixingになる。

643. Stop worrying about it. (それについて心配するのはやめなさい)

stopは実際に行なっていることを「やめる」という意味では、目的語に動名詞を用いる。

644. What movies do you feel like watching on Christmas? (クリスマスにはどんな映画が観たいですか)

「feel like ＋動名詞」(…したい気分だ)。このlikeは前置詞で、前置詞の後ろは動名詞watching。

645. I remember meeting him at a conference once. (かつて、会議で彼と会ったことを覚えています)

過去を示す副詞once (かつて) より、過去の出来事を覚えているという意味で動名詞meetingを目的語 (O) にする。

646. I'm really looking forward to hearing from you. (あなたからの便りを本当に楽しみに待っています)

toは前置詞で前置詞の目的語 (O) には動名詞hearingを用いる。

647. My favorite thing is watching YouTube videos. (私の大好きなことはYouTubeの動画を観ることです)

内容から、実際にしている事実のため、補語 (C) には動名詞watchingを用いるのが自然。

648. He hasn't finished reading this book. (彼はまだこの本を読み終えていません)

他動詞finish (…を終える) は既にしていることをやめるという意味があるため、現実ニュアンスの動名詞を用いる。

4. (3点×13【39点】) ＊①②は各3点

649. using 650. mind driving 651. ① talking ② to see 652. got, to do 653. like me to call

654. ① Running is ② to exercise 655. told me to 656. ① trying to ② find a

657. ① mind asking ② to come

649. I tried using bacon instead of pork. (私は豚肉の代わりにベーコンを使ってみました)

「tried ＋動名詞」で「試しに…した」という意味。実際に実行した場合は動名詞を目的語に用いる。＊instead of... (…の代わりに)

650. I don't mind driving long distances. (長距離の運転は嫌ではありません)

他動詞mind (…を嫌に思う) は目的語 (O) に動名詞drivingを用いる。＊名詞long distances (長距離) が副詞的に使われたもの。

651. Nice talking to you. Hope to see you soon. (あなたとお話ができて良かったです。すぐにまたお会いできる

といいですね）

① これから話すのではなく、実際に話した後のセリフと考えられるため、動名詞talkingが自然。② 他動詞hope（…を願う）はこれから先のことを願うため不定詞to seeを目的語（O）にする。ここでは主語（S）Iが省略された形。＊「再会」の意味ではmeetではなくseeを用いるのが自然。

652. **I got my kids to do their homework.**（子どもたちに宿題をさせました）

「強制的に…させる」という意味でget O to doの形が使える。ここでは過去形got。

653. **Would you like me to call you back later?**（後で折り返し電話しましょうか）

Would you like me to ...?で、「…しましょうか」と、とても丁寧な申し出表現になる。

654. **Running is one of my favorite ways to exercise.**（ランニングはお気に入りの運動方法の1つです）

① 動名詞Runningを主語に用いたもの。S is C（SはCだ）の形にする。②名詞waysに後ろから説明を加える形容詞的用法の不定詞to exercise（運動するための）。

655. **My parents told me to stay off social media for a while.**（両親がしばらくの間、SNSから離れるように私に言いました）

指示・命令の場面で用いる「tell O to＋動詞の原形」（O［人］に…するように言う）。＊stay off ...（…から離れている）、for a while（しばらくの間）

656. **My father gave up trying to find a new job.**（父は転職を試みるのをあきらめました）

① give upの目的語（O）は動名詞trying。② まだ実現していないことをしようとする場合、原形を用いるのが自然。「try to＋動詞の原形」（…しようとする）。jobは可算名詞の単数形のため不定冠詞aが必要。

657. **Would you mind asking him to come?**（彼に来てもらえるよう頼んでいただけませんか）

①「Would you mind ＋動名詞 ...?」（…していただけませんか）でとても丁寧に依頼する表現になる。他動詞mind（…を嫌に思う）の目的語（O）は動名詞のみ。②「他動詞ask O to ＋動詞の原形」（O［人］に…して欲しいと頼む）。お願いする表現で、まだ実現していない事柄は不定詞。

5. (3点×2【6点】)

658. He wasn't interested in making new friends （×）to

659. Smoking is bad for your health （×）smoke

658. **He wasn't interested in making new friends.**（彼は新しい友だちを作ることに興味がありませんでした）

「be interested in＋動名詞」（…することに興味がある）のbe動詞をwasn'tとした過去の否定文。前置詞の後ろは動名詞で不定詞は置けない。＊make (new) friends（［新しい］友だちを作る）

659. **Smoking is bad for your health.**（喫煙はあなたの健康に悪いです）

動名詞smokingを主語（S）に用いたSVC文型。S is C（SはCだ）の語順。＊bad for ...（…に悪い）

Day 20 / Answer Key

接続詞　合格点 80 点

 モヤモヤ解消ポイント！

・接続詞の後ろは「主語 (S) ＋動詞 (V)」が基本語順。
・副詞節は「時」「理由」「結果」「条件」などを示す SV を含んだカタマリ！

【Day 19の復習問題】

1. （2点×4【8点】）

660. is watering　661. good at teaching　662. Going to bed［sleep］early is　663. forget to turn

660. One of my routines is watering my flowers.（私の日課の1つは花に水をやることです）
日常的に行なっている事柄は動名詞。＊他動詞water（…に水やりをする）

661. He wasn't good at teaching.（彼は教えることが得意ではありませんでした）
前置詞の目的語となる動名詞。

662. Going to bed［sleep］early is very important.（早寝はとても大切です）
主語になる動名詞。＊go to sleep（眠りにつく）

663. Don't forget to turn on the switch.（スイッチを入れ忘れないでね）
実現されていない事柄は不定詞。「Don't forget to＋動詞の原形」（…するのを忘れないで）。

2. （3点×2【6点】）

664. dream is to be a doctor　（×）being　665. His hobby is building　（×）to build

664. Yu's dream is to be a doctor.（ユウの夢は医者になることです）
夢はこれから先の事柄になるため不定詞。

665. His hobby is building model kits.（彼の趣味はプラモデルを作ることです）
趣味は日常的な事柄で動名詞。＊他動詞build（…を組み立てる）

【Day 20の演習問題】

1. （3点×3【9点】）

666. (b)　667. (a)　668. (b)

666. I'm studying because I have an exam in the morning.（午前中に試験があるので勉強中です）
主節に理由を加える接続詞becauseを用いた副詞節。

667. I think he's outgoing.（彼は社交的だと思います）
他動詞thinkの目的語になる名詞節。that節を名詞節で用いたもので、think の後のthatが省略されている。

668. I'm sure I can do this.（きっと僕はこれができます）
心情の理由を説明する副詞節。接続詞that節を副詞節で用いたもので、sureの後のthatが省略されている。

2. （3点）

669. (b)

669. Although my sister has a good job, she still complains.（姉［妹］はいい仕事に就いているにもかかわらず、まだ不平不満を言います）
接続詞althoughを用いた時点でAlthough ... jobは副詞節となり、主節にはなれない。また、ここから主節の主語

が始まることを示すため、書き言葉では主節の前に「コンマ」(,)が用いられる。

3. (4点×2【8点】)
670. so　671. so

670. (A) I can't go with you because I have a cold. (あなたと一緒に行くことはできません、風邪をひいているからね)
(B) I have a cold, so I can't go with you. (風邪をひいているので、あなたと一緒に行くことはできません)
結果を示す副詞節を作る接続詞so。英文(A)は「結果＋because＋理由」で、英文(B)は「理由＋so＋結果」の流れ。文脈に注意。

671. (A) The shop assistant was really rude, and I left without buying anything. (その店員は本当に失礼でした、それで僕は何も買わずに出て行きました)
(B) The shop assistant was so rude I left without buying anything. (その店員はとても失礼だったので、僕は何も買わずに出て行きました)
「so 形容詞 (that)…」(とても～なので…する)。結果を示す接続詞that を省略したもの。＊「前置詞without ＋動名詞」(…しないで)。withoutと共にanythingを用いると「何も…ない」という意味になる。

4. (3点×6【18点】)
672. and　673. Although　674. dancing　675. so　676. get　677. but

672. We met in 2000 and got married 6 years later. (私たちは2000年に出会い、6年後に結婚しました)
出来事を順番にandでつないだもの。＊「数詞＋副詞later」(…後に)

673. Although he was American, he could speak Japanese fluently. (彼はアメリカ人だったけれど、流ちょうに日本語が話せました)
対照的な事柄を示し、驚きなどを表現する接続詞although(…にもかかわらず)。

674. We enjoyed singing and dancing on the stage. (私たちは舞台の上で、歌ったり踊ったりして楽しみました)
andの前後は文法的に同じ形を用いる。動名詞singingに合わせて動名詞dancingが正解。

675. Someone stole my bike, so I had to buy a new one. (誰かが僕の自転車を盗んだ、だから新しいものを買わないといけませんでした)
前半の状況を受けた「結果」を示すのは接続詞so。

676. If you get tired, you can have a rest. (もし疲れたら、休憩してもいいですよ)
「もし…なら」という条件説明の節の中は現在形get(…になる)で表現する。＊have a rest(休憩する)

677. He's a nice person, but I don't really like his sister. (彼はいい人、でも彼の姉[妹]はあまり好きじゃないの)
予想外のことを述べる逆接の接続詞but(…、でも～)。＊not really(あまり…ない)

5. (4点×10【40点】) ＊①②は各4点
678. doesn't, or　679. when I was　680. don't think he　681. When you have free　682. in and woke
683. If it's sunny　684. ① so fast that ② I couldn't　685. so he must be　686. but I didn't

678. She doesn't eat meat or fish. (彼女は肉も魚も食べません)
習慣として「…しない」は「do/doesn't＋動詞の原形」。＊not A or B (AもBも…ない)

679. I used to eat rice with mayo when I was young. (若い時、マヨネーズご飯を食べていました)
「時を示す接続詞when＋主語I＋動詞was …」(私が…だった時)。「used to＋動詞の原形」(以前…したものだ)は過去の習慣を示唆することから、whenの中身も過去形で考える。

680. I don't think he plays sports. (彼はスポーツをしないと思います)
日本語につられてI think he doesn't playとはしない。I think SVの文では、thinkを否定形にする。

681. When you have free time, what do you like to do? (暇な時間があるときは、何をするのが好きですか？)
時を表現する接続詞when。実際の予定や未来の推量の話をしているわけではないためwill haveとせず現在形haveを用いる。

682. My sister came in and woke me up.（姉が入ってきて、私を起こしました）

andの前が過去形であれば後ろの動詞も過去形wokeになる。＊come in（入ってくる）、「wake＋代名詞の目的語＋up」（［人］を起こす）

683. If it's sunny tomorrow, we can eat outside.（明日、晴れたら外で食事ができます）

接続詞Ifで主節に条件を加えたもの。条件を表す副詞節では、tomorrowとは関係なく現在形isになる。If it will beは誤り。

684. Helen walked so fast that I couldn't keep up with her.（ヘレンは本当に早歩きだったので、私はついていけませんでした）

① 「so ＋副詞＋ that ...」（とても～なので…）。副詞fast（速く）。② thatは結果を示す接続詞で、「結果としてSは…できない」という場合は「S can't＋動詞の原形」になる。文意より、ここでは過去形couldn't。＊「keep up with＋人」（…についていく）

685. He hasn't eaten anything yet, so he must be hungry.（彼はまだ何も食べていないので、きっとおなかが減っているでしょう）

前半の内容に基づく結果を伝える接続詞so（…、だから～だ）。＊must be（きっと…だ）

686. I had a fly on my hair, but I didn't notice it.（髪の毛にハエが乗っていたんだけど、僕はそれに気付きませんでした）

予想外の話を展開する接続詞but。基本的にbutの後ろに焦点がある。＊他動詞notice（［感覚的に］気付く）

6. （4点×2【8点】）

687. was taking a nap when I got home　688. It's amazing that my uncle can fix

687. He was taking a nap when I got home.（私が家に帰ると、彼は昼寝をしていました）

when節が過去の一時点（＝過去形got）を示し、主節は、その一時点（帰宅）の前後で彼が行っていたことを過去進行形was takingで表現した形。接続詞がwhenよりも継続性を明確にしたwhile（…する間）であれば、「while＋進行形」の形を使い、He got home while I was taking a nap.（私が昼寝をしている間に、彼は家に帰りました）という文にすることができる。＊take a nap（昼寝をする）

688. It's amazing that my uncle can fix anything in the house.（叔［伯］父が家の中のものを何でも修理できるというのはすごいです）

「It is＋形容詞＋that SV」（Sが…するというのは～だ）。このItは形式主語で真主語は後ろのthat節。このthat節は名詞節で主語の働きをする。＊形容詞amazing（素晴らしい）、肯定文のanything（何でも）

Day 21 / Answer Key

過去形と仮定法過去　合格点 80 点

モヤモヤ解消ポイント！

- ・過去形には「時」「人」「現実」について「距離感」を示す働きがある。
- ・助動詞 would、could、might で「今の気持ち」が表現できる。

【Day 20の復習問題】

1. (2点×6【12点】)

689. but I'm　690. don't think it's　691. It's, you do　692. so [and] we didn't　693. I'll, if it rains

694. thought they would

689. **I'd like to go, but I'm too tired.（行きたいんだけど、とても疲れているんです）**
逆接の接続詞but(…、だが〜)。このbutの後ろに焦点がある。＊副詞too(あまりに…、…すぎる)。I'd like to = I want toの丁寧な言い方。

690. **I don't think it's raining.（雨は降っていないと思います）**
接続詞that(…ということ)の省略。日本語を直訳して、I think it's not raining. としないように注意。I don't think SV(…は〜するとは思わない)の形にする。

691. **It's important you do this.（あなたがこれをすることが大切です）**
Itは形式主語で、真主語は後ろのthat節(that＋S V)。ここでは接続詞that(…ということ)を省略している。真主語は(that) you do this(あなたがこれをするということ)。

692. **It was cold, so [and] we didn't go out.（寒かったので、私たちは外出しませんでした）**
結果・結論を導く接続詞so(…、だから〜する)。接続詞の後ろは節「主語(S)＋動詞(V)」を用いる。文法的にはand(…、それで〜する)で言い換え可能。

693. **I'll cry if it rains tomorrow.（もし明日雨が降ったら、泣きます）**
条件を示す副詞節を作る接続詞if(もし…なら)。条件を示す副詞節内は、tomorrowがあっても現在形。主節「泣きます」は意志を示す助動詞willで表現できる。

694. **I thought they would come.（彼らが来ると思っていました）**
「他動詞think＋接続詞that節の過去形(ただ、この問題ではthatが省略されている)」。「来る」は過去時点における未来でwillを過去形にしたwouldを用いて表現できる。

2. (2点×2【4点】)

695. I'll let you know when I get　696. was hungry, so I made myself a

695. **I'll let you know when I get back.（戻ったら知らせます）**
時を示す副詞節を作る接続詞when(…する時)。接続詞whenは、「こんな時に…する」という「条件」を示す。「条件」の内容の動詞getは、先の話でも現在形にする。主節はその場で決めた意志を示す「I'll＋動詞の原形」。＊「let＋人＋know」(…に知らせる)

696. **I was hungry, so I made myself a sandwich.（おなかがすいていたので、自分にサンドイッチを作りました）**
結果・結論を導く接続詞so(…、だから〜する)。接続詞の後ろは節「主語(S)＋動詞(V)」を用いる。make O₁[人]O₂[モノ](O₁[人]にO₂[モノ]を作る)。＊myself(自分自身に)

【Day 21の演習問題】

1. (3点×5【15点】)

697. would　698. can't　699. I wasn't　700. grow　701. I'll

697. **If you were my brother, what would you do about that?**（あなたが私の兄［弟］だったら、それについてどうしますか）

あなたと私は実際には兄弟ではない。現実とは異なることを仮定法過去wereで表現したもの。主節では助動詞の過去形wouldを用いる。

698. **It's raining, so we can't have lunch outside.**（雨が降っているので、外でランチを食べることはできません）

現実の話をしているので現在形can't。

699. **If I wasn't married, where would I be now?**（もし結婚していなければ、今ごろどこにいたんだろう？）

主節にwouldを用い、かつnowと現在の話をしているため、If節は現在において事実と異なることを述べており、仮定法過去wasn'tを選ぶ。文法的にはweren'tで口語ではwasn'tを用いることがある。

700. **What do you want to be when you grow up?**（大人になったら、何になりたいですか？）

大人になるのは自然の流れで、非現実の話をする仮定法過去は不自然。「大人になった時」という条件の節で使う動詞は現在形。

701. **If everything goes well, I'll arrive between 13:30 and 14:30.**（全部うまくいけば、13時30分から14時30分の間に到着するでしょう）

If節に現在形を用いていることから、実際の話をするI'll。

2. （3点×17【51点】）＊①②は各3点

702. ① If I were［was］ ② wouldn't call　703. Could［Would］ you　704. ① you'd know ② doesn't do
705. could sleep　706. ① could ② would go　707. would it be　708. ① wanted ② could be
709. wouldn't　710. ① If I lived ② would have　711. could speak　712. ① if I did［knew］ ② would

702. **If I were[was] you, I wouldn't call her.**（私だったら、彼女に電話しませんよ）

①文意より、仮定法過去If I were［was］you（私があなただったら）を用いて、相手の立場に立ったアドバイスを伝える表現にする。② If節の仮定法過去形に合わせて、主節も助動詞の過去形wouldn'tを用いたものにする。文意より否定形。

703. **Could[Would] you please take a look at this?**（ちょっとこれを見ていただけませんか）

Can/Will you ...? を過去形にすることで、人との距離感を示し、婉曲表現で丁寧な響きになる。Wouldよりも Couldの方が丁寧にお願いする表現になる。

704. **If you were really his friend, you'd know he doesn't do it.**（あなたが本当に彼の友人なら、彼がそれをしないのはわかっているでしょう）

① If節の仮定法過去形より、主節に助動詞の過去形を用いる。you wouldの短縮形you'dにする。② ここは実際の彼の性格（習慣的な行動）を表現しているため直説法で現在形の否定文doesn'tにする。

705. **Maybe I could sleep for about 24 hours.**（私はたぶん24時間くらいは寝れますよ）

実際に24時間寝る可能性の低さを仮定法過去で表現するため、助動詞の過去形couldを用いたもの。

706. **If I could fly anywhere, I would go to Perth in Australia.**（もしどこにでも飛んでいけるなら、僕はオーストラリアのパースに行くでしょう）

① 文意より、If節の中に助動詞canの仮定法過去couldを用いたもの。＊副詞anywhere（どこへでも）。② If節に合わせて、助動詞の過去形wouldを用いる。仮定法過去で「…でしょう」はwouldが基本。

707. **If you had one wish, what would it be?**（1つだけ願いをかなえるとしたら、それは何でしょうか？）

If節の仮定法過去形hadに合わせて、主節に助動詞wouldを用いる。

708. **If he wanted to, he could be a singer.**（もし彼がそうしたいなら、歌手になれるでしょう）

① 文意より、現実にはそう思っていないことを仮定したもの。仮定法過去形wantedが正解。② If節の仮定法過去に合わせて、主節では助動詞の過去形couldを用いる。

709. **My sister wouldn't say that.**（私の姉だったら、そんなことは言わないでしょう）

If節のない仮定法過去。文意より、助動詞の過去形の否定形wouldn't。

710. **If I lived in Chiba, I would have many chances to visit Disneyland.**（もし千葉に住んでいるなら、ディズニーランドを訪れる機会がたくさんあるだろうなぁ）

① 文意より、仮定法過去livedで現実とは異なる場所に住んでいたらどうなるのかを仮定したもの。② 主節には「…するだろう」を意味する助動詞の過去形would。「…がある」＝「…を持っている」と考える。＊名詞chancesに説明

を加える形容詞的用法の不定詞to visit（…を訪問するための）。

711. **He could speak English when he was young.** （彼は若い時、英語が話せました）
過去の実際の能力を表現するcanの過去形could。

712. **Well, I don't know, but if I did[knew], would that be a problem?** （えっと、知らないけど、もし私が知っていたら、それは問題ですか？）
① 前半は実際に知らないことを普通に現在形の否定文で表現し、but以降は文意より仮定法過去did［=knew］で現実とは異なることを「もし…だったら」と仮定したもの。＊didはknewの代わりの動詞（代動詞）。 ② if節の仮定法過去形を受けて助動詞の過去形wouldを用いたthat would be ...（それは…になるだろう）の疑問文。＊既に述べたことを指すthat（それ）。

3. (6点×3【18点】)

713. Would you mind switching seats　（×）will
714. lived here, I would never complain　（×）will
715. What would you do if you were　（×）are

713. **Would you mind switching seats with me?** （私と座席を代わっていただけませんか）
「Would you mind ＋動名詞？」（…していただけませんか）。過去形で人との距離感のニュアンスを出し、丁寧な響きになる。Could you ...?（…していただけませんか）をより丁寧にした表現。＊「switch seats with＋人」（…と席を交換する）

714. **If I lived here, I would never complain about anything.** （もしここに住んでいたら、絶対に何も文句は言わないだろう）
仮定法過去livedで現実とは異なることを仮定したもの。主節に助動詞の過去形wouldを用いる。＊副詞never（決して…しない）、自動詞complain about ...（…について不平不満を言う）、「否定語＋anything」（何も…ない）

715. **What would you do if you were me?** （君が僕だったら、何をする？）
「あなただったら…」と相手の意見を求める場面で仮定法過去を用いることができる。

Day 22 / Answer Key

比較の表現①〜比較級と最上級〜 　合格点 80 点

 モヤモヤ解消ポイント！

> ・比較級「-er」と最上級「the -est」は形容詞または副詞を変化させたもの。
> ・比較級と最上級は、主語と何を、どういった点で比較しているのかを押さえて学習することが大切。

【Day 21の復習問題】

1. （2点×3【6点】）

716. Could　…働き（い）　717. might　…働き（う）　718. was　…働き（あ）

> 716. **Could you close the curtains?（カーテンを閉めていただけませんか）**
> Can you ...? を過去形 Could you ...? にすることで、後ろに一歩下がったような距離感が生じ、丁寧な響きになる。

> 717. **If I were you, I might go to Kyoto.（私があなただったら、京都に行くかもしれません）**
> 現実との距離感を助動詞の過去形 might で表現したもの。仮定法過去の If I were you は相手の立場に立ったアドバイスの表現として使える。

> 718. **I was busy yesterday.（昨日は忙しかったです）**
> いわゆる普通の過去形。現在はそうではない過去の状態を過去形 was で表現したもの。

2. （2点×5【10点】）

719. would, say　720. could, would drive　721. Could [Would] you bring it　722. Would you　723. had, would be

> 719. **What would you say?（あなただったら何て言いますか？）**
> 実際はそうではないけれど、相手が自分の立場であればと仮定して、「もしあなただったら」と意見やアドバイスを求める仮定法過去で用いる would。What は「他動詞 say ＋目的語」（…と言う）の目的語に当たり、tell や talk はこの形で使えない。

> 720. **If I could, I would drive to you.（もしできることなら、あなたのところに運転して行くのになぁ）**
> 現実はそうではないことを仮定法過去で表現したもの。文意より If 節には助動詞の過去形 could（…できたとしたら）、主節には「would ＋動詞の原形」（…するだろう）を用いる。

> 721. **Could [Would] you bring it to me tomorrow?（明日、それを私のところに持って来ていただけませんか）**
> Can [Will] you ...? の過去形で、人に対して一歩下がる意識で丁寧に依頼する表現。Could you の方が Would you よりも丁寧な響きがある。

> 722. **Would you like some help?（お手伝いしましょうか）**
> like（…を好む）に助動詞の過去形 would を加えることで丁寧に相手に提案をすることができる。Do you want ...?（…が欲しいですか）の丁寧な言い換えと覚えておくと便利。

> 723. **If I had kids, I would be so worried about them.（もし私に子どもがいたら、彼らのことをとても心配しているだろうな）**
> 実際にはいないことを、いると仮定する仮定法過去。If 節には過去形 had、主節には助動詞の過去形 would を用いる。be worried about ...（…について心配している）。

【Day 22の演習問題】

1. （3点×5【15点】）

724. the most　725. longer　726. better　727. easier　728. the best

724. Ron is the most difficult of the three.（ロンは3人の中で一番気難しいです）
of the three（3人の中で）に合わせて，形容詞difficultを最上級the most difficultにする。

725. The right one looks longer than the left one, but it's actually not.（右側のものが左側のものよりも長く見えますが、でも実は違うんです）
thanに合わせて形容詞longの比較級longerにする。自動詞lookの補語（C）に比較級を用いたもの。

726. Well, it seems better than this one.（ええっと、それはこれよりも良さそうですね）
「形容詞goodの比較級better＋than ...」（…より良い）。「seem＋形容詞」（…のようだ）。

727. It's easier to shop online.（ネットで買い物をする方が簡単です）
「It is＋形容詞＋to＋動詞の原形」（…することは〜だ）に用いた形容詞easyを用いて、比較級easierにしたもの。例えば、「店舗での買い物」と比較していると文脈でわかる場面ではthanを用いて比較対象を示す必要はない。＊自動詞shop（買い物をする）

728. Satoshi used to be the best footballer of them all.（サトシは彼ら全員の中で一番のフットボール選手でした）
of them all（彼ら全員の中で）に合わせて形容詞goodの最上級the bestと考える。＊allはthemを強調したもので、語順に注意。

2. （4点×4【16点】）
729. more popular　730. harder　731. (the) best　732. more

729. This one is more popular than that one.（これはあれよりも人気があります）
than that one（あれより）に合わせて形容詞popular（人気がある）の比較級more popularと考える。oneは「（…な）人、モノ」という意味で、「a/an＋可算名詞の単数形」を言い換えた不定代名詞。

730. You studied harder than me.（あなたは私よりも一生懸命に勉強しました）
than me（私より）に合わせて副詞hard（一生懸命に）の比較級harder（もっと一生懸命に）と考える。

731. She dances (the) best of them all.（彼女は彼女たち全員の中で一番上手に踊ります）
of them all（彼女たち全員の中で）に合わせて副詞well（上手に）の最上級the best（一番上手に）と考える。副詞の最上級に用いるtheは省略できる。

732. My brother reads more books than I do.（私の兄［弟］は私よりもたくさんの本を読みます）
than I do（私がするよりも）に合わせて形容詞manyの比較級more（もっとたくさんの）と考える。I doはI readを言い換えたもの。

3. （3点×15【45点】）＊①②は各3点
733. was cheaper than　734. look nicer [prettier]　735. was younger　736. more difficult than I　737. my best
738. more interesting than　739. more, than　740. the most famous　741. better　742. ① eat less ② and more
743. less dangerous than　744. Better, than　745. ① latest　② earliest

733. It was cheaper than other phones of this type.（それはこの機種の他の携帯電話よりも安かったんです）
形容詞cheap（安い）の比較級cheaper（もっと安い）に比較対象を示す前置詞than ...（…より）を加えたもの。文意より、SVC（SはCだ）と考えて、過去形wasを用いる。＊「形容詞other＋複数名詞」（他の…）

734. You look nicer [prettier] without makeup.（化粧しない方が、あなたはもっとすてきに見えます）
「自動詞look＋補語（C）」（…に見える）。この補語に形容詞niceやprettyの比較級nicer [prettier]（もっとすてきに見える）を用いたもの。＊前置詞without（…なしで）

735. I was a shy boy when I was younger.（私はもっと若い時、シャイだったんです）
文意より形容詞youngの比較級younger。＊「接続詞when＋SVC」（SがCの時）の形。

736. It was more difficult than I expected.（それは私が思っていたよりも難しかったです）
文意より形容詞difficultの比較級more difficult。「私が思っていたより」はthan I expected。このthanは接続詞で後ろに主語と動詞が置ける。

737. It was my best work.（それは私の最高の仕事でした）
形容詞goodの最上級the bestで、定冠詞theを所有格の代名詞myで置き換えたもの。

738. Let's make it more interesting than usual.（いつもよりそれをもっと面白くしましょう）

make OC（OをCの状態にする）の補語（C）に形容詞interestingの比較級more interestingを用いたもの。文意より than usual（いつもより）を続ける。

739. He has more masks than socks.（彼は靴下よりもマスクをたくさん持っています）
文意より、形容詞manyの比較級more（もっと多くの）。比較対象はthanで示す。

740 Who is the most famous person in the world?（世界で一番有名な人は誰ですか？）
文意より形容詞famous（有名な）の最上級the most famous（一番有名な）にする。

741. Which do you like better?（どっちが好きですか？）
他動詞likeはbetter（…より良く）/the best（一番良く）とセットになることが多い。ここでは文意より比較級better。

742. My doctor said I should eat less meat and more vegetables.（肉をもっと少なくして、もっと野菜を食べないといけないと医者が言いました）
①形容詞littleの比較級less（もっと少ない）。②形容詞manyの比較級more（もっとたくさんの）。less meatとmore vegetablesをつなげる接続詞andが必要。＊「他動詞said＋接続詞that …」（…ということを言った）の接続詞thatが省略されている。

743. The virus is less dangerous than the flu.（そのウイルスはインフルエンザよりも危険ではありません）
危険の程度が「より少ない」という意味で副詞little（少ない）の比較級lessを用いる。

744. Better late than never.（遅れてもやらないよりはまし）
lateとneverを比較したもので、形容詞goodの比較級betterを用いた慣用表現。「遅れても来ないよりはまし」という意味でも用いられる。

745. Who comes latest and who leaves earliest?（誰が一番遅く出社して、一番早く退社するの？）
①副詞late（遅く）の最上級latest（一番遅く）。②副詞early（早く）の最上級earliest（一番早く）。＊疑問詞Who自体が主語（S）になった場合、動詞には3単現のsがつく。

4. （4点×2【8点】）

746. was my biggest chance to take a picture with（×）big
747. I'm heavier than I look （×）heavy

746. It was my biggest chance to take a picture with him.（それは彼と写真を撮れる私の最大のチャンスでした）
文意より形容詞bigの最上級biggestに定冠詞theではなく所有格の代名詞myを付けたもの。名詞chanceに説明を加える不定詞to take（…を撮るための）。「前置詞with＋名詞」（…と一緒に）。

747. I'm heavier than I look.（僕は見た目よりも重いです）
形容詞heavyの比較級heavier（もっと重い）。比較対象を「見た目」にする場合は接続詞thanを使って、than I look（見た目より）と表現できる。

Day 23 / Answer Key

比較の表現②〜さまざまな比較の表現〜 合格点 80 点

 モヤモヤ解消ポイント！

・程度が同じであれば「as ＋形容詞・副詞の原級＋ as」の形！
・「否定語＋比較級」で最上級と同じ意味の表現になる。

【Day 22の復習問題】

1. (2点×5【10点】)

748. be colder 749. is the biggest 750. more money than 751. bigger 752. happiest

> 748. **It will be colder tomorrow morning.** （明日の朝はもっと寒くなるでしょう）
> 「もっと…」を比較級で考える。「will be＋補語C」(Cになるだろう)のCに形容詞coldの比較級colderを用いたもの。
>
> 749. **Asia is the biggest continent in the world.** （アジアは世界最大の大陸です）
> 「最大」は文字通り最上級。形容詞bigの最上級the biggest(一番大きい)。
>
> 750. **He spent more money than me.** （彼は私よりもお金を使いました）
> much moneyの比較級more money(もっと多くのお金)に比較対象を示す前置詞thanを加えたもの。
>
> 751. **The waves were getting bigger.** （波が大きくなってきていました）
> 「get＋補語C」(Cになる)のCに形容詞bigの比較級biggerを用いたもの。＊getを進行形にすると「…になってきている」という変化が表現できる。
>
> 752. **I feel happiest when I'm with you.** （あなたと一緒にいる時が一番幸せに感じます）
> 「feel＋補語C」(Cと感じる)のCに形容詞happyの最上級happiestを用いたもの。happyのような一時的な感情を示す形容詞の比較では名詞の存在はないためtheは不要。

2. (3点×2【6点】)

753. has the largest population in Europe 754. Which do you like better, summer or

> 753. **Russia has the largest population in Europe.** （ロシアはヨーロッパで最も人口が多いです）
> 形容詞large(〔人口などが〕多い)の最上級the largest(最多の)。「形容詞の最上級＋名詞」の語順で考える。＊名詞population(人口)はlargeで修飾できる。
>
> 754. **Which do you like better, summer or winter?** （夏と冬、どちらの方が好きですか）
> Which do you like better, A or B?(AとBのどちらの方が好きですか)。likeはbetterとセットで用いる。

【Day 23の演習問題】

1. (3点×4【12点】)

755. old 756. more 757. the biggest 758. a lot

> 755. **It isn't as old as that tree.** （それはあの木ほど古くはありません）
> 「not as＋原級＋as」(〜ほど…でない)。oldのままでOK。
>
> 756. **No one was more excited than me.** （私ほどワクワクしていたものは誰もいませんでした）
> thanとセットで使えるのは比較級(ここではmore＋形容詞)。「否定語No one(誰も…ない)＋比較級」で最上級と同じ意味になる。
>
> 757. **Climate change is one of the biggest concerns.** （気候変動は一番大きな懸念の1つです）
> 「one of＋最上級＋複数名詞」(一番…な〜の1つ)。bigの最上級the biggestを用いる。＊名詞concern(心配、懸念)

758. You are a lot stronger than you think. (あなたは自分が思っているよりもずっと強いんですよ)

比較級strongerの強調はa lot ...(ずっと…)。

2. (4点)

759. B

759. (あ) D is as expensive as A. (DはAと同じくらい高いです)

(い) B is more expensive than C. (BはCよりも高いです)

(う) A is not as expensive as C. (AはCほど高くはありません)

Which one is the most expensive? — B is. (どれが1番高いですか?——Bです)

形容詞expensive(高価な)を軸にした比較。(あ)as ... as ～(～と同じくらい…)で「D = A」。(い)more ... than ～(～よりも…)で主語の方が程度が上になるため「B > C」。(う)not as ... as ～(～ほど…でない)では後ろの程度が上になるため「C>A」。以上の情報をまとめると「B>C>A=D」となり、Bが一番高価であるとわかる。

3. (5点×3【15点】)

760. Nothing, more, than   761. not as   762. the best

760. (A) Water is the most useful. (水は一番役に立ちます)

(B) Nothing is more useful than water. (水よりも役に立つものは何もありません)

最上級とほぼ同じ内容のものを「否定語+比較級」で表現している。モノを示す否定語はnothing(何も…ない)。「形容詞usefulの比較級more useful+比較対象を示す前置詞than」。

761. (A) She's stronger than him. (彼女は彼よりも強いです)

(B) He's not as strong as her. (彼は彼女ほど強くはありません)

英文(A)で力関係を押さえ、英文(B)では主語が入れ替わっていることに注目し、not as ... as ～(～ほど…ではない)にする。ここでは後ろに程度がより大きいものが来ることになる。

762. (A) Nothing is better than breakfast at this hotel. (このホテルの朝食ほどいいものは何もありません)

(B) Breakfast at this hotel is the best. (このホテルの朝食は最高です)

英文(A)の「否定語+比較級+than ...」(…より～なものはない)は最上級で言い換えられる。形容詞goodの最上級the best。

4. (3点×15【45点】) ＊①②は各3点

763. hour later than   764. not as heavy as, thought   765. ① it more   ② than anything else

766. ① one of ② the best books   767. as much as, do   768. ① eat more ② than any other

769. as many books as, can   770. is as heavy as   771. ① more time ② than anyone

772. cost twice as much as   773. even worse

763. I went to bed an hour later than usual. (私はいつもより1時間遅く寝ました)

程度の差を示す「an hour(1時間)+比較級」(1時間分だけ、より…だ)。副詞late(遅く)の比較級later。than usual(いつもより)。

764. It's not as heavy as I thought. (僕が思っていたほど、それは重くはありません)

not as ... as ～(～ほど…ではない)。not as ... as I thoughtで「思っていたほど…じゃない」という意味になる。

765. I love it more than anything else. (他のどんなものよりもそれが大好きです)

① loveで「…の方が大好き」と表現する場合は副詞muchの比較級moreを用いる。②「比較級+than anything else」(他のどんなものよりも…だ)で最上級と同じ内容が表現できる。

766. *Harry Potter* is one of the best books of all time. (『ハリーポッター』は、史上最高の本の1つです)

①「…の中の1つ」は「one of＋複数名詞」。②「最も～な…の1つ」という場合はone ofの後ろに「最上級＋複数名詞」を用いる。

767. She eats as much as I do. (彼女は僕と同じくらい食べます)

as much as([数量・程度の点で] …と同じくらい)。このmuchは食事量を指す名詞。I eatはI doと言い換えるの

が自然。

768. **The Swiss people eat more chocolate than any other nation.**（スイスの人たちは他のどの国民よりもチョコレートを食べています）
①形容詞muchの比較級more（もっとたくさんの）。②「比較級＋than any other＋単数名詞」（他のどの〜よりも…）。

769. **I'm trying to read as many books as I can.**（できるだけたくさんの本を読もうとしているんです）
「as＋many＋可算名詞の複数形＋as」（同じくらい多くの…）。形容詞manyが名詞booksを修飾した語順。さらに、ここではas ... as S can「Sができるだけ…」という表現を用いたもの。

770. **This is as heavy as my laptop.**（これは僕のノートパソコンと同じくらいの重さです）
「as＋原級＋as ...」（…と同じくらい〜）。形容詞heavy（重い）で重さが同レベルであることを示す。S is C（SはCだ）のCに比較表現を用いている語順にも注目。

771. **We spent more time together than anyone else.**（私たちは他の誰よりも多くの時間を一緒に過ごしました）
①much timeの比較級more time（もっと多くの時間）。②「比較級＋than anyone else」（他の誰よりも、もっと…だ）。

772. **Vegetables can cost twice as much as meat.**（野菜は肉の2倍費用がかかることもあります）
as much as（［数量・程度の点で］…と同じくらい）。これに倍数を示すtwice（2倍）を用いたもの。このmuchは金額を指す名詞。＊他動詞cost（［費用］がかかる）

773. **The Wi-Fi is getting even worse.**（Wifiはさらにひどくなっています）
751.参照。形容詞badの比較級worseに、比較級を強調するeven（さらに…）を加えたもの。

5. （4点×2【8点】）

774. Nobody wastes more food than my brother　（×）less
775. know my favorite yogurt has as much sugar as ice cream　（×）more

774. **Nobody wastes more food than my brother.**（私の弟ほど、食べ物を無駄にしている人は誰もいません）
「否定語＋比較級」で最上級と同じ内容を示したもの。人を示す否定語はnobody（誰も…ない）。文意より、「もっと多くの」という意味の、muchの比較級moreを用いる。lessは「より少ない」となり文意に合わない。

775. **I didn't know my favorite yogurt has as much sugar as ice cream.**（私の大好きなヨーグルトが、アイスクリームと同じくらい多くの砂糖が入っているなんて知りませんでした）
「as＋much＋不可算名詞＋as」（同じくらい多くの…）。形容詞muchが名詞sugarを修飾した語順。know my favorite yogurt ...はknow that SV（…ということを知っている）の接続詞thatが省略されたもの。

Day 24 / Answer Key

受け身の表現　合格点 80 点

モヤモヤ解消ポイント！

- ・他動詞の目的語 O を主語 S に用いると受け身になる。
- ・英文の基本は能動態。受け身にする場合は、あえて受け身にする目的を意識する。

【Day 23の復習問題】

1. (2点×5【10点】)

776. smarter than　777. as smart as　778. not as smart as　779. three times as, as　780. the smartest

> 776. **Max is smarter than your dog.**（マックスは君の犬よりも賢いです）
> 　形容詞smart（賢い）の比較級smarter than ...（…より賢い）。
>
> 777. **Max is as smart as your dog.**（マックスは君の犬と同じくらい賢いです）
> 　同等比較as smart as ...（…と同じくらい賢い）。形容詞smartを原級のままで用いる。
>
> 778. **Max is not as smart as your dog.**（マックスは君の犬ほど賢くはありません）
> 　同等比較の否定not as smart as ...（…ほど賢くはない）。形容詞smartを原級のままで用いる。
>
> 779. **Max is three times as big as your dog.**（マックスは君の犬の３倍の大きさです）
> 　程度の差を示す倍数three times as big as ...（…の３倍の大きさ）。
>
> 780. **Max is the smartest in my family.**（マックスは私の家族で一番賢いです）
> 　「形容詞smartの最上級the smartest＋集団を示す前置詞in ...」（…の中で一番賢い）。

2. (3点×2【6点】)

781. This seems much better than anything else　（×）good

782. at one of the best restaurants in Sydney　（×）better

> 781. **This seems much better than anything else.**（これは他のどれよりもずっと良さそうです）
> 　「自動詞seem＋補語（C）」。形容詞goodの比較級betterを補語（C）で用いたもの。「比較級＋than anything else」（他のどんなものよりも）で最上級と同じ意味になる。
>
> 782. **I'm at one of the best restaurants in Sydney.**（シドニーの中で最高のレストランの１つに僕はいます）
> 　「be動詞＋場所を示す前置詞at ...」（…にいる）。「one of＋最上級＋複数名詞」（最も…な［名詞］の１つ）。形容詞goodの最上級best。

【Day 24の演習問題】

1. (3点×8【24点】) ＊①②は各3点

783. was loved　784. It's made　785. weren't used　786. grew　787. open　788. told

789. ① driving ② was stopped

> 783. **The dancer was loved by a lot of fans.**（そのダンサーはたくさんのファンにとても好かれていました）
> 　過去の受け身「was＋過去分詞＋by＋動作主」（〜に…されていた［された］）。
>
> 784. **It's made in China.**（それは中国製です）
> 　be made in ...（…製である［…で作られている]）。makeは他動詞でmakesだと後ろに目的語として名詞が必要になるため文法的に誤り。
>
> 785. **Their laptops weren't used for studying.**（彼らのノートパソコンは勉強用には使われていませんでした）
> 　過去の受け身の否定文「weren't＋過去分詞」（…されていなかった）。＊用途を示す「for＋動名詞」（…用に）

786. I grew up in Kobe. （僕は神戸で育ちました）
自動詞の表現grow up（育つ、成長する）の過去形grew up。自動詞は受け身にできない。

787. Most convenience stores in Japan are open 24 hours. （日本ではほとんどのコンビニが24時間営業です）
他動詞open（…を開ける）を受け身are openedにして「…が開けられている」は文法的に正しいが、「営業して」「開いている」という状態の意味では形容詞openを用いるのが自然。＊「形容詞most＋複数名詞」（ほとんどの…）

788. I was told to wear a mask at school. （学校ではマスクをするように言われました）
「be told to＋動詞の原形」（…するように言われる）。「他動詞tell＋O［人］＋to＋動詞の原形」（[人]に…するように言う）の目的語（O）を主語にした受け身。

789. I was driving too fast and was stopped for speeding. （あまりの速度で運転していたのでスピード違反で止められました）
①過去の一時的状況を示す過去進行形was driving（運転していた）。＊副詞too（…すぎる）。②状況を考えると受け身の過去形（I）was stopped（止められた）にするのが自然。＊接続詞andの後ろの主語は前半と同一の場合は省略できる。

2. （3点×2【6点】）
790. （A）　791. （B）

790. I ate apple pie yesterday. It was made by my 13-year-old daughter. （昨日、アップルパイを食べました。それは13歳の娘によって作られたものです）
「13歳の娘が作ったものです」の内容が続くと判断できるが、直訳の英文（B）My 13-year-old daughter made it.（13歳の娘がそれを作りました）は不自然。新情報であるmy 13-year-old daughterが文末に来るようにあえて受け身を用いた英文（A）がより自然。英語ではSVの後に続く情報は基本的に文末焦点になる。

791. I like your shirt. — Thanks. I got it from my girlfriend. （あなたのシャツいいですね——ありがとう。彼女からそれをもらいました）
受け身にする理由がなければ英文（B）のように能動態で表現するのが自然。get O from ...（…からOを受け取る）。特に米語では、英文（A）I was given it by my girlfriend.（彼女に僕はそれを与えられました）のように、SVO₁O₂文型（O₁［人］O₂［モノ］を…する）のO₁［人］を主語にした受け身は不自然。

3. （4点×13【52点】）＊①②は各4点
792. are sold at　793. were stolen by　794. ① don't call me　② I'm called　795. cannot［can't］be
796. was published by　797. will be held in　798. is spoken in　799. wasn't invited
800. ① are made of　② can be worn　801. ① read ② was written by

792. Giant teddy bears are sold at Costco. （巨大なテディーベアがコストコで売っています）
他動詞sell（…を売る）を用いた「現在形の受け身are sold＋場所at ...」（…で売られている）。

793. Our fries were stolen by seagulls. （私たちのフライドポテトがカモメに盗まれました）
他動詞steal（…を盗む）を用いた「過去形の受け身were stolen by＋動作主」（…に盗まれた）。＊名詞fries（フライドポテト）

794. They don't call me Rebecca. I'm called Becky. （彼らは私をレベッカとは呼びません。ベッキーって呼ばれています）
①他動詞call OC（OをCと呼ぶ）の否定文。②この目的語Oを主語にした受け身I'm called C（私はCと呼ばれる）。

795. I cannot［can't］be broken. （私を打ちのめすことなんてできません）
助動詞を用いた受け身。文意より否定文にする。「cannot［can't］be＋過去分詞」（…されることはできない）。感情的に自分の強さを示す文で、カジュアルな表現ではない。＊「他動詞break＋人」（…を打ちのめす、参らせる）

796. This book was published by ALC. （この本はアルクから出版されました）
他動詞publish（…を出版する）を用いた過去形の受け身「was published by＋動作主」（…によって出版された）。

797. The webinar will be held in March. （そのオンラインセミナーは3月に開催されます）
他動詞hold（…を開催する）の受け身に、助動詞willを用いたもの。「will be held＋時間を示す前置詞in ...」（…に開催されるだろう）。

798. What language is spoken in your office? （あなたの会社では何語が話されているのですか？）

他動詞speakの目的語（O）、what language を主語にした、受け身の疑問文。「be spoken＋場所を示す前置詞in ...」(…で話されている)。＊疑問詞の表現(ここではWhat language)自体が主語も兼ねている場合は、「疑問詞の表現＋動詞 ...?」の語順になる。

799. **I wasn't invited to their wedding.** （私は彼らの結婚式に招待されませんでした）

「他動詞invite O to＋場所・イベント」(Oを…に招待する)の目的語Oを主語にした受け身。ここでは過去の否定文wasn't invited to ...（…に招待されなかった）。

800. **All of the clothes are made of 100 percent Australian merino wool and can be worn all year round.** （そのすべての服が100パーセント・オーストラリアのメリノウールで作られており、オールシーズン着ることができます）

① 「be made of＋材料」(…で作られている)。② 助動詞を用いた受け身。「can be＋過去分詞」(…されることができる)。＊「all of the＋名詞」([特定の名詞]…の全部)。副詞all year round(1年中)。

801. **Have you read this book? It was written by J. K. Rowling.** （この本は読んだ？　J・K・ローリングが書いたものだよ）

① 「現在完了形have＋過去分詞の疑問文」。ここでは完了または経験で考える。②言及済みのItよりも新情報である著者名に焦点を合わせるために、受け身を用いると自然。「過去の受け身was written by」(…によって書かれた)。

4. (2点)

802. (A)

802. (B) **His bag was stolen.** （彼のカバンが盗まれました）

(C) **Someone stole his bag.** （誰かが彼のカバンを盗みました）

受け身は他動詞の目的語を主語にするため、他動詞の語法にも注意が必要。他動詞stealは目的語Oに「金品」を用いて「(金品)を盗む」という意味。つまり、受け身は英文(B)のように「金品」を主語にしたものになるため、英文(A)のように「人」を主語にした受け身は文法的に誤り。

Day 25 / Answer Key

Shuffle Quiz ③ 解答・解説　合格点 80 点

＊スペルミスは 1 点減点。間違えた問題は【　　】内のDayを参照してください。

1. (2点×9【18点】) ＊①②は各1点

803. having 【Day 19】　804. didn't 【Day 21】　805. be closed 【Day 24】　806. happier 【Day 22/23】
807. gets 【Day 20】　808. ① Mastering ② takes 【① Day 18/19 ② Day 19】　809. don't 【Day 20】
810. to have 【Day 18/19】　811. ① Though ② driving 【① Day 20 ② Day 19】

803. He'll get used to having Zoom meetings. （ズーム会議を開くことに彼は慣れるでしょう）
「get used＋置詞to＋動名詞」（…することに慣れる）。

804. If I didn't have this job, I wouldn't be able to pay my bills. （もしこの仕事がなかったら、支払いを済ませることができないでしょう）
主節の助動詞の過去形より仮定法過去didn'tと判断する。＊他動詞pay（…を支払う）

805. The aquarium will be closed for a month. （その水族館は 1 カ月閉館されるでしょう）
文意を考えると助動詞を用いた受け身で、「助動詞will＋be＋過去分詞」（…されるだろう）にするのが自然。助動詞の後ろは動詞原形になるためwill closingやwill closedは誤り。

806. No one was happier than I was. （私より幸せな人は誰もいませんでした）
■「接続詞than SV」（Sが…よりも）に合わせて形容詞happyの比較級happier。■ 否定語の主語No oneの文に比較級を用いると最上級の意味になる。

807. I'll let you know when my sister gets back. （妹［姉］が戻ったら連絡します）
文として成立するI'll let you know（あなたに知らせます）を主節とし、この主節がなければ意味が完結しないwhen節を副詞節と考える。この副詞節は主節の話を成り立たせるための条件を示し、その場合は未来でも現在形。「接続詞when＋S＋現在形の動詞」（Sが…すると［…する時］）。

808. Mastering languages takes a lot of time. （言語をマスターするには相当な時間がかかります）
①動名詞Vingを主語（S）に用いたもの。主語として文頭に不定詞to masterを置くのは一般的ではない。②languagesにつられてtakeにしないこと。Mastering languages（言語をマスターすること）＝代名詞it（それ［そのこと］）になるため 3 人称単数扱いでtakesが正解。

809. She drives a car, but I don't. （彼女は車を運転しますが、僕は運転しません）
前半の肯定文drivesに対して、逆接の接続詞butの後ろは文脈的に否定文don't（drive a car）とすれば自然になる。

810. I stopped to have lunch on the way to the stadium. （スタジアムに行く途中で、私はランチ休憩をしました）
自動詞stop（立ち止まる）に目的を示す副詞的用法の不定詞to have（…を食べるために）を続ける。＊「on the way to＋場所」（…に行く途中で）

811. Though she has a driving license, she's terribly afraid of driving in big cities. （運転免許を持っているにもかかわらず、彼女は大都市での運転はものすごくビクビクしています）
①接続詞Though（…にもかかわらず）［＝譲歩の用法］を用いた副詞節。butは基本的にA but B（A、しかしB）の語順で用いるため誤り。コンマはここから主節が始まるという合図にもなる。② be afraid of ...（…を恐れている）。前置詞ofの目的語となる動名詞driving（運転をすること）。＊副詞terribly（ひどく）

2. (2点×7【14点】)

812. Masks must be worn at　（×）are　【Day 24】
813. only problem is that my husband is not supportive　（×）and　【Day 20】
814. It was sad that my dental care cost more　（×）but　【Day 20/22】
815. longer battery life and better camera　（×）good　【Day 22/20】
816. I'm happiest when I'm with my family　（×）the　【Day 22/20】
817. want to stay healthy, you should get enough sleep　（×）would　【Day 18/20/21】
818. Staying awake late is difficult　（×）stay　【Day 19】

812. **Masks must be worn at all times.（常にマスクは着用してください）**
「助動詞must＋be＋過去分詞」(…されなければならない)。他動詞wear(…を身につけている)の過去分詞worn。at all times(常に)。

813. **The only problem is that my husband is not supportive.（唯一の問題は夫が協力的ではないことです）**
S is C(SはCです)のCに接続詞that節(…ということ)を用いたもの。The only problem is that SV(唯一の問題は…ということだ)。

814. **It was sad that my dental care cost more than my rent.（家賃よりも歯の治療費の方がかかったなんて悲しいね）**
■「It is＋形容詞＋that SV」(Sが…するということは〜だ)の過去形。主語に形式主語Itを用い、真主語をthat節の形で後ろに置いた語順。■「自動詞cost＋程度を示す副詞much」(費用がかかる)。このmuchの比較級more(もっと)。costは過去形もcost。＊形容詞dental(歯の)

815. **I prefer this phone because of its longer battery life and better camera.（より長いバッテリー寿命とより高い性能のカメラがあるので、この携帯電話の方がいいです）**
A and B(AとB)。所有格の代名詞itsに続けて「比較級longer＋名詞」と「比較級better＋名詞」を接続詞andでつなげた語順。＊他動詞prefer(…の方を好む)、前置詞句because of ...(…のために)

816. **I'm happiest when I'm with my family.（家族といる時が僕は一番幸せです）**
SVCのCに用いられる形容詞happyの最上級happiest。接続詞whenで示される特定の場面での感情を示す場合は形容詞のみを置き、名詞の存在がないため最上級であっても定冠詞theは不要。＊be with ...(…と一緒にいる)

817. **If you want to stay healthy, you should get enough sleep.（健康を維持したければ、十分な睡眠を取った方がいいですよ）**
■Ifが登場するが、仮定法ではなく現実的な話をしている直説法を使う。「他動詞want＋名詞的用法の不定詞to＋動詞の原形」(…したい)。「自動詞stay＋C」(Cのままでいる)。■「You should＋動詞の原形」(あなたは…した方がいい)。「形容詞enough＋名詞sleep」(十分な睡眠)。

818. **Staying awake late is difficult.（遅くまで起きているのは難しいです）**
■「自動詞stay＋C」(Cのままでいる)を動名詞Vingにして主語に用いたもの。■Cになる形容詞awake(眠らないで)を副詞late(遅くまで)が後ろから修飾している。

3. (2点×9【18点】)

819. could get a better job if you spoke 【Day 21/22/20】　820. really want you to come here 【Day 19】
821. mother said she would be right 【Day 20】　822. had a cold, so I had to cancel it 【Day 20】
823. Where will the game be played next 【Day 24】　824. I'm sure he will be asked to 【Day 20/19/24】
825. haven't decided what to talk 【Day 18】　826. We are paid every 【Day 24】
827. hope you feel much better when you wake 【Day 20/22/23】

819. **You could get a better job if you spoke English.（英語が話せるなら、あなたはもっといい仕事に就けるのに）**
■「仮定法過去を用いた主節＋副詞節(ここではif節)」。if節に過去形spoke、主節に助動詞の過去形couldを用いる。■「冠詞a＋形容詞の比較級better＋名詞job」の語順。

820. **I really want you to come here.（私は本当にあなたにここに来てほしいです）**
■「want O to＋動詞の原形」(Oに…してもらいたい)。不定詞の直前に意味上の主語を目的語の形で表現したもの。■「動詞を修飾する副詞really＋他動詞want」。■「自動詞come＋場所を示す副詞here(ここへ)」。

821. **My mother said she would be right back.（お母さんはすぐに戻ると言いました）**
■「他動詞say＋省略された接続詞(that) SV」(Sが…すると言う)の過去形。■中心の動詞sayが過去形になるとthat節内も過去形になる(時制の一致)。ここではその場で固めた意志を示すwill(…します)をsaidに合わせて過去形wouldにする。＊be right back(すぐに戻る)

822. **I had a cold, so I had to cancel it.（風邪をひいていたので、それをキャンセルしないといけませんでした）**
結論を導く「... コンマ(,)＋接続詞so＋SV」(…、だからSは〜する)。「have to＋動詞の原形」(…しなければならない)の過去形。＊have a cold(風邪をひいている)

823. **Where will the game be played next month?（来月、その試合はどこでプレーされますか？）**
「助動詞will＋be＋過去分詞」(…されるだろう)。「the game will be played＋場所...」の「場所」を疑問詞

Whereで尋ねた疑問文。主語the gameと助動詞willの位置が反対になる。

824. **I'm sure he will be asked to explain tomorrow.（明日、彼はきっと説明を頼まれるだろう）**
　　■「I'm sure ＋省略された接続詞（that）＋SV」（Sはきっと…するだろう［…すると確信している］）。■「ask O to＋動詞の原形」（Oに…して欲しいと頼む）の受け身「be asked to＋動詞の原形」（…するように頼まれる）に助動詞will（…だろう）を用いたもの。＊自動詞explain（説明する）

825. **I haven't decided what to talk about next month.（来月、何について話せばいいのかまだ決まっていません）**
　　■「他動詞decide＋目的語（疑問詞＋to＋動詞の原形）」（＝名詞句）。「what to＋動詞の原形」（何を…するべきか）。■ talk about ...（…について話す）。この前置詞aboutの目的語の部分が疑問詞whatになっている。■現在完了形の否定文で未完了「（まだ）…していない」を表現したもの。

826. **We are paid every two weeks.（私たちは２週間ごとに給料をもらっています）**
　　他動詞pay（…を支払う）の受け身be paidで「（給料などが）支払われる、支給される」という表現になる。＊「every＋数詞＋複数名詞」（…ごとに）

827. **I hope you feel much better when you wake up.（目が覚めた時、ずっと気分がよくなっているように願っています）**
　　■「hope＋省略された接続詞（that）＋SV」（Sが…することを願う）。hopeはこれから先のことを願うのが当然で、それに続く節ではwillを用いない場合が多い。ただ、文法的にはwill feelも可能。■「feel＋補語C」（…と感じる）のCに形容詞goodの比較級betterを用いたもの。比較級を強調する副詞much（ずっと…）は比較級の直前に置く。■時を示す副詞節を導く「接続詞when＋SV」（Sが…する時）。副詞節の中は現在形のままwake up（目覚める）でOK。

4. （2点×3【6点】）
828.（A）【Day 20】　829.（A）【Day 24/20】　830.（B）【Day 24】

828. **My back was so itchy I couldn't sleep.（背中がとてもかゆくて眠れませんでした）**
　　「副詞so＋形容詞＋接続詞の省略（that）＋SV」（とても…なのでSは〜する）。itchyの状態の結果、どうなったのかをthat節で表現することから英文（A）が自然。英文（B）I was able to sleep（眠ることができた）は話の流れに合わない。

829. **My parents have two dogs, and they bark at other dogs.（私の両親は犬を２匹飼っていて、彼ら［その犬たち］が他の犬にほえるんです）**
　　両親の飼い犬にほえられる「他の犬（＝other dogs）」（＝新情報）を文末に置き、焦点を合わせるのが自然であるため、英文（A）が正解。英文（B）other dogs are barked at（他の犬はほえられる）は受け身で前の１文からの流れで考えると不自然。

830. **Have you heard of Singlish? It's spoken in Singapore.（シングリッシュのことを聞いたことはありますか？それはシンガポールで話されているんです）**
　　どちらもThey speak it in Singapore.の受け身。この主語Theyは漠然とシンガポールにいる人たちを示し、特に重要な情報ではないため英文（A）のように、by them（彼らによって）で誰にSinglishが話されるのかをわざわざ示す必要がなく、by themを省略した英文（B）が自然な言い方。＊heard of ...（［存在］…のことを聞く）

5. （2点×22【44点】）＊①②は各1点
831. Was, liked by 【Day 24】
832. ① to do　② because she doesn't do 【① Day 19 ② Day 20】
833. ① for me to　② looking at 【① Day 18 ② Day 19】
834. would 【Day 21】
835. ① and started snowing ② even colder 【① Day 20/19 ② Day 22/23】
836. twice as long as 【Day 23】
837. ① my biggest dreams ② is to have 【① Day 22/23 ② Day 18】
838. was trying to 【Day 19】
839. ① remember locking ② when I was 【① Day 19 ② Day 20】
840. ① the highest ② has the most 【① Day 22 ② Day 22/20】

841. ① If I didn't eat ② can't stop eating 【① Day 21 ② Day 19】
842. ① you like ② or 【① Day 22 ② Day 20】
843. ① When it's ② reading a lot more 【① Day 20 ② Day 19/22/23】
844. weren't sold 【Day 24】
845. can't run as fast as 【Day 23】
846. ① If you could go ② who would 【① Day 21/20 ② Day 21】
847. sorry to hear 【Day 18】
848. me how to use 【Day 18】
849. ① I don't think ② the best person to 【① Day 20 ② Day 22/18】
850. ① If you lost ② might be more 【① Day 21/20 ② Day 21/22】
851. ① Where would you ② if you could live 【① Day 21 ② Day 21/20】
852. ① The biggest ② is the 【① Day 22 ② Day 22】

831. Was the mother liked by her children? （その母親は子どもたちに好かれていましたか？）
過去の受け身 The mother was liked by ...の疑問文。

832. OK, I'll get her to do it now, because she doesn't do anything quickly. （わかった、僕が彼女にそれを今さ
せますね、だって彼女はなんでもパパッとやらないので）
①「get O to＋動詞の原形」（Oに…させる）。これからの行動を促すことから未来志向の不定詞と相性がいい。②「理
由を示す副詞節because＋SV」（なぜならSは…だから）。not ... anything（何も…ない）。

833. It was hard for me to avoid looking at her hair. （私にとって、彼女の髪を見ないようにするのは大変でした）
①「It is＋形容詞＋for＋人＋to＋動詞の原形」（[人]にとって…することは～だ）。②他動詞avoid（…を避ける）の
目的語は動名詞のみ。avoid Ving（…しないようにする）。look at ...（…を見る）。

834. I would definitely buy something else. （私だったら絶対に他のものを買うだろう）
文頭に、仮定法過去If I were you（もし私があなただったら）が省略されていると考える。「助動詞の過去形would
＋動詞の原形」（…するだろう）が正解。＊something else（他の何か）

835. It was cold this morning and started snowing too. And now it's even colder. （今朝は寒くて、雪も降り始
めました。そして今はさらにもっと寒いです）
①「接続詞and＋主語itの省略」。「他動詞start＋目的語の動名詞」（…し始める）。②「比較級を強調する副詞even
＋比較級」（さらに…）。

836. I waited twice as long as usual for my bus. （私はいつもの倍、自分のバスを待ちました）
「倍数twice＋同等比較（as＋副詞の原級＋as）...」（…の2倍）。as usualで「いつもの状態」と比較できる。wait
for ...（…を待つ）のwaitとforの間に副詞の比較表現が挿入された語順。

837. One of my biggest dreams is to have a second house in Hawaii. （自分の最大の夢の1つはハワイにセカン
ドハウスを所有することです）
①「one of＋the＋最上級＋複数名詞」（1番～な…の1つ）。②S is C（SはCです）。Cに未来志向の不定詞to
have（…を所有すること）を用いたもの。

838. I was trying to persuade him. （私は彼を説得しようとしていました）
「try to＋動詞の原形」（…しようとする）の「過去進行形was trying to＋動詞の原形」（…しようとしていた）。不定
詞を目的語にしたこの形を過去時制で用いると、実現できなかったことを示唆する。この場面では結局「説得でき
なかった」というニュアンスが含まれる。＊他動詞persuade（…を説得する）

839. I remember locking myself in the bathroom at a hotel accidentally when I was 10 years old. （10歳の時
に、誤って自分自身をホテルの風呂場に閉じ込めてしまったことを覚えています）
①「他動詞remember＋目的語の動名詞」（…したことを覚えている）。動名詞は現実志向で過去の事柄も表現する
ことができる。lock oneself in ...（…の中に自分を閉じ込める）。②「時を示す接続詞when＋I was ...」（…だった
時）。

840. Mount Rokko is the highest mountain and has the most beautiful night view in Kobe. （六甲山は神戸で
一番標高が高い山で、最高に美しい夜景があります）
①形容詞high（高い）の最上級the highest。後ろに名詞mountainが続いているので、theをつける。②■名詞
night view（夜景）を修飾する形容詞beautifulの最上級the most beautiful。■「接続詞and＋主語の省略 (it)＋3
人称単数has」。他動詞have（[モノが] ある）。

841. **If I didn't eat so many sweets, I could lose weight, but I can't stop eating them.** (甘いものをそんなにたくさん食べなければ、僕は痩せることができるでしょう、でも［実際は］食べるのをやめることができないんです)
　　①主節のcould より、仮定法過去形「If＋過去形」の否定文 didn't eat と考える。「食べている」現実からの距離感を表現したもの。②文意より、but以降は現実であり直説法 can't と考える。stop は「…をやめる」という意味では他動詞となり、目的語に動名詞 eating を用いる。＊sweets ＝ them

842. **Which flavor would you like, vanilla or mint?** (バニラとミント、どちらの味がよろしいですか？)
　　①would like O (O が欲しい)のO を疑問詞 Which flavor で尋ねたもの。want よりも would like の方が丁寧。②A or B (A または B)。

843. **When it's raining, I enjoy reading a lot more.** (雨が降っている時は、さらにもっと多くの読書を楽しみます)
　　①時を示す接続詞 when に、一時的に雨が降っている場面を表現する現在進行形 it's [it is] raining が続いている。②他動詞 enjoy の目的語は動名詞 reading になる。程度を示す副詞 much (とても)の比較級 more (もっと)に、これを強調する副詞 a lot (ずっと)を用いたもの。

844. **Adidas shoes weren't sold at the store.** (その店ではアディダスのシューズは売っていませんでした)
　　「売られていなかった」の文意より、過去の受け身の否定文「weren't＋過去分詞」で考える。主語 Adidas shoes ＝ They になるために wasn't は NG。

845. **I can't run as fast as I used to.** (僕は昔ほど速く走れません)
　　「not as＋副詞の原級＋as ...」(…ほど〜でない)。昔と比較する場合は I used to を用いる。走る「速さ」は副詞 fast を用いる。

846. **If you could go on a date with anyone in the world, who would it be?** (あなたが世界の誰とでもデートすることができるなら、それって誰になるかなぁ？)
　　①文意より、現実的には実現の可能性が低いことを表現する仮定法過去形 could を用いる。go on a date with ... (…とデートする)。②「It would be＋デート相手」(それは…になるだろう)のデート相手を疑問詞 who で尋ねた疑問文。「疑問詞＋助動詞の過去形＋主語 it」の語順。

847. **Oh, I'm very sorry to hear that.** (ああ、それはとても残念です)
　　「be sorry to＋動詞の原形」(…して残念に思う)。感情の原因を示す副詞的用法の不定詞。直訳は「それを聞いてとても残念に思う」。

848. **He told me how to use it.** (彼が僕にそれの使い方を教えてくれました)
　　「tell O₁ [人]＋O₂ [モノ]」(O₁ [人] に O₂ [モノ] を教える)の O₂ に「疑問詞＋to＋動詞の原形」(＝名詞句)を用いたもの。「how to＋動詞の原形」(…の仕方)。

849. **I don't think he's the best person to lead our country.** (彼は私たちの国を導くのに、最もふさわしい人ではないと思います)
　　①「I don't think ＋接続詞の省略 (that)＋SV」(S は…ではないと思う)。②■「…ではない」につられて he's not としない。think の目的語となる that 節に否定文を用いない。■a good person の最上級 the best person (最もふさわしい人)。これを修飾する形で形容詞的用法の不定詞 to lead (…率いるための)を続けた語順。

850. **If you lost weight, you might be more energetic.** (君は痩せたら、もっと活発になるかもしれませんね)
　　①文意より、実際にはそうではない (または実現する可能性が低いこと)を伝える仮定法過去 lost で考える。lose weight (痩せる)。②■助動詞 might be (…になるかもしれない)。would よりも確信がない響きになる。■be 動詞の補語 C になる形容詞 energetic (活発な)の比較級 more energetic (もっと活発な)。

851. **Where would you live if you could live anywhere in the world?** (世界のどこでも暮らせるとしたら、どこで暮らしますか？)
　　①文意より、現実ではない話をする仮定法過去と考える。主節は、助動詞の過去形 would を用いた「you would live＋場所」(あなたは…で暮らすだろう)の「場所」を疑問詞 Where に置き換えて疑問文にしたもの。②if節の中は過去形が基本だが、文意によって、この問題のように主節と同じように助動詞の過去形 could (…ができたとしたら)を用いることもできる。副詞 anywhere ([条件節内] どこでも)

852. **The biggest difference between A and B is the display.** (A と B の一番大きな違いは画面です)
　　①「形容詞 big の最上級 the biggest＋名詞」(1番大きな…)。②S is C (S は C である)。名詞があれば冠詞の存在を意識する。A と B の画面に特定されるため定冠詞の the。この特定ニュアンスの the が最上級にも使われている。
　　＊前置詞 between A and B (A と B の間)

【判定結果】

テーマ	大問	小計	各40点未満は下のアドバイスを参考に！
知識	[1] ～ [3]	/50点	知識は発信力の土台です。文法的な理屈もしっかりと復習しましょう。名詞、形容詞、副詞の知識は特に重要です。文型や品詞にまだ苦手意識がある場合は Day 1～3/12～16も復習してください。日本語がない演習は、文法的な知識をベースに場面を想像する力が必要です。
発信	[4] [5]	/50点	表現の選択肢を広げる単元が詰まっていますのでここは何度も解き直しましょう。ただし、語彙の知識で落とし、解説のポイント自体は理解できていればひとまずクリアで、見直しで語彙は覚えてしまいましょう。また発信力を鍛えるには時制の知識も大切ですから、伸び悩みを感じる場合は Day 5～10も復習してください。
合計得点			/100点
判定結果			F（不合格） C（合格） B（良） A（優）

*F（79点以下）、C（80点～85点）、B（86点～89点）、A（90点以上）

Day 26 / Answer Key

現在分詞と過去分詞　合格点 80 点

 モヤモヤ解消ポイント！

- ・現在分詞は「…する」または「…している」の意味で名詞を説明する。
- ・過去分詞は「…される」または「…した」（完了）の意味で名詞を説明する。

【Day 26の演習問題】

1. (3点×3【9点】)

853. There was a man washing a car in the rain　854. She sold a broken phone on eBay for $20.
855. I saw a car parked in front of the gate.

> 853. **There was a man washing a car in the rain.**（雨の中で、洗車している男性がいました）
> 　　現在分詞を用いた形容詞句washing a carは「…している」という意味で、名詞manを後ろから説明する。
>
> 854. **She sold a broken phone on eBay for $20.**（彼女はイーベイで壊れた携帯電話を20ドルで売りました）
> 　　過去分詞broken（壊れた［壊された］）1語で形容詞として前から名詞phoneを説明する。
>
> 855. **I saw a car parked in front of the gate.**（私は門の前に駐車された車を見ました）
> 　　過去分詞を用いた形容詞句parked in front of the gateは「…された」という意味で、名詞carを後ろから説明する。
>
> 　　＊他動詞park（…を駐車する）

2. (3点×8【24点】)　＊①②は各3点

856. excited　857. painting　858. ① is made ② grown　859. having　860. surprising　861. reserved
862. eating

> 856. **So many fans were excited to see Tom Hanks at the airport.**（とても多くのファンが空港でトム・ハンクスを見て興奮しました）
> 　　主語「人」自身の気持ちは過去分詞excitedで表現する。be excited to do（…してワクワクしている）。
>
> 857. **The guy painting the walls is my uncle.**（壁にペンキを塗っている人は私のおじさんです）
> 　　「…している（＋名詞）」の意味で現在分詞paintingが自然。painting the wallsが形容詞句となって名詞The guyを後ろから修飾。
>
> 858. **This wine is made from grapes grown in Australia.**（このワインはオーストラリアで育てられたブドウから作られています）
> 　　①「（主語）は…されている」という意味で、「be動詞＋過去分詞」の受け身。普通の受け身の場合、be動詞が抜けないように注意。②「…された（名詞）」の意味で過去分詞grownが自然。grown in Australiaが1つの形容詞句となって名詞grapesを後ろから修飾。
>
> 859. **There are a lot of people having a barbecue outside my house.**（私の家の外で、バーベキューをしているたくさんの人がいます）
> 　　「…している（名詞）」の意味で現在分詞havingが自然。having ... my houseが形容詞句となって名詞peopleを後ろから修飾。
>
> 860. **It's surprising that he got married to Emma.**（彼がエマと結婚したのは驚きです）
> 　　「形式主語It is C that ...」（…というのはCだ）。真主語に接続詞that節を用いたもの。このthat節の説明がCになり、その描写は現在分詞surprising（驚くような）が正解。＊「get married to＋人」（…と結婚する）
>
> 861. **It was a reserved seat.**（それは予約席でした）
> 　　「…された（名詞）」の意味で過去分詞reservedが自然。過去分詞1語で前から名詞seatを修飾。＊他動詞reserve（…を予約する）

862. **This is a picture of a dog eating a hot dog.** (これはホットドッグを食べている犬の写真［絵］です)
「…している（名詞）」の意味で現在分詞eatingが自然。eating a hot dogが形容詞句となって名詞dogを後ろから修飾。

3. （3点×14【42点】）＊①②は各3点

863. leaves falling　864. ① are called ② made in　865. woman speaking［talking］　866. looked surprised
867. room overlooking　868. picture drawn with　869. ① was woken　② phone ringing
870. ① I'm making　② people invited to　871. was really surprising　872. ① spoken ② written

863. **This is a video of leaves falling.** （これは舞い落ちる紅葉の動画です）
「…している」という意味では基本的に分詞1語でも名詞の後ろ。＊A of B（BのA）

864. **In New Zealand, flip flops are called Jandals. They are called that because they are sandals made in Japan.** （ニュージーランドではビーチサンダルはジャンダルと呼ばれています。そう呼ばれているのは、日本で作られたサンダルだからです）
①「（主語）は…されている」という意味で、「be動詞＋過去分詞」の受け身。call O Jandals（OをJandalsと呼ぶ）のOを主語にした受け身be called Jandals。②名詞sandalsを後ろから形容詞句made in Japan（日本で作られた）で修飾。＊代名詞thatはflip flopsという呼び名を指したもの。

865. **Who's the woman speaking［talking］in the video?** （動画の中で話している女性は誰ですか）
名詞womanを、後ろから現在分詞の形容詞句、speaking［talking］in the video（動画の中で話している）が説明したもの。

866. **My wife just looked surprised.** （妻はただ驚いているようでした）
「自動詞look＋補語C」。このCに「人」自身の気持ちを示す過去分詞surprised（驚いた）を用いたもの。

867. **My wife and I reserved a room overlooking the sea.** （私と妻は海が見渡せる部屋を予約しました）
「…している」という意味で、他動詞overlook（…を見渡す）を現在分詞overlookingにしたもの。他動詞は目的語を取るため自動的に2語以上のカタマリになり、名詞の後ろに置かれる。

868. **She showed me a picture drawn with a pencil.** （彼女は鉛筆で描かれた絵を私に見せてくれました）
過去分詞drawnを用いた形容詞句drawn with a pencilが、「…された」という意味で直前の名詞pictureを修飾している。＊他動詞draw（…を描く）、前置詞with（道具）…で

869. **I was woken up at about 5 a.m. by a phone ringing** （私は鳴っている電話で、朝の5時頃に起こされました）
①文意より、過去形woke me upの受け身was woken up（起こされた）と考える。at about …（…時頃）はwas wokenを修飾したもの。②「…している」という一時的な状態は「名詞＋現在分詞ringing」にする。

870. **I'm making a list of people invited to our wedding.** （私たちの結婚式に招待された人のリストを作成しているところです）
①一時的な動作を示す現在進行形。be動詞が抜けないように注意。②「名詞people＋過去分詞invited to …」（…に招待された人たち）。＊a list of …（…のリスト）

871. **The result was really surprising to us.** （その結果は、私たちにとって本当に驚きでした）
S was C（SはCだった）。主語Sの状態を説明するのは形容詞として補語Cの働きをする現在分詞surprising（驚くような）。この形容詞を修飾する副詞reallyは前に置く。

872. **My spoken English is much better than my written English.**（私の話す英語は書く英語よりもずっと良いです）
①「話す英語」は、その人によって「話された英語」という意味になるため、受け身ニュアンスの過去分詞spokenになる。②「書く英語」も、その人によって「書かれた英語」になるため過去分詞writtenになる。

4. （5点×5【25点】）

873. How do I find a bus going downtown　（×）goes
874. finally found my lost key after　（×）losing
875. What is the language spoken in　（×）speaking
876. think the guy driving ahead of us was drunk　（×）was
877. girls singing were amazing　（×）amazed

873. How do I find a bus going downtown?（市内に行くバスはどこですか？）

現在分詞goingを用いた形容詞句going downtownが名詞busを後ろから修飾したもの。一時的に「…している」という意味ではなく「…する」という意味で解釈する。

874. I finally found my lost key after six months.（6カ月後にやっとなくした鍵を見つけました）

過去分詞lost（なくされた）1語で名詞keyを前から修飾したもの。＊副詞finally（ついに）、前置詞after（…後に）

875. What is the language spoken in the village?（その村で話されている言語は何ですか？）

名詞the languageに対して、過去分詞spoken（話される）を用いた形容詞句spoken in the villageが説明を加えている。

876. I think the guy driving ahead of us was drunk.（私たちの前を走っていた男は酔っていたと思います）

■現在分詞driving（運転している）を用いた形容詞句driving aheadは名詞guyを後ろから説明する。＊ahead of …（…の前に）。■「I think＋省略された接続詞（that）…」（…と思う）。このthat節の中はSVC文型と考える。「S［the guy］＋M［形容詞句driving ahead of us］＋V［was］＋C［drunk］」。M以外の要素を押さえること。drinkの過去分詞drunk（酔って）は形容詞としてCの働きをする。

877. The girls singing were amazing!（歌っている女の子たちはとても素晴らしかった！）

■一時的に「…している」という意味では現在分詞singing（歌っている）1語でも名詞の後ろ。■感情を表す分詞の使い分けに注意。主語The girls自身の気持ちではなく、周囲が主語に対して感じている状況は現在分詞amazingで表現する。

Day 27 / Answer Key

名詞を説明する形容詞節（関係代名詞節）合格点 80 点

モヤモヤ解消ポイント！

・関係代名詞節は、前の名詞（先行詞）に説明を加える働き！
・関係代名詞節内は、Ｓや○などが抜けた不完全な見た目になっている！

【Day 26の復習問題】

1. （2点×5【10点】）

878. movie released　879. company designing　880. is so boring　881. fallen leaves　882. a man washing

878. **It is the best movie released this year.**（それは今年公開された最高の映画です）
　　名詞movie を修飾する過去分詞released（公開された）。名詞に説明を加えるように、形容詞句released this year を名詞の後ろに置く。

879. **My sister works for a company designing apps for the iPhone.**（妹はアイフォーン用のアプリをデザインする会社で勤務しています）
　　名詞company を修飾する現在分詞designing（…をデザインする）。名詞に説明を加えるように、形容詞句designing apps for the iPhone を名詞の後ろに置く。

880. **This movie is so boring!**（この映画はとてもつまらない！）
　　■S is C（SはCです）の文型。■主語の説明をする補語Cの現在分詞boring（つまらない）は形容詞の働き。感情を示す分詞は、物事を描写する場合は現在分詞になる。副詞so（とても）は形容詞の前に置く。

881. **I like walking on fallen leaves.**（落ち葉の上を歩くのが好きなんです）
　　自動詞fall（落ちる）の過去分詞fallen（落ちた）は完了ニュアンス。「分詞1語＋名詞」の語順。

882. **There's a man washing a car with a power washer.**（高圧洗浄機で洗車をしている男性がいます）
　　名詞man を修飾する現在分詞washing（…を洗っている）。名詞に説明を加えるように、形容詞句washing a car with a power washer を名詞の後ろに置く。

2. （2点×2【4点】）

883. You'll like my fried chicken cooked with soy sauce.　884. The man working isn't wearing his mask.

883. **You'll like my fried chicken cooked with soy sauce.**（醤油で料理した僕の鶏の唐揚げをあなたはきっと気に入るでしょう）
　　過去分詞を用いた形容詞句cooked with soy sauceにすれば名詞chicken を修飾できる形となる。
　　You'll like my fried chicken.（僕の鶏の唐揚げをあなたはきっと気に入るでしょう）
　　It's cooked with soy sauce.（それは醤油で料理されました）

884. **The man working isn't wearing his mask.**（作業している男性がマスクをしていません）
　　現在分詞workingは「（一時的に）働いている」という意味では1語でも名詞の後ろに置く。
　　The man is working.（その男性は作業しています）
　　The man isn't wearing his mask.（その男性はマスクをしていません）

【Day 27の演習問題】

1. （4点×5【20点】）

885. There's a grocery store <u>that</u> ［which］ closes at 4 p.m.

886. I can't trust anyone <u>who</u> ［that］ can't trust me.

887. Everyone ［who/whom/that］ I met there was really nice.

888. She doesn't like the sandwich [that/which] you bought yesterday.
889. Here's a photo of my dog who [that/which] was sleepy.

885. There's 名詞 (先行詞) a grocery store 形容詞節 (関係代名詞節) [主格の関係代名詞that [which] 自動詞 (V') closes at 4 p.m.] (午後4時に閉まる食料品店があります)
名詞a grocery storeを後ろから説明するため、英文 (B) の主語Itを主格の関係代名詞that [which] を用いた形容詞節にする。that [which] はclosesに対する主語。
(A) There's a grocery store. (食料品店があります)
(B) It closes at 4 p.m. (それは午後4時に閉店します)

886. I can't trust 代名詞 (先行詞) anyone 形容詞節 (関係代名詞節) [主格の関係代名詞who [that] can't 他動詞 (V') trust me] . (私のことが信用できない人を、私は信用することができません)
英文 (A) の代名詞anyoneを後ろから説明するため、英文 (B) の主語Theyを主格の関係代名詞who [that] とした形容詞節にする。
(A) I can't trust anyone. (私は誰も信用できません) ＊not ...anyone (誰も…ない)
(B) They can't trust me. (その人たちは私のことが信用できません)

887. 代名詞 (先行詞) Everyone 形容詞節 (関係代名詞節) [省略可 (目的格の関係代名詞who [whom/that]) 主語 (S') I 他動詞 (V') met there] was really nice. (そこで出会った人はみんな本当に親切でした)
英文 (A) の主語である代名詞Everyoneを後ろから説明するため、英文 (B) の目的語themを目的格の関係代名詞who [whom/that] とした形容詞節にする。who [whom/that] は他動詞metに対する目的語で省略するのが一般的。＊everyoneは単数扱いだが、これの代名詞はthey-their-themになる。
(A) Everyone was really nice. (みんな本当に親切でした)
(B) I met them there. (私はそこで彼らに出会いました)

888. She doesn't like 名詞 (先行詞) the sandwich 形容詞節 (関係代名詞節) [省略可 (目的格の関係代名詞that [which]) 主語 (S') you 他動詞 (V') bought yesterday] . (彼女は昨日あなたが買ったサンドイッチが好きではありません)
名詞the sandwichを後ろから説明するため、英文 (B) の目的語itを目的格の関係代名詞that [which] とした形容詞節にする。that [which] はboughtに対する目的語で省略するのが一般的。
(A) She doesn't like the sandwich. (彼女はそのサンドイッチが好きではありません)
(B) You bought it yesterday. (あなたはそれを昨日買いました)

889. Here's a photo of 名詞 (先行詞) my dog 形容詞節 (関係代名詞節) [主格の関係代名詞who [that/which] 自動詞 (V') was sleepy] . (眠そうにしている愛犬の写真があるんだ)
名詞my dogを後ろから説明するため、英文 (B) の主語Sheを主格の関係代名詞who [that/which] とした形容詞節にする。who [that/which] はwasに対する主語。＊愛犬など性別が分かり、また親しみのあるペットに対しては「人」と同じように扱いwhoを用いても自然。「Here's＋名詞」 ([相手の注意を引きながら] ここに…がある)
(A) Here's a photo of my dog. (ここに愛犬の写真があります)
(B) She was sleepy. (彼女は眠たかったです)

2. (4点)
890. that [which] goes

890. (A) We're waiting for the bus going to the airport. (私たちは空港行きのバスを待っています)
(B) We're waiting for the bus that [which] goes to the airport. (私たちは空港に行くバスを待っています)
The bus (= It) goes to the airportの主語The busを主格の関係代名詞that [which] で言い換えたもの。現在分詞goingはこの場合、一時的ではなく一般的に「…に行く」という意味で解釈する。現在形は説明する名詞 (先行詞) で決まるためthe bus＝3人称単数itで英文 (B) は3人称単数現在形goes。

3. (2点×5 【10点】)
891. it will be　892. that was　893. that was　894. were injured　895. do

891. I don't think that it will be cold tonight. (今夜は寒くならないと思います)
このthat (…ということ) は接続詞。「接続詞＋完全な文it will be」になる。主語itが抜けたwill beは誤り。

892. **Where's the cake that was in the fridge?** （冷蔵庫の中にあったケーキはどこですか）

it was in the fridge（それは冷蔵庫の中にあった）は普通の英文で、このままでは名詞the cakeを修飾できない。主語itを主格の関係代名詞thatにすることでthat was in the fridgeが形容詞節となり名詞を修飾できる。

893. **I lost the bag that was hers.** （私は彼女のものであるカバンをなくしました）

名詞the bagを説明する形容詞節that was hers。It was hers.（それは彼女のものでした）の主語Itを主格の関係代名詞thatにしたもの。

894. **The people who were injured in the crash are now in hospital.** （衝突事故でけがをした人たちは今入院しています）

They were injured in the crash.（彼らは衝突事故でけがをしました）の主語Theyを主格の関係代名詞whoにした形容詞節。be injured（けがをしている）。

895. **There's nothing I can do.** （自分にできることは何もありません）

I can do itは普通の文になるため名詞nothingを修飾できない。目的語itを目的格の関係代名詞that [which] に変えて省略したものと考える。「名詞nothing＋形容詞節（that [which]）I can do」。

4. （4点×8【32点】）

896. bag I loved was　897. article that [which] might [may] be　898. man who [that] wrote this book is
899. teacher who [that] taught me　900. woman I saw here today is　901. family we met in
902. person who [that] painted　903. bookstore you recommended

896. **The bag I loved was stolen.** （私が大好きだったカバンが盗まれました）

I loved it（私はそれが大好きでした）の目的語itを目的格の関係代名詞that [which] で言い換え、省略したもの。
「名詞(先行詞)The bag 形容詞節(関係代名詞節) 省略可(目的格の関係代名詞that [which]) 主語(S')I 他動詞(V')loved]」。

897. **Here's an article that [which] might [may] be useful.** （ここに、役立つかもしれない記事があるんですよ）

it might [may] be useful（それは役立つかもしれない）の主語itを主格の関係代名詞that [which] で言い換えたもの。
「名詞(先行詞)an article 形容詞節(関係代名詞節) 主格の関係代名詞that [which] might [may] be useful]」。

898. **The man who [that] wrote this book is a professor at Harvard University.** （この本を書いた男性はハーバード大学の教授です）

he wrote this bookの主語heを主格の関係代名詞who [that] で言い換えたもの。「名詞(先行詞)The man 形容詞節(関係代名詞節) 主格の関係代名詞who [that] 他動詞(V')wrote this book]」。

899. **She is the teacher who [that] taught me English in Australia.** （彼女はオーストラリアで僕に英語を教えてくれた先生です）

she taught meの主語sheを主格の関係代名詞who [that] で言い換えたもの。「名詞(先行詞)the teacher 形容詞節(関係代名詞節) 主格の関係代名詞who [that] 他動詞(V')taught me English in Australia]」。

900. **The woman I saw here today is on TV.** （私が今日ここで見かけた女性がテレビに出ています）

I saw her here in Guamの目的語herを目的格の関係代名詞who [whom/that] で言い換え、さらに省略したもの。
「名詞(先行詞)The woman 形容詞節(関係代名詞節) 省略可(目的格の関係代名詞who [whom/that]) I saw here today]」。

901. **Don't you remember the family we met in Guam?** （私たちがグアムで出会った家族を覚えていないの？）

we met them in Guamの目的語themを目的格の関係代名詞who [whom/that] で言い換え、さらに省略したもの。「名詞(先行詞)the family 形容詞節(関係代名詞節) 省略可(目的格の関係代名詞who [whom/that]) we met in Guam]」。

902. **Do you know the person who [that] painted that picture?** （あの絵を描いた人を知っていますか？）

he [she] painted that pictureの主語he [she] を主格の関係代名詞who [that] で言い換えたもの。「名詞(先行詞)the person 形容詞節(関係代名詞節) 主格の関係代名詞who [that] 他動詞(V')painted that picture]」。

903. **I sometimes go to the bookstore you recommended.** （あなたが勧めてくれた本屋に時々行くんですよ）

you recommended itの目的語itを目的格の関係代名詞that [which] で言い換え、さらに省略したもの。
「名詞(先行詞)the bookstore 形容詞節(関係代名詞節) 省略可(目的格の関係代名詞that [which]) you recommended]」。

5. （4点×5【20点】）

904. Where's the money that was on　905. We've never seen the people who live

906. do the same thing that didn't work   907. The artist my parents liked lives in Canada
908. works for a company that makes chicken nuggets

904. **Where's the money that was on the table?（テーブルの上にあったお金はどこ？）**
名詞the money を形容詞節「主格の関係代名詞that＋(V')was on ...」で説明する。

905. **We've never seen the people who live next door.（隣に住んでいる人たちに私たちは出会ったことがありません）**
名詞the people を形容詞節「主格の関係代名詞who＋(V')live ...」で説明する。＊副詞next door（隣に）、「have never ＋過去分詞」（…したことがない）

906. **Don't do the same thing that didn't work before.（以前うまくいかなかったことを繰り返さないで）**
名詞the same thing を形容詞節「主格の関係代名詞that＋(V')didn't work ...」で説明する。「形容詞the same ＋名詞」（同じ）。＊自動詞work（うまく働く、効果がある）

907. **The artist my parents liked lives in Canada.（私の両親が好きだったアーティストはカナダに住んでいます）**
目的格の関係代名詞を省略し、名詞The artist を形容詞節「(目的格の関係代名詞who [whom/that]) (S')my parents＋(V')liked ...」で説明する。

908. **My aunt works for a company that makes chicken nuggets.（おばさんはチキンナゲットを作っている会社 で働いています）**
名詞a company を形容詞節「主格の関係代名詞that＋(V')makes ...」で説明する。

p.157 ～ 162

Day 28 / Answer Key

関係副詞と関係代名詞 what　合格点 80 点

モヤモヤ解消ポイント！

- ・関係副詞節は、前の名詞（先行詞）に場所や時などの説明を加える働き！
- ・関係代名詞 what 節は名詞節で、英文の中で S/O/C いずれかの働きをする！

【Day 27の復習問題】

1.（2点×5【10点】）
909. boy who [that] was running   910. that I'm [I am]   911. that [which] are
912. money, gave me in   913. that [which] won't [doesn't] break

909. **Did you see the boy who [that] was running around the park with his dog?（犬と公園の周りを走ってい るその男の子を見ましたか？）**
he was running（彼は走っていた）→ 主格の関係代名詞who was running。文法的にはthatも可能。この関係代 名詞節が名詞the boy の説明になる。

910. **He doesn't know that I'm [I am] older than him.（彼は私が年上だとは知りません）**
■接続詞と関係代名詞を混同しないように注意。ここでは完全な文が続く「接続詞that SV」（Sは…であるという こと）。このthatは省略できる。■I am oldの比較級I am older。

911. **I like snacks that [which] are salty.（塩味のお菓子が好きです）**
they are salty（それらは塩味です）→主格の関係代名詞that are salty。文法的にはwhichも可能。この関係代名詞 節が名詞snacksの説明になる。

912. **I still have the money my late grandmother gave me in my wallet.（僕は亡くなった祖母がくれたお金をま だ財布に入れています）**
名詞the money に対する「[関係代名詞節 [目的格の関係代名詞の省略 (that [which]) 主語(S')my late grandmother 他動詞(V')gave 目

的語(O₁')me 目的語(O₂')● in my wallet]」の●印の部分が目的格の関係代名詞that［which］となり、さらに省略された形。＊形容詞late(故…、亡くなった…)

913. I want a car that [which] won't [doesn't] break down.（私は故障しない車が欲しいです）

it won't [doesn't] break down(それは故障しない)→主格の関係代名詞that won't ...。文法的にはwhich も可能。この関係代名詞節が名詞a carの説明になる。

2. （2点×2【4点】）

914. I'm looking for a mechanic <u>who</u> ［that］can fix my car for less than $500.

915. I like the shoes <u>that</u> ［which］I bought here last year.

914. I'm looking for 名詞 (先行詞) **a mechanic** 形容詞節 (関係代名詞節) [主格の関係代名詞**who** ［**that**］ 他動詞 (V') **can fix** 目的語 (O') **my car for less than $500]** .**（私は500ドル以下で車を修理できる修理屋を探しています）**

英文(B)の主語Heを主格の関係代名詞who ［that］にした関係代名詞節で、英文(A)の名詞a mechanicを修飾したもの。

(A) I'm looking for a mechanic.（私は修理屋を探しています）

(B) He can fix my car for less than $500.（彼は500ドル以下で車を修理することができます）＊前置詞for(…の金額で)、less than ...（…より少ない)

915. I like 名詞 (先行詞) **the shoes** 形容詞節 (関係代名詞節) [目的格の関係代名詞**that** ［**which**］ 主語 (S') **I** 他動詞 (V') **bought here last year].** **（去年ここで買った靴を私は気に入っています）**

英文(B)の目的語themを目的格の関係代名詞that ［which］にした関係代名詞節で、英文(A)の名詞the shoesを修飾したもの。なお、このthat ［which］は省略できる。

(A) I like the shoes.（私はその靴が気に入っています）

(B) I bought them here last year.（私はそれらを去年ここで買いました）

【Day 28の演習問題】

1. （5点×2【10点】）

916. 2010 was the year when I started blogging.　917. The restaurant where we had dinner is still there.

916. 2010 was 時を示す名詞 (先行詞) **the year** 形容詞節 (関係副詞節) [関係副詞**when** 主語 (S') **I** 他動詞 (V') **started** 目的語 (O') **blogging]** .**（2010年は私がブログを始めた年でした）**

英文(B)の時を示す副詞in 2010を関係副詞whenにした関係副詞で、英文(A)の名詞the yearを修飾したもの。

(A) 2010 was the year.（2010年はその年でした）

(B) I started blogging in 2010.（私は2010年にブログを始めました）

917. 場所を示す名詞 (先行詞) **The restaurant** 形容詞節 (関係副詞節) [関係副詞**where** 主語 (S') **we** 他動詞 (V') **had** 目的語 (O') **dinner] is still there.** **（私たちが夕食を食べたレストランはまだそこにあります）**

英文(B)の場所を示す副詞at the restaurantを関係副詞whereにした関係副詞節で、英文(A)の名詞The restaurantを修飾したもの。

(A) The restaurant is still there.（そのレストランはまだそこにあります）

(B) We had dinner at the restaurant.（私たちはそのレストランで夕食を食べました）

2. （5点×2【10点】）

918. what I wanted　919. much it costs

918. (A) I'm really sad because it's not the thing which I wanted.（本当に悲しい、それは私が欲しかったものではないので）

(B) I'm really sad because it's not what I wanted.（本当に悲しい、それは私が欲しかったものではないので）

「先行詞となる名詞the thing＋目的格の関係代名詞which」は関係代名詞what 1語に言い換えられる。

919. (A) How much does it cost?（それはどれくらい費用がかかりますか？）

(B) Can I ask you how much it costs?（それはどれくらい費用がかかるのかお尋ねしてもよろしいですか？）

英文(A)の疑問文を間接疑問「疑問詞＋ＳＶ」にすると名詞節になる。英文(B)は「ask O₁ [人] O₂ [モノ]」(O₁ [人]

にO2［モノ］を尋ねる）」のO2に間接疑問「疑問詞how much SV」を用いたもの。＊英文(A)はストレートな尋ね方になるが、それを英文(B)の間接疑問文を用いると遠回しで丁寧な尋ね方になる。

3. (3点×3【9点】)
920. What　921. it is　922. which

920. What I enjoyed most was chatting with my coworkers. （私が一番楽しかったことは、同僚たちとおしゃべりしたことでした）

「関係代名詞what SV」（Sが…すること）。このwhatは他動詞enjoyedの目的語の代わりをする。thatが関係代名詞であれば修飾する名詞（先行詞）が必要、接続詞であればI enjoyed mostが完全な文でなければならないが他動詞enjoyの目的語が抜けているため誤り。＊動名詞chatting（おしゃべりすること）を補語(C)に用いたもの。

921. He's not sure when it is. （彼はそれがいつなのかよくわかっていません）

普通の疑問文When is it? を「間接疑問when it is」（それがいつなのか）の語順にしたもの。形容詞sureの後ろには接続詞のthat節や今回のような間接疑問を用いることができる。

922. This photo reminds me of the hotel which I stayed in during my first trip to London. （この写真は、初めてのロンドン旅行の間に泊まったホテルを思い出させてくれます）

前置詞inの目的語（名詞）の代わりになる目的格の関係代名詞whichを用いたもの。関係副詞whereを用いる場合は「前置詞in＋名詞」（＝副詞句）を言い換えるため、inが残されている状態では使えない。＊「他動詞remind O of ...」（Oに…を思い出させる）。「名詞trip＋to ...」（…への旅行）

4. (4点×12【48点】) ＊①②は各4点
923. get what you want　924. I'm having dinner at [where I'm having dinner] is　925. know who said　926. ① Do what　② what you do is　927. where I work is　928. days when I feel　929. ① What I need is　② to take または [that/which] takes　930. who [that] wears　931. that [which] I work　932. what she does

923. You can't always get what you want. （いつも欲しいものが手に入るとは限りません）

「他動詞get＋目的語(名詞節)」「目的格の関係代名詞what 主語(S') you 他動詞(V') want」。「〜が…するモノ・コト」は関係代名詞whatで表現できる。what節＝名詞節で他動詞getの目的語にできる。＊not always（いつも…であるとは限らない）

924. This place I'm having dinner at [where I'm having dinner] is good. （私が夕食を食べているこの場所はいいですよ）

「この場所」に対する説明「私が夕食を食べている」を関係代名詞節や関係副詞節で表現できる。関係代名詞節の場合は、「主語(S)=名詞(先行詞) This place 形容詞節(関係代名詞節) [目的格の関係代名詞の省略(that) 主語(S') I 他動詞(V') am having 目的語(O') dinner 前置詞 at 前置詞の目的語(O') ●] 自動詞(V) is 補語(C) good.」で、●の部分が関係代名詞that [which] になる。関係副詞節の場合は、「主語(S)=場所を示す名詞(先行詞) This place 形容詞節(関係副詞節) [関係副詞 where 主語(S') I 他動詞(V') am having 目的語(O') dinner] 自動詞(V) is 補語(C) good.」となり、前置詞のatが省略される。

925. I don't know who said that. （誰がそれを言ったのかはわかりません）

疑問文Who said that?（誰がそれを言ったのですか）を、他動詞knowの目的語になる間接疑問「疑問詞＋SV」（＝名詞節）にしたもの。疑問詞自体が主語の働きをしている場合は「疑問詞(主語)＋動詞」で、疑問文と変わらない語順になる。

926. Do what you want to do. I believe what you do is worth doing. （あなたがしたいことをしなさい。あなたがすることには、するだけの価値があると信じています）

どちらも「関係代名詞what SV」（Sが…すること）を用いたもの。①「他動詞Do 目的語(名詞節) [目的格の関係代名詞what 主語(S') you want to 他動詞(V') do] .」。一般動詞doを用いた命令文。②「主語I 他動詞believe 目的語(名詞節) [目的格の関係代名詞what 主語(S') you 他動詞(V') do] 自動詞(V) is 補語(C) worth doing.」。＊「be＋前置詞worth＋動名詞」（…する価値がある）

927. The store where I work is closing this week. （私が働いている店は、今週は閉まっています）

「店」（＝場所）に対する説明「私が働いている」は関係副詞節で表現できる。「主語(S)=場所を示す名詞(先行詞) The store 形容詞節(関係副詞節) [関係副詞 where 主語(S') I 自動詞(V') work] 自動詞(V) is closing」。＊is closingは今週に限って一時的に閉めていることを示す現在進行形。

928. There are days when I feel like drinking. （僕はお酒を飲みたくなる日があります）

「どんな日」があるのかの説明「お酒を飲みたくなる」は関係副詞節で表現できる。「時を示す名詞(先行詞) days 形容詞節(関係副詞節)「関係副詞 when 主語(S') I 自動詞(V') feel ...]」。＊「feel like ＋動名詞」(…したい気分である)

929. What I need is something to take [that / which takes] away the pain. (私が必要としているものは、その痛みを取ってくれるものです)
　　①主語(S)の働きをする名詞節の「関係代名詞what SV」(Sが…すること)。文型はS is C(SはCです)と考える。②名詞somethingに説明をくっつける形容詞的用法の不定詞to do(…するための)。または、somethingを先行詞として、関係代名詞節で説明を加えることもできる。その場合、something(＝it)に合わせ、takeは3単現のtakesになる。＊take away ...(…を取り除く)

930. I've never seen anybody who [that] wears this. (これを着ている人を見たことがありません)
　　「人」に対する説明「これを着ている」は関係代名詞節で表現できる。not ... anybody(誰も…ない)。「名詞(先行詞) anybody 形容詞節(関係代名詞節)「主格の関係代名詞 who [that] 他動詞(V) wears 目的語(O') this]」。

931. The office that [which] I work in is very cold. (私が勤務している会社の中はとても寒いです)
　　「会社」に対する説明「私が勤務している」は関係代名詞節で表現できる。「主語(S)＝名詞(先行詞) The office 形容詞節(関係代名詞節)「目的格の関係代名詞 that [which] 主語(S') I 自動詞(V') work 前置詞 in 前置詞の目的語(O') ●] 自動詞(V) is 補語(C) very cold.」。＊●の部分が関係代名詞that/whichになる。

932. I wonder what she does. (彼女は何をしている人なんだろう)
　　「他動詞 wonder ＋ 目的語(O) 〈間接疑問「疑問詞 what 主語(S') she 他動詞(V') does]〉」。I wonder ... で「…は何だろう」という意味。wonderの目的語として間接疑問「疑問詞＋主語＋動詞」を用いたもの。彼女の普段の話は現在形doesで表現できる。

5. (3点×3【9点】)

933. What they're trying to do isn't

934. novel which I'm interested in is selling

935. remember the place where we got off the bus

933. What they're trying to do isn't that difficult. (彼らがやろうとしていることは、そんなに難しくはありません)
　　「主語S(名詞節)「関係代名詞 What they're trying to do] 自動詞(V) isn't 補語(C) that difficult.」。他動詞doの目的語の代わりをする関係代名詞what。what SV(Sが…すること)。＊副詞that(そんなに)

934. The novel which I'm interested in is selling well. (私が興味あるその小説はよく売れています)
　　「小説」に対する説明「私が興味ある」を関係代名詞節で表現できる。「主語S(先行詞) The novel 形容詞節(関係代名詞節)「目的格の関係代名詞 which 主語(S') I 自動詞(V') am 補語(C') interested 前置詞 in 前置詞の目的語(O') ●] 自動詞(V) is selling well.」。＊●の部分が関係代名詞whichになる。sell well(よく売れる)

935. Do you remember the place where we got off the bus? (私たちがバスを降りた場所を覚えていますか)
　　「場所」に対する説明「私たちがバスを降りた」を関係副詞節で表現できる。「場所を示す名詞(先行詞) the place 形容詞節(関係副詞節)「関係副詞 where 主語(S') we 他動詞句(V') got off 目的語(O') the bus]」。

Day 29 / Answer Key

Shuffle Quiz ④ 解答・解説　合格点 80 点

＊スペルミスは 1 点減点。間違えた問題は【　　】内の Day を参照してください。

1. (4点×2【8点】)　＊①②は各2点

936. ① the professor wrote　② what the professor wrote　【① Day 27　② Day 28】
937. where I should　【Day 28】

> 936. (A) We can learn from the book written by the professor.（私たちはその教授によって書かれたその本から学ぶことができます）
>
> (B) We can learn from the book the professor wrote.（私たちはその教授が書いたその本から学ぶことができます）
>
> (C) We can learn from what the professor wrote.（私たちはその教授が書いたものから学ぶことができます）
>
> 名詞にどのような形で説明を加えるのかがポイント。英文(A)：「名詞＋過去分詞＋by＋動作主」（〜によって…された［名詞］）。①英文(B)：名詞を形容詞節「SV」で説明したもの。「<u>名詞(先行詞) the book</u>＋<u>形容詞節 (関係代名詞節)</u>［目的格の関係代名詞の省略 (that [which])<u>主語(S')</u> <u>the professor</u> <u>他動詞(V') wrote</u> <u>目的語(O') ●</u>］」。●印の部分が目的格の関係代名詞 that [which] となり、さらに省略された。②英文(C)：「<u>前置詞 from</u>＋<u>前置詞の目的語となる名詞の節 (関係代名詞節)</u>［<u>目的格の関係代名詞 what</u> <u>主語(S')</u> <u>the professor</u> <u>他動詞(V') wrote</u> <u>目的語(O') ●</u>］」。●印の部分が目的格の関係代名詞 what になったもの。what SV(S が…するもの)。
>
> 937. (A) I don't know where to park my car.（私は自分の車をどこに停めたらいいのかわかりません）
>
> (B) I don't know where I should park my car.（私は自分の車をどこに停めたらいいのかわかりません）
>
> 英文(A)の「疑問詞＋不定詞to do」（＝名詞句）は、英文(B)のような間接疑問「疑問詞＋SV」（＝名詞節）で言い換えられる。where to do（どこで…するべきか）には助動詞 should のニュアンスが含まれるため、英文(B)の間接疑問文では「疑問詞＋S＋should＋動詞の原形」を用いた形になる。

2. (4点×7【28点】)　＊①②は各2点

938. ① excited　② singing　【①② Day 26】　939. ×　【Day 27】　940. when　【Day 28】　941. what　【Day 28】
942. ① made ② grown　【①② Day 26】　943. mowing　【Day 26/27】　944. boring　【Day 26】

> 938. There's a crowd of excited people singing together.（一緒に歌って興奮している人が集まっています）
>
> ①「分詞＋名詞」で名詞の様子を説明したもの。people 自身の気持ちを示す過去分詞 excited（興奮した）が自然。現在分詞 exciting は周囲に与える印象で「興奮させるような人たち」という意味になりここでは不自然。②「名詞＋現在分詞」（…している）。singing together（一緒に歌っている）で名詞 people の様子を説明したもの。原形 sing では people につながらないため誤り。＊a crowd of ...（…の集まり、群衆）
>
> 939. The job my brother applied for seems very stressful.（弟［兄］が応募したその仕事はとてもストレスがありそうです）
>
> 名詞 The job を形容詞節 SV で説明したもの。「<u>名詞(先行詞) The job</u>＋<u>形容詞節 (関係代名詞節)</u>［<u>主語(S') my brother</u> <u>自動詞(V') applied</u> <u>前置詞 for</u> <u>前置詞の目的語(O') ●</u>］」の、●の代わりとなる目的格の関係代名詞 that [which] を省略したもの。関係代名詞 what の場合、先行詞の名詞 The job は不要なので誤り。
>
> 940. Do you remember the day when you first came to my office?（あなたが初めて私の会社にやって来た日のことを覚えていますか？）
>
> 「時を示す名詞(先行詞)＋時の説明を加える関係副詞節（＝完全な文）」。元の英文 you first came to my office <u>on the day</u> の下線部の副詞句（前置詞＋名詞）を関係副詞 when で言い換えたもの。前置詞 on の目的語である名詞 the day だけを言い換える場合は関係代名詞 which を用いることができるが、その場合は on を文末に残す形になる。
>
> 941. I'm not saying what you're saying is wrong.（あなたの言っていることが間違っているとは僕は言っていません）
>
> 「<u>主語(S) I</u> <u>他動詞(V) am not saying</u> <u>目的語(O)</u>（<u>省略された接続詞 (that)</u>〈<u>関係代名詞節の主語(S') 目的格の関係代名詞(O') what</u> <u>主語(S') you</u> <u>他動詞(V') are saying</u> <u>目的語(O') ●</u>〉 <u>自動詞(V') is</u> <u>補語(C') wrong</u>）」。文全体は SVO 文型。目的語(O)の中は SVC 文型で、その主語(S')に

関係代名詞what を用いた名詞節が用いられている。「関係代名詞what SV」（Sが…すること）。●印の部分が関係代名詞whatになっている。選択肢that は関係代名詞のthat節＝形容詞節でam not saying の後に続く目的語にはなれないため誤り。＊that は接続詞の可能性もあるが、接続詞であれば、●印部分が抜けた不完全な文は続かない。

942. **My uncle gave me a bottle of olive oil made from olives grown on his farm.** （私のおじさんが、彼の農場で育てたオリーブから作ったオリーブオイルの瓶をくれました）
どちらも「名詞＋過去分詞」（…された［名詞］）の形で過去分詞が後ろから名詞の説明を加えたもの。① made from ...（…から作られた［できている］）。② grown on ...（…で育てられた）。that are grown と主格の関係代名詞that で言い換え可能。

943. **I got a job mowing lawns this summer.** （今年の夏は芝生を刈る仕事を手に入れました）
「名詞＋現在分詞 ...」（…する［名詞］）。どんな仕事なのかを現在分詞を用いた形容詞句mowing lawns（芝を刈る）で説明したもの。「a job 主格の関係代名詞that 3人称単数現在形(V)mows」で言い換え可能。that is mowing は文法的に正しいが文意が一時的に芝を刈るという意味で不自然。

944. **I'm in a boring online meeting right now.** （ちょうど今、退屈なオンライン会議に参加中なんですよ）
名詞online meeting を、形容詞の働きをする現在分詞boring（退屈な）が説明している。過去分詞bored は修飾される名詞自体の感情を示し、会議に感情はないため不自然。

3. （4点×2【8点】）

945. still use the wallet you gave me for （×）what 【Day 27】
946. have 100 people invited to our reception （×）who 【Day 26】

945. **I still use the wallet you gave me for my birthday.** （僕の誕生日にあなたがくれた財布を僕はまだ使っています）
名詞the wallet を形容詞節「SV」で説明したもの。「名詞(先行詞)the wallet ＋形容詞節(関係代名詞節)目的格の関係代名詞の省略(that [which]) 主語(S')you 他動詞(V')gave 目的語(O₁')me 目的語(O₂')● for my birthday]」。●印の部分が目的格の関係代名詞になり省略されている。＊「副詞still ＋動詞」（まだ…する）

946. **We already have 100 people invited to our reception.** （披露宴に招待した人がすでに100人います）
「他動詞invite O to ...」（Oを…に招待する）。これを「招待した人」になるように、「名詞100 people ＋過去分詞invited to ...」（…に招待された100人）の語順にする。invited to our reception ＝形容詞句で、後ろから名詞people を説明する。

4. （4点×10【40点】）

947. day when I can 【Day 28】 948. where my wife works 【Day 28】
949. woman my brother worked with 【Day 27】 950. food fallen on 【Day 26】
951. person who [that] doesn't stop 【Day 27】 952. working mothers 【Day 26】 953. I don't use 【Day 27】
954. dog that [which] was 【Day 27】 955. town where I spent 【Day 28】
956. woman sitting next 【Day 26】

947. **Monday is the only day when I can go shopping for groceries after work.** （月曜日は、仕事後に食料品の買い物に行ける唯一の日です）
時の関係副詞when を用いた形容詞節で後ろから時の名詞the only day を説明する語順。「時の名詞（先行詞）＋関係副詞節when I can go shopping」（買い物に行ける…）。

948. **I don't know where my wife works.** （妻がどこで働いているのか知らないんです）
疑問文Where does my wife work?（妻はどこで働いていますか）を、他動詞know の目的語になる間接疑問（名詞節）の語順「疑問詞where ＋主語(S)my wife ＋自動詞(V)works」にしたもの。

949. **The police arrested a woman my brother worked with.** （警察は兄が一緒に働いていた女性を逮捕しました）
名詞a woman を形容詞節「SV」で説明したもの。「名詞(先行詞)a woman ＋形容詞節(関係代名詞節)目的格の関係代名詞の省略(who [whom/that]) 主語(S')my brother 自動詞(V')worked 前置詞with 前置詞の目的語(O')●]」。＊●印の部分が目的格の関係代名詞になり省略されている

950. **I don't think it's safe to eat food fallen on the floor.** （床の上に落ちてしまった食べ物を食べるのは安全だとは思いません）

自動詞fall（落ちる）の「**過去分詞fallen（落ちてしまった）＋前置詞on ...（…に）**」が形容詞句として、前の名詞food を後ろから修飾したもの。＊自動詞の過去分詞は「完了」（…した、…してしまった）の意味がある。

951. What do you call a person <u>who</u> [<u>that</u>] doesn't stop talking when people are no longer interested? (人がもう興味がないのに、話をやめない人を何と呼びますか？)

the person doesn't stop ...の主語the person を、主格の関係代名詞who [that] で言い換えたもの。「_{名詞(先行詞)}a person _{形容詞節(関係代名詞節)}[_{主格の関係代名詞}who [that] _{他動詞(V')}doesn't stop _{目的語(O')}talking ...]」。call O [=a person] C（OをCと呼ぶ）のCを疑問詞Whatで尋ねた疑問文。＊stop -ing（…するのをやめる）。no longer（もはや…ない）。be interested（興味がある）

952. It is one of the best cities for working mothers. (そこは働く母親にとってベストな街の1つです)

「**現在分詞＋名詞**」（…する [名詞]）。どんな女性なのかを現在分詞working（働く）で説明したもの。working mothers は「_{名詞(先行詞)}mothers _{主格の関係代名詞}who work」と言い換えられる。

953. I deleted some apps I don't use. (使っていないアプリをいくつか消しました)

名詞some apps を形容詞節SVで説明したもの。「_{名詞(先行詞)}some apps＋_{形容詞節(関係代名詞節)}[_{目的格の関係代名詞の省略}(that [which]) _{主語(S')}I _{他動詞(V')}don't use _{目的語(O')}●]」。＊●印の部分が目的格の関係代名詞になり省略されている。

954. I saw a dog <u>that</u> [<u>which</u>] was injured. (私は傷ついた犬を見ました)

the dog was injuredの主語the dog を主格の関係代名詞that [which] で言い換えたもの。「_{名詞(先行詞)}a dog _{形容詞節(関係代名詞節)}[_{主格の関係代名詞}that [which] _{自動詞(V')}was _{補語(C')}injured]」。

955. I want to go back to the town where I spent most of my childhood. (子ども時代の大半を過ごした町に戻りたいです)

「_{場所を示す名詞}the the town＋_{形容詞節}[_{関係副詞}where SV]」（Sが…する町）。＊他動詞spend O [時]（[ある場所で] [時] を過ごす）。most of ...（…のほとんど）

956. I didn't know the woman sitting next to us. (私たちの隣に座っていたその女性を私は知りませんでした)

「**名詞＋現在分詞 ...**」（…している [名詞]）。どんな女性なのかを現在分詞を用いた形容詞句sitting next to us（私たちの隣に座っていた）で説明したもの。＊next to ...（…の隣）

5. (4点×4【16点】)

957. forgot the password he set 10 minutes ago 【Day 27】　958. show you the photo I took with her 【Day 27】
959. the place where we had our first date 【Day 28】　960. is the best movie I've ever 【Day 27】

957. He forgot the password he set 10 minutes ago. (彼は10分前に設定したパスワードを忘れてしまいました)

名詞the password を形容詞節SVで説明したもの。「_{名詞(先行詞)}the password＋_{形容詞節(関係代名詞節)}[_{目的格の関係代名詞の省略}(that [which]) _{主語(S')}he _{他動詞(V')}set _{目的語(O')}● 10 minutes ago]」。＊●印の部分が目的格の関係代名詞になり省略されている。

958. I'll show you the photo I took with her today. (彼女と今日撮った写真を見せてあげるよ)

名詞the photoを形容詞節SVで説明したもの。「_{名詞(先行詞)}the photo＋_{形容詞節(関係代名詞節)}[_{目的格の関係代名詞の省略}(that [which]) _{主語(S')}I _{他動詞(V')}took _{目的語(O')}● with her]」。＊●印の部分が目的格の関係代名詞になり省略されている。全体の文型は「他動詞show O₁ [人] O₂ [モノ]（O₁ [人] にO₂ [モノ] を見せる）。

959. That's the place where we had our first date. (そこは私たちが初めてデートした場所だよ)

「_{場所を示す名詞}the place＋_{形容詞節}[_{関係副詞}where SV]」（Sが…する場所）。関係副詞節の中はSやOなどがそろった完全な文であることが特徴。

960. *The Shawshank Redemption* is the best movie I've ever seen. (『ショーシャンクの空に』は僕が今までに見た中で最高の映画です)

「**最上級＋名詞＋関係詞節（現在完了）**」で「今まで…した中で一番〜」という意味になる。「_{名詞(先行詞)}the best movie＋_{形容詞節}[_{省略された目的格の関係代名詞}(that) _{現在完了の経験用法}I've ever seen _{目的語(O')}●]」（私が今までに見た…）。●印の部分が目的格の関係代名詞thatとなり、さらに省略された形。＊先行詞が最上級の場合はwhichではなくthatが好まれる。

【判定結果】

テーマ	大問	小計	[1]〜[3] 35点/ [4] [5] 45点未満は下のアドバイスを参考に！
知識	[1]〜[3]	/44点	知識は発信力の土台です。文法的な理屈もしっかりと復習しましょう。分詞や関係詞節は文型や品詞の知識が問われます。まだ弱点があるようであれば、Day 1〜3/12〜16も併せて復習してください。
発信	[4] [5]	/56点	出題単元は、これまで以上に語順の感覚がとても大切になるところです。知識の積み重ねで感覚が備わってきますので文型や品詞同士のつながりなど何度も復習して慣れておきましょう。その上で、英語らしい表現を身につけるために、演習の日本語訳を用いた英訳練習にチャレンジしましょう。
合計得点			/100点
判定結果			F（不合格）C（合格）B（良）A（優）

*F（79点以下）、C（80点〜85点）、B（86点〜89点）、A（90点以上）

Day 30 / Answer Key

Proficiency Test（修了テスト）

＊①②③ごとに配点ありで完答。スペルミスは 1 点減点。間違えた問題は【　　】内の Day を参照してください。

1. （2点×28【56点】）＊①②③は各2点

961. ① lost ② luckily 【① Day 5/8 ② Day 14】
962. ① is ② must 【① Day 6 ② Day 9】
963. ① Can ② I'll 【① Day 9 ② Day 7】
964. ① staying ② where ③ wouldn't 【① Day 19 ② Day 28 ③ Day 21】
965. ① the ② on 【① Day 13/24 ② Day 15】
966. ① talk ② contact 【① Day 1 ② Day 1】
967. ① should ② leaves 【① Day 10 ② Day 7】
968. ① much ② What ③ is 【① Day 23 ② Day 28 ③ Day 2】
969. ① would ② Can ③ wine 【① Day 19 ② Day 28 ③ Day 21】
970. ① How ② home 【① Day 16 ② Day 14】
971. ① been ② to move 【① Day 8 ② Day 19/2】
972. annoying 【Day 26/20】
973. ① doesn't ② I don't know 【① Day 20 ② Day 27/19】

---

961. I lost my folding umbrella on the way to the station, but luckily, I found it later!（折り畳み傘を駅に行く途中でなくしたんだけど、幸運にも後で見つかったんだ！）
①問題文後半の I found it や文脈から時制は過去と判断し、過去形 lost（なくした）が自然。②SVO 文型の英文の頭に＋αの情報を加える働きをする副詞 luckily（幸運にも）。

962. My new laptop battery is running down so fast. There must be something wrong.（私の新しいノートパソコンのバッテリーがとても早くなくなるんだ。きっと何かおかしいんだよ）
①2文目の「助動詞＋動詞の原形」は過去を表現できないため、1 文目も現在時制と考える。この場面では現在進行形でまさに今起こっているバッテリーの一時的な状況を示したもの。＊run down（[バッテリーなどが] 切れる）。②何らかの根拠に基づいた強い可能性を表現する must be …（きっと…だ）。can't be … は「…であるはずがない」という意味で不自然。＊There is something wrong（何か具合が悪い）の be 動詞 is に助動詞 must を用いたもの。

963. Can I take your drink order? — Ah, I'll have an iced tea, please.（飲み物のご注文をお伺いしましょうか。——ではあの、アイスティーをお願いします）
①Can I …?（…してもいいですか）。②その場でオーダーを伝える場面では I'll（…にします）が自然。＊ice（…を氷で冷やす）の過去分詞 iced（氷で冷やした）を形容詞として名詞 tea を修飾。

964. I'm really not used to staying at hotels where there's no Wi-Fi and no cell signal. — Well, if I were you, I wouldn't mind.（僕は Wi-Fi や携帯の電波がないホテルに宿泊するのは本当に慣れてないんだ。——ええ、私だったら、気にしないかなぁ）
①「be used 前置詞 to ＋動名詞 Ving」（…することに慣れている）の否定文。②場所を示す hotels に説明を加える、関係副詞 where を用いた形容詞節。「where there is no ＋名詞」（…がない [場所]）。③If 節の I were you より仮定法過去と判断し、助動詞の過去形 wouldn't が正解。相手の立場になって、相手への自分のアドバイスを述べたもの。

965. The woman gave me a free coffee, but the lid was broken, and I spilled it on my white sweater.（その女性が無料のコーヒーをくれたんだけど、蓋が壊れてて、私の白いセーターにこぼしてしまったの）
①■その女性にもらったコーヒーの特定の蓋であるから定冠詞 the。■他動詞 break の過去分詞「割れた、壊れた」を the lid の状態を説明する補語 C に用いたもの。②液体がセーターに触れるニュアンスを表現する前置詞 on。

966. If you need to talk, you can contact me anytime.（話がある場合は、いつでも私に連絡してくれてもいいですよ）
①自動詞 talk（話す）。tell は他動詞で後ろに目的語となる名詞が必要なので誤り。＊need to do（…する必要がある）。②「他

動詞contact＋目的語（人）」（…に連絡をする）。他動詞に前置詞は不要。

967. I think we should be at the airport by 7 a.m. because our flight leaves at 9 a.m.（午前7時までに空港に着いた方がいいと思うよ、私たちの飛行機は午前9時出発だからね）
①「…した方がいい」という意味で、助動詞should。到着時刻が義務とは大げさでmust（…しなければならない）は不自然。＊前置詞by（…までに）。②交通機関の時刻は未来でも現在形leavesで表現できる。＊他動詞leave（…を出発する）

968. It might cost twice as much as you think. What makes it so expensive is the labor cost.（あなたが考えている2倍費用がかかるかもしれません。そんなに高くついているのは、人件費です）
①かかる費用の「量」を示す副詞muchを用いた同等比較「as＋原級much＋as」。②③what節（＝名詞節）を2文目の主語に用いたもの。what節は単数扱いでbe動詞はis。「 主語(S)(名詞節) 関係代名詞 What 他動詞(V') makes 目的語(O') it 補語(C') so expensive 自動詞(V) is 補語(C) the labor cost」。関係代名詞thatを用いる場合は、前に修飾する名詞（先行詞）が必要。

969. What would you like? — Can I get the fish and chips and a glass of wine?（何にされますか？——フィッシュアンドチップスとワインをグラスでお願いできますか）
①相手の希望を尋ねる表現。他動詞like（好む）にwouldを加えることで控えめな響きで丁寧になる。②相手に許可を求めるCan I ...?（…してもいいですか）は注文の場面でも使える。③「a glass of＋不可算名詞wine」（グラス1杯のワイン）。wine自体は複数形にはしない。

970. How did you get home? — My brother picked me up.（どうやって帰宅したの？——兄［弟］が迎えにきてくれたんだ）
①返答文の内容より、手段を尋ねる疑問詞Howを用いた過去の疑問文。②副詞home（家に・へ）に前置は不要。＊pick up ...（…を迎えに行く）、目的語が代名詞の場合は「pick＋代名詞の目的格＋up」の語順。

971. How many times have you been to Hokkaido? — Just twice, but my dream is to move to Niseko.（今までに何回北海道に行ったことがありますか？——2回だけだけど、夢はニセコに引っ越すことなんです）
①「have been to＋場所」（…に行ったことがある）。②主語my dreamのことを表現する補語Cには未来ニュアンスのある不定詞to move（引っ越すこと）が自然。＊move to ...（…に引っ越す）

972. It's annoying that I can't type with my gloves on.（手袋をしたままだとタイピングできないのがうっとうしいです）
that節（…ということ）の内容を示す形式主語のitを用いた構文。「it is＋形容詞＋that＋SV ...」（Sが…というのは［形容詞］だ）。物事を描写する場合は現在分詞annoying（うっとうしい、腹立たしい）。＊with OC（OをCしたままで）。副詞on（身につけて）

973. If Ayako doesn't go camping, I won't go either. I'm not very good at talking to people I don't know.（アヤコがキャンプに行かないなら、僕も行かないよ。知らない人と話すのはあまり得意じゃないんだ）
①条件節は現在形。ここでは否定文doesn't（…しない）。ただし、「もし、Sが…するつもりがないのなら」という意味で、if節の主語(S)の意志を示す場合はwon'tも文法的に正解となる。＊go Ving（…しに行く）。否定文＋either（～も…しない）。②■名詞peopleを形容詞節SVで説明したもの。「名詞(先行詞) people＋ 形容詞節(関係代名詞節)「目的格の関係代名詞の省略 (who[whom/that]) 主語(S) I 他動詞(V) don't know 目的語(O) ●」」。●印の部分が目的格の関係代名詞who［whom/that］となり、さらに省略されている。■「be good at＋動名詞」（…することが得意だ）の否定文。＊not very（あまり…ない）。

2. (3点×8【24点】)

974. so I bought myself some new boots to keep my toes warm 【Day 20/3/18】
975. Losing a pet is one of the worst things that can 【Day 19/23/27/9/2】
976. like to share something I've been working 【Day 3/27/8】
977. take care of what is the most important 【Day 28/1/15】
978. rudest thing is eating in front of someone who 【Day 22/19/27】
979. don't think he's strong enough to do that 【Day 20/14/18】
980. What did I look like when you first met 【Day 16/2/20】
981. Can you tell me how long it takes from Kobe to 【Day 9/3/28/15】

974. It's going to snow tomorrow, so I bought myself some new boots to keep my toes warm.（明日は雪が降るらしいので、爪先を暖かくしておけるように自分に新しいブーツを買いました）

■前半のbe going toは「予測」を示し、それを受けた「結果」を表現する「接続詞so＋SV」(〜、だからSは…する)。■「他動詞buy＋O₁［人］＋O₂［モノ］」(O₁［人］にO₂［モノ］を買ってあげる)。自分自身に買うという意味ではmyselfにする。■動作の目的(なぜブーツを買ったのか?)を示す副詞的用法の「不定詞to keep＋O＋C」(OをCの状態に保つために)。

975. Losing a pet is one of the worst things that can happen. (ペットを失うことは起こるかもしれない中で最悪な事の１つです)
　　　■lose a pet(ペットを失う)を動名詞losing(…を失うこと)で主語にしたもの。■「one of the＋最上級worst＋複数名詞」(最悪な…の中の１つ)。■名詞things(＝先行詞)の説明となる形容詞節(関係代名詞節)。「名詞(先行詞)things＋形容詞節(関係代名詞節)[主格の関係代名詞(S)that 自動詞(V)can happen]」。一般的な低い可能性を表現する「助動詞can(…するかもしれない)＋happen(起こる)」。

976. I'd like to share something I've been working on. (私がずっと取り組んできたものを共有したいです)
　　　■I'd = I would。「would like to＋動詞の原形」(…したい)。want toよりも丁寧な響き。■名詞somethingを形容詞節SVで説明したもの。「名詞(先行詞)something＋形容詞節(関係代名詞節)[目的格の関係代名詞の省略(that[which])主語(S)I 他動詞(V)have been working 前置詞on 前置詞の目的語(O')●]」。●印の部分が目的格の関係代名詞that[which]となり、さらに省略されている。■ある過去から現在まで継続している動作を表現する「現在完了進行形have been＋動詞のing形」(ずっと…してきている)。＊他動詞share(…を共有する)、work on …(…に取り組む)

977. Just take care of what is the most important to you. (あなたにとって１番大切なことを大切にしてくださいね)
　　　■take care of …(…を大事にする)。＊副詞justを命令文の文頭に置けば「ちょっと、…してください」という意味で印象が柔らかくなる。■前置詞ofの目的語となる名詞節を作る関係代名詞what。「目的語O(関係代名詞節)[主格の関係代名詞(S')what 自動詞(V')is 補語(C')the most important](１番大切なこと)」。

978. His rudest thing is eating in front of someone who isn't eating. (彼の１番失礼なことは、食事をしていない人の前で食べることです)
　　　主語に「最上級his＋-est」を用いた形。theの代わりに所有格の代名詞を用いることができる。■SVC(SはCです)の補語として動名詞eating(食べること)を用いたもの。＊in front of …(…の前に)。■前置詞ofの目的語someoneがどんな人物であるかを説明する形容詞節。「名詞(先行詞)someone＋形容詞節(関係代名詞節)[主格の関係代名詞who 自動詞(V')isn't eating]」。

979. I don't think he's strong enough to do that. (彼はそれができるほど強くないと思います)
　　　■「don't think＋(接続詞that)＋SV」(Sは…ではないと思う)。thinkを否定文にし、that節の中は否定にしない。接続詞thatは、解答のように省略可能。■「形容詞＋副詞enough …」(十分な…)。enough to doで「…するのに十分な」という意味。他動詞doの目的語に代名詞that(あれ、それ)を続ける。

980. What did I look like when you first met me? (初めて私と出会ったとき、私はどんな感じに見えましたか?)
　　　■look like O(Oのように見える)のOを疑問詞whatで尋ねた過去の疑問文。自分の見え方なので主語はI。■時の情報を続ける「接続詞when＋SV」(Sが…する時)。「初めて…する」の意味では「first＋動詞」の語順が自然。

981. Can you tell me how long it takes from Kobe to Himeji? (神戸から姫路まで、どれくらいかかるのか教えてくれませんか?)
　　　■Can you …?(…してくれませんか?)。■「他動詞tell O₁［人］＋O₂［コト］」(O₁［人］にO₂［コト］を話す、教える)。■O₂に「間接疑問how long SV」(どれくらい…するのか)を用いたもの。疑問文How long does it take …?が間接疑問では「疑問詞how long 主語(S)it 動詞(V)takes …」となる。＊他動詞take([時間]がかかる)、from A to B(AからBまで)

3. (3点×2【6点】)
982. (B)【Day 24】 983. (A)【Day 3/21/16】

982. These two books are used regularly in the class. The books were written by Mr. Clark. (この２冊の本は毎回授業で使用します。それらの本はクラーク先生によって書かれたものです)
　　　新情報である著者Mr. Clarkに焦点を合わせるのが自然。よって、by Mr. Clarkの形で文末に置いた受け身の語順にした英文(B)が正解。(A) Mr. Clark wrote the books. (クラーク先生はそれらの本を書きました)

983. What would you do if someone gave you a million dollars? (もし誰かがあなたに100万ドルをくれたら、何をしますか?)

他動詞giveには2通りの語順があり、文末焦点の観点から使い分ける。この場面では情報価値のあるa million dollars（100万ドル）に焦点を合わせるために、「他動詞give O₁［人］＋O₂［モノ］」（O₁［人］にO₂［モノ］をあげる）の語順が自然。「give O to＋人」とすると、この場面で情報価値が低い「人」に焦点が当たるため誤り。＊現実的ではない話に用いる仮定法過去形「if S＋過去形gave」。主節に助動詞の過去形wouldを用いた疑問文。

4. (3点×38【114点】) ＊①②③は各3点

984. ① spider crawling on ② bigger ③ leave them alone 【① Day 26/15 ② Day 22 ③ Day 3/12/5】
985. ① tried to post ② told me to 【① Day 19/5 ② Day 19/5】
986. ① can be dangerous ② workers 【① Day 9 ② Day 12】
987. ① She's in ② Can［May］I, a 【① Day 12/1/15 ② Day 9/13】
988. ① When did you ② wanted to be [become] a ③ it was 【① Day 16/5 ② Day 18/5 ③ Day 12/5/1】
989. ① we've, been, for ② will you marry me 【① Day 8/14 ② Day 9/1】
990. ① house standing at the ② be sold 【① Day 26/15 ② Day 24】
991. ① It's been raining since ② I can't [cannot] 【① Day 8 ② Day 9】
992. ① The law in this, says ② have to be ③ to enter 【① Day 13/12/15/5 ② Day 10 ③ Day 18】
993. ① will be an exciting ② excited to ③ what I've been working 【① Day 7/26 ② Day 26/ ③ Day 28/27】
994. ① was able to ② a few days 【① Day 9/5 ② Day 14/12】
995. I was wearing last night 【Day 27/6】
996. ① teaching is ② best way to 【① Day 19/20/2 ② Day 22/18】
997. ① Their mother ② might [may/could] be 【① Day 12 ② Day 9】
998. ① me to remember to ② because it 【① Day 19/12 ② Day 20/12】
999. ① never tried [eaten] banana on ② like bananas 【① Day 8/12/15 ② Day 12/1】
1000. ① Which ② who graduated from ③ and lives in 【① Day 16 ② Day 27/5 ③ Day 20/15/12】

984. Miyu, can you catch that spider crawling on the hat? Small ones are OK, but I'm too scared of bigger ones, so I just leave them alone usually. （ミユ、帽子の上をはっているあのクモを捕まえてくれる？　小さいやつは大丈夫だけど、もっと大きいやつは無理だから、いつもはそのままほっとくの）
①「…している」という意味で後ろから名詞を修飾する形容詞の働きをする現在分詞。「名詞spider＋現在分詞crawling on ...」（…をはっているクモ）。②「もっと大きい」は形容詞bigの比較級bigger。③■「他動詞leave O alone」（Oをそのままにしておく）。いつもの話は現在形。■leaveの目的語には、bigger onesを言い換えた代名詞them（それらを）を用いる。＊be scared of ...（…を怖がる）

985. I tried to post this video, but my husband told me to delete it. （この動画を投稿しようとしたけど、夫にそれを削除するように言われたの）
①「try to＋動詞の原形」（…しようとする）。過去形は実現しなかったことを表現する。②「他動詞tell O to＋動詞の原形」（Oに…するよう指示する［命令する］）の過去形。＊他動詞delete（…を削除する）

986. Extreme cold can be dangerous for outdoor workers. （極度の寒さは屋外労働者にとって、危険なものになり得ます）
①一般的な可能性を示す助動詞can be ...（…になり得る）。形容詞dangerous（危険な）。②不特定多数の労働者を指す場合は無冠詞の複数形workersが自然。＊形容詞extreme（極度の）。形容詞outdoor（屋外の、野外の）

987. She's in a meeting at the moment. Can [May] I take a message? —Yes, please. （彼女は今、会議中です。伝言をお預かりしましょうか。――はい、お願いします）
①She's = She is.「be in＋場所」（…にいる）。②■ Can [May] I ...?（…しましょうか）。「許可」（…してもいいですか）から転じて申し出や提案の意味でも使える。■take a message（伝言を預かる）。相手の伝言は聞き手には不確かなものと考え不定冠詞aが自然。

988. When did you first realize you wanted to be [become] a writer? —Well, I think it was about 20 years ago. （あなたが初めて作家になりたいと思ったのはいつでしたか？――えっと、それは20年ほど前だったと思います）
①「いつ…したのか」なのかを尋ねる疑問詞whenを用いた過去の疑問文When did you ...? ＊他動詞realize（…に気付く、悟る）。②want to be（…になりたい）の過去形。文法的には、beはbecomeでもOK。③「それは…だった」

は it was ...。

989. Olivia, I know we've only been together for six months or so, but will you marry me?（オリビア、僕たちが付き合ってまだ半年かそこらというのはわかっているけど、僕と結婚してくれませんか？）
①■be together（一緒にいる）を現在完了have been togetherにして継続を表現したもの。＊副詞together（一緒に）。■継続期間を示す前置詞for（…間）。②will you ...?（…してくれませんか）は本来、相手の意志を尋ねる表現。この文では「結婚の意志」を尋ねたもの。＊他動詞marry（…と結婚する）

990. The house standing at the end of the street will soon be sold.（通りの突き当たりに立っている家はもうすぐ売りに出されるでしょう）
①■stand at ...（…に立っている）。「現在分詞standing＋場所を表すM（修飾語）」（…に立っている）の形で名詞を後方から修飾したもの。■at the end of ...（…の端で）。the endは「点」でイメージし前置詞はatを用いる。②「助動詞will be＋過去分詞」（…されるだろう）。他動詞sell（…を売る）の過去分詞sold。

991. It's been raining since I arrived yesterday. I can't[cannot] hang out with friends.（昨日、到着してからずっと雨が降っているんです。友だちと遊べません）
①■ It rains（雨が降る）をある過去の時点からの継続を表現する現在完了進行形It has been raining（ずっと雨が降っている）にしたもの。■「接続詞since＋S＋過去形」（…して以来）。②「…することができない」はcan'tまたはcannot。＊hang out with ...（…と遊ぶ）。playは小さな子ども同士の遊びのイメージ。

992. The law in this country says you have to be at least 21 to enter a casino.（この国の法律は、カジノに入るためには21歳以上でなければならないと言っています）
①特定の国の法律のため定冠詞theを用いる。■「前置詞in＋名詞this country」（この国の中の）＝形容詞句で後ろから名詞The lawを修飾。■「他動詞say＋省略（接続詞that）＋SV」（[規則・法律]…と言っている）。The law＝Itで3人称単数現在形says。②義務を表すhave to be（…でなければならない）。③目的を表現する「不定詞の副詞的用法to＋動詞の原形」（…するために）。他動詞enter（…に入る）。

993. Tomorrow will be an exciting day. I'm so excited to share what I've been working on with you guys.（明日はワクワクする1日になるでしょう。私が取り組んできたものを君たちとシェアすることに、とてもワクワクしています）
①■先の事柄を表現する「助動詞will＋be＋補語」（…になるだろう）。■主語Tomorrowの情報を伝える補語に「不定冠詞a/an＋形容詞＋名詞」を用いたもの。形容詞には物事の様子を表現する現在分詞exciting（ワクワクするような）を用いる。②「be excited to＋動詞の原形」（…してワクワクしている）。主語自体の感情を表現する場合は過去分詞excited（ワクワクした）を用いる。そして、この感情の理由を表現する副詞的用法の不定詞to do（…して）を続けた形。③what SV（Sが…するもの）。「他動詞 share ＋目的語となる名詞節（関係代名詞節）「目的格の関係代名詞 what 主語(S') ! 自動詞(V') have been working 前置詞 on 前置詞の目的語(O') ●」」。●印の部分が目的格の関係代名詞whatになったもの。＊share O with ...（Oを…と共有する）、work on ...（…に取り組む）

994. I was able to take a few days off and did nothing.（2、3日休みを取ることができたんだけど何もしませんでした）
①過去に実際にできたことを表現する「was able to＋動詞の原形」（…することができた）。②「形容詞a few＋可算名詞の複数形」（2、3の…）。take a day off（休みを取る）のa dayをa few daysにする。＊代名詞nothing（何も…ない）

995. You mean that T-shirt I was wearing last night?（あの、昨日の夜に私が着ていたTシャツのこと？）
過去のある時点での一時的な行動を示す過去進行形was wearing。名詞that T-shirtを形容詞節SVで説明したもの。「名詞(先行詞) that T-shirt ＋形容詞節（関係代名詞節）「目的格の関係代名詞の省略 (that [which]) 主語(S') ! 他動詞(V') was wearing 目的語(O') ● last night]」。●印の部分が目的格の関係代名詞that [which]となり、さらに省略されている。＊You mean ...?は文法的にはDo you mean ...?となるが、日常会話では肯定文の語順のままで、文末のイントネーションを上がり調子にして尋ねることが多い。

996. I'm sure teaching is the best way to learn a thing.（教えることは、物事を学ぶのに、きっと一番良い方法です）
①■「I'm sure＋接続詞that節（＋SV …）」（きっとSは…だ）。このthatを省略したもの。■動名詞teaching（教えること）を主語にし、S is C（SはCです）の形を作る。②■「形容詞goodの最上級the best（一番良い）＋名詞way（方法）」。■名詞wayに説明を加える形容詞的用法の不定詞to learn ...（…を学ぶための）。

997. Their mother might [may/could] be late. She forgot her wallet.（彼女たちのお母さんは遅れるかもしれません。財布を忘れたので）
①「所有格の代名詞＋名詞」（…の〜）。theyの所有格はtheir（彼女たちの…）。2文目より単数mother。②「…に

097

なるかもしれない」は低い可能性を表現するmight [may/could] be ...。形容詞late（遅れた）を補語にしたもの。

998. My roommate just asked me to remember to turn off my fan because it wastes money. （ルームメートが、扇風機を忘れずに消して欲しいと言ってきたんだ、お金の無駄遣いだからって）

①■「他動詞ask＋O＋to＋動詞の原形」（Oに…してほしいと頼む）。■「他動詞remember＋不定詞to do」（忘れずに…する）。これからすべき行動を忘れないという意味で未来ニュアンスの不定詞を目的語に用いたもの。②「理由を導く接続詞because SV」（なぜなら、Sは…だから）。物事の状況（消し忘れ）またはmy fanを言い換えた代名詞it（それは）を主語にする。

999. I've never tried [eaten] banana on pizza, but I do like bananas. （今までに、ピザに乗ったバナナを食べてみたことはありませんが、バナナは好きなんですよ）

①■I've [= I have] より現在完了と考える。have never tried [eaten] ...で「今までに一度も…を食べたことがない」。■「ピザに乗ったバナナ」は「接触」ニュアンスの前置詞onを用いる。bananaは「果肉」の意味では不可算扱いで原形。pizzaは「1枚」では可算名詞としてa pizza、食べるためにスライスされている状態では不可算名詞で原形pizza。「不可算名詞banana＋on＋不可算名詞pizza」。②形のあるバナナ全般を示す場合は、複数形bananasが自然。

1000. A: Hey, do you remember Maya? （ねぇ、マヤちゃんを覚えてる？）

B: Which Maya? We have three students with the same name. （どっちのマヤちゃん？ 同じ名前の生徒が3人いるよ）

A: She's the one who graduated from college this year and lives in Tokyo. （今年大学を卒業して、東京に住んでる子だよ）

①限られた選択肢の中で「どちらの」と尋ねる「疑問詞which＋名詞」。②名詞the one（＝先行詞）の説明となる形容詞節（関係代名詞節）。「名詞(先行詞) the one ＋ 形容詞節(関係代名詞節)「主格の関係代名詞(S') who 自動詞(V') graduated]」。③「接続詞and＋（主語the one [=she] の省略＋）3人称単数現在形lives in＋場所」（～して、…に住んでいる）。

【判定結果】

判定	正答率（100％）	評価コメント
A	88％以上	Excellent.（優秀） 本書で求めるレベルは完全に修了です。正解した問題も含め、修了テストの解説ポイントと自分の理解が一致しているのかを確認し、完全に自分のものにできれば完璧です。継続的な復習を心がけながら、次のステップを目指しましょう。
B	70％〜87％	Good.（合格） 修了テストの解説のポイントを確認し、苦手分野をしっかり分析してください。ここで弱点を放置せず、間違いの多いDayに戻り、解き直しをしましょう。1カ月以内を目安に、この修了テストに再度挑戦し、上のレベルを目指してください。
C	50％〜69％	Average.（平均レベル） 比較的理解できている単元もあると思いますが、詰めが甘いようです。修了テストで間違えた問題がケアレスミスなのかどうかの分析も含めて、苦手なDayに戻り学習ポイントから復習しましょう。2、3カ月程度しっかりと復習した上で、この修了テストに再度挑戦し、上のレベルを目指してください。
F	49％以下	Poor.（要努力） 残念ながら本書で学習したものをうまくアウトプットできるレベルまで定着していないようです。つづりのミスで減点が多く、ある程度解説のポイントが理解できていればまだ安心です。いずれにせよ演習中に問われているポイントに気づくことが大切で、この修了テストに再チャレンジする前に、必ず各Dayの学習ポイントを通読し、各演習をやり直してください。

＊弱点確認シートで弱点分野の確認を行い、弱点を意識しながら復習してください。

Proficiency Test　弱点分野チェックシート

＊正解した問題のボックスにチェックを入れて、その個数を集計しましょう。

問題番号	文型知識	表現力	読解力	問題番号	文型知識	表現力	読解力
961.-①	■		■	984.-①		■	
961.-②		■	■	984.-②	■		■
962.-①	■		■	984.-③			■
962.-②	■			985.-①	■		
963.-①			■	985.-②			■
963.-②				986.-①			
964.-①			■	986.-②		■	■
964.-②		■		987.-①			■
964.-③	■		■	987.-②			
965.-①			■	988.-①			■
965.-②				988.-②	■		
966.-①				988.-③			
966.-②				989.-①			
967.-①	■			989.-②			
967.-②	■			990.-①		■	
968.-①			■	990.-②	■		■
968.-②		■		991.-①			■
968.-③	■			991.-②			
969.-①	■	■		992.-①	■		
969.-②			■	992.-②			
969.-③	■		■	992.-③			■
970.-①			■	993.-①	■		
970.-②				993.-②		■	
971.-①	■		■	993.-③			■
971.-②				994.-①			■
972.	■			994.-②		■	
973.-①				995.		■	■
973.-②	■			996.-①			■
974.				996.-②	■		
975.				997.-①		■	■
976.				997.-②	■		■
977.		■		998.-①			
978.	■			998.-②			
979.			■	999.-①			
980.				999.-②			
981.				1000.-①			
982.	■			1000.-②		■	■
983.				1000.-③			■

分野	正解数	合格基準	合格基準を満たしていない場合は該当Dayを優先的に復習しましょう。
文型知識	/38	32	この分野は英語力の土台となるため、文法の理屈を演習の中でしっかり整理してください。要復習Day → Day 1~3, 12~17
表現力	/52	44	この分野は会話に必要な文法知識の運用力が問われます。実際に英語を使う場面を意識して整理すると良いですね。要復習Day → Day 5~11, 18~25
読解力	/17	13	この分野は、英文をスムーズに理解するために必要なスキルが問われます。表現力分野にプラスする仕上げの位置づけです。要復習Day → Day 26~29

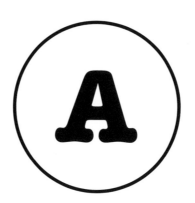